中・上級者のための
速読の日本語
［第2版］

◆岡 まゆみ・著
Mayumi Oka

Rapid Reading Japanese [Second Edition]
Improving Reading Skills of Intermediate and Advanced Students

the japan times PUBLISHING

中・上級者のための速読の日本語
1998年 4 月 1 日　初版発行
2013年 6 月 20 日　第 2 版発行
2025年 5 月 20 日　第 12 刷発行
著　者：岡まゆみ
発行者：伊藤秀樹
発行所：株式会社 ジャパンタイムズ出版
〒 102-0082 東京都千代田区一番町 2-2 一番町第二 TG ビル 2F
ISBN978-4-7890-1518-9

First edition : April 1998
Second edition: June 2013
12th printing: May 2025

English translation: Christopher Schad and Glenn Lashley
Layout & Typesetting: guild
Cover design : Akihiro Kurata
Printing: Nikkei Printing, Inc.

Published by The Japan Times Publishing, Ltd.
2F Ichibancho Daini TG Bldg., 2-2 Ichibancho, Chiyoda-ku, Tokyo 102-0082, Japan
https://jtpublishing.co.jp/

ISBN978-4-7890-1518-9

Printed in Japan

刊行にあたって

『速読の日本語』は1998年の初版発行以来、世界中で多くの日本語学習者や先生方に使用していただきました。収録したほとんどの生教材が時代遅れとなり、長く書き直しが待たれていましたが、この度全面的に改訂した第２版をお届けできることになり、心よりうれしく思います。

旧版と本書の一番大きな違いは、インターネットからの情報を数多く取り入れたことです。理由はこの15年の間にITが広く普及し、私たちが情報を得る方法が、新聞、雑誌、書籍、パンフレットなどの印刷媒体から、インターネットへと大きく変化したためです。

今、情報空間は急速にグローバル化し、言語の境界を越えてあらゆる情報に瞬時にアクセスできます。これはとても便利なことですが、しかし、自分にとって価値のある情報かどうかを素早く見極めて取捨選択する能力がないと、逆に情報の海に溺れてしまいます。また、情報の信頼性を検証できる読解力も不可欠です。

これは、母語・外国語問わず言えることで、これから日本語の海に漕ぎ出す中・上級の学習者にとっては、まさに「日本語の速読の技術と正確な読解力」が必要とされる時代が来たと言えるでしょう。15年前とは大きく変化したメディアのあり方に、『速読の日本語』の新たな使命を痛感しながら、今回の改訂作業にあたりました。

本書の刊行にあたっては、感謝したい方々が数多くおられます。まず、ミシガン大学で過去４年間にアカデミック・ジャパニーズの授業を取ってくれた皆さん、どうもありがとう！ 実際にこの教材を使用した学習者の声が反映できたのは、本書の何よりの強みです。基本理念として常に心がけてきた「学習者目線の教材」は皆さんの協力なくしてはありえませんでした。

恩師であるプリンストン大学・牧野成一名誉教授、初版を監修してくださったウィスコンシン大学・三浦昭名誉教授、ワシントン大学・筒井通雄教授、また、ミシガン大学の同僚たちにも深く感謝の意を表します。皆様のこれまでのご指導と支えなくしては、本書が日の目を見ることはなかったと思います。そして、家族といつも癒しを与えてくれた愛猫にも、ありがとうの気持ちを……。

こうして執筆が終了した今、表紙には著者・岡まゆみとなっておりますが、編集者である関戸千明さんのお名前も並べたい心境です。関戸さんに叱咤激励され、助けられ、二人で日夜地道な作業を続けながら刊行までこぎ着けました。初版に続き、第２版もこのような素敵なテキストに仕上げていただいたこと、深く感謝しています。

情報社会はこれからもっともっと進むでしょう。我々は速く読むだけでなく、氾濫する情報の真偽を見分ける鋭敏な判断力も養っていかなければなりません。学習者の皆さんが本書を通して「日本語の速読の技術と正確な読解力」を身につけ、この情報の海の中を力強く泳いでいってくださることを願っています。

2013年５月　岡まゆみ

もくじ　Table of Contents

おことわり：本書で教材《きょうざい》として掲載《けいさい》した各種画像《かくしゅがぞう》に記載《きさい》されている電話番号《でんわばんごう》や価格《かかく》、その他《た》の情報《じょうほう》は、現在《げんざい》の情報とは異《こと》なる場合《ばあい》があります。
Note: Information such as telephone numbers, prices, etc., that appear in the readings included in this textbook may not be current.

本書について　－学習者のみなさまへ－

1．このテキストのねらい

このテキストは、中・上級の学習者に**日本語で書かれたさまざまな文章《ぶんしょう》を速《はや》く読む練習をしてもらうため**に作成しました。外国人が日本語を自分の言葉のように速く読んで、正確に理解するのは非常に難しいことですが、**段階《だんかい》を踏《ふ》んだ効果的《こうかてき》な訓練《くんれん》**をすれば不可能ではありません。実際の生活においても、何かをじっくり読むというより、速く読んで必要な情報を素早く得るという状況の方がはるかに多く、**速く読む訓練《くんれん》は必ず習得《しゅうとく》しなければならない技術《ぎじゅつ》**と言えます。このテキストでは、速く正確に読むために、読む目的や読むものに合わせたさまざまな読み方を練習します。特に日本語における**スキャニング**（情報取り）と**スキミング**（大意取り）の技術、及び**予測《よそく》・推測《すいそく》・類推《るいすい》の力《ちから》**を高める練習をすることで、読む速度を速くし、あわせて読解力も高めることをねらいとしました。

本書によって速く読む訓練をすることで、最終的に目標とするのは、次の５点です。

目標《もくひょう》①　必要《ひつよう》な情報《じょうほう》や知識《ちしき》だけ、素早《すばや》くつかみ取れるようになる：

日本語で書いてあるものから、必要な情報や知識を素早く得るために、日本語のスキャニング（情報取り）とスキミング（大意取り）の技術を伸ばす訓練をします。

目標②　普通《ふつう》の日本人の読み方に近い、自然《しぜん》な読解法《どっかいほう》を身につける：

言語指向の読解 (language-oriented reading) から内容指向の読解 (content-oriented reading) への転換がスムーズに行われるよう、読むという行為を解読 (decoding) から読解 (reading) へと移行させる訓練をします。

目標③　さまざまな分野《ぶんや》のものを大量《たいりょう》に読めるようになる：

生の教材を使って、より多くの分野のさまざまの話題を扱ったものを大量に読む「多種多読」を実践します。

目標④　予測《よそく》・推測《すいそく》の力《ちから》をつけることで読解力《どっかいりょく》を伸《の》ばす：

速く読むために不可欠の予測・推測・類推のタスクを数多く練習することで、読解のプロセスと読みの力が普通の日本人のレベルに近づくようにします。

目標⑤　日本語で読むことを楽しめるようになる：

日本語習得目的のために読むのではなく、日本語で読むことそのものが楽しくなることを目指します。

2. このテキストの構成《こうせい》と特徴《とくちょう》

本書は**基本技術編**《きほんぎじゅつへん》、**実践編**《じっせんへん》、**挑戦編**《ちょうせんへん》の３部構成となっており、練習内容の難易度が段階的に上がっていくように工夫されています。すべての練習問題に明確なタスクが設定してあるので、常に何を目的にして読んでいるかをはっきりと把握しながら、問題を解くことができます。また、それぞれの練習には〈　〉内に基準所要時間が想定してあるので、なるべくその時間内に読み終わり、問題も解き終わることを目指してください。これは読む時間がありすぎると、精読モードに陥ってしまうことを防ぐためです。練習に使った教材は、基本技術編の段階から学習者が実際の生活の中で必要とする生の読み物を多く取り上げ、問題を解くことがそのまま実生活にも役立つようにしました。

基本技術編《きほんぎじゅつへん》は３部構成となっており、はじめに「スキャニングとスキミングの技術について」で簡単な理論を学びます。次の「スキャニングの技術を使う」と「スキミングの技術を使う」では、それぞれの技術を訓練するために、さまざまなタスクを応用した、バラエティに富んだ内容の練習問題をします。最後に「スキャニングとスキミングの技術を同時に使う」で、両技術を併用して、実際に日本人が使っている生の資料をさまざまな方法で読んでみます。

実践編《じっせんへん》は、明確な区分けはしてありませんが、全体が２部構成となっています。前半の問題１～29では、基本技術編と同様のタスクを使っていろいろな生の記事を読み、基本技術編で習得した技術を強化します。後半の問題30～35はディスカッションやロールプレイを導入し、読んだ内容をすぐ「話す」ことに応用する訓練をします。

挑戦編《ちょうせんへん》では、星新一のショートショートを４編読みますが、これまでの練習の集大成とし、読んですぐ問題を解いたり、話し合いをしたり、文を書いたりと、四技能の相乗効果をねらいました。非社会派ミステリーを扱った理由は、社会、歴史、政治的背景の知識がなくても読みこなせるということと、次に何が起こるかを想像しながら読み進むのに適していることからです。

練習で行うタスクには以下の種類があり、原則として一つの問題に一つのタスクが用意されています。

- 情報《じょうほう》を検索《けんさく》する
- 要点《ようてん》・大意《たいい》を把握《はあく》する
- 文・段落《だんらく》を並《なら》べ換《か》える
- 穴埋《あなう》めをする
- 記事《きじ》のタイトルを考える
- 正誤《せいご》問題に答える
- 内容《ないよう》質問に答える
- 間違《まちが》いを探す
- 前後からわからない部分を類推《るいすい》する
- わかっている部分からわからないところを推測《すいそく》する
- 先に何が続くか予測《よそく》をする
- トピックや主題《しゅだい》を見つける
- キーワードを探《さが》す
- 修飾《しゅうしょく》部分を探す（名詞修飾節《めいししゅうしょくせつ》）
- 基本文型《きほんぶんけい》（文の骨組《ほねぐ》み）を見つける

3．このテキストの対象《たいしょう》レベル

基本的には以下の学習者が対象です。

- ACTFL (American Council on the Teaching of Foreign Languages) の OPI レベル (the rating of Oral Proficiency Interview) が中級の中以上
- 日本語能力試験のＮ３レベル以上
- 海外の大学レベルの日本語教育を 300 時間以上受けた学習者
- 海外子女で、話すことはできるけれども日本語で読む訓練を受けていない学習者

問題によっては中級、あるいは初級後半の学習者が練習可能なものもかなりあります。独習で本書を使用する場合には、レベルを気にせず自分のペースで練習を進めてかまいません。

また、基準所要時間内に読み終わってタスクも終了するのが理想ですが、学習者のレベルや個人の資質によってはこの時間を超えることがあります。その場合、多少時間を延ばしてみるなど、独自に時間設定をすることを勧めます。基準所要時間は精読モードに陥らないように、あくまでも目安として提示したもので、絶対値ではありません。学習者個人の中で読む速度が上昇しているのであれば、所要時間は個人に合わせて幅を持たせてもかまいません。

4．未習《みしゅう》の語彙《ごい》や漢字の使用について

中・上級学習者用のテキストということ、そして生の教材を多用しているため、基本技術編を除いては原則として語彙、漢字、内容のコントロールはいっさいしてありません。ただし、指示文や選択肢には、旧日本語能力試験の２級以上の漢字を基本に、必要に応じてふりがなを付けたり、単語表で意味を説明しています。

ふりがなは、初めの段階では速く読む助けになりますが、いつまでも頼っていると読解力がつきません。そのため、繰り返し出てくる漢字からは外したり、基本技術編から実践編に進むに従って徐々に減らしたり、という配慮をしています。

5．このテキストの使い方

まず、基本技術編から始めてください。**基本技術編《きほんぎじゅつへん》では特に、日本語のスキャニングとスキミングの技術《ぎじゅつ》を高めるためのおもしろい練習をします。**クイズのように楽しみながら短時間で問題を解いているうちに、自然にその技術が身につくように作成しました。各ステップにはそれぞれの練習の目的・意義・効果を説明してありますので、必ずその部分を読んでから、問題を解き始めてください。〈　〉内に基準所要時間が入れてありますから、なるべくその時間内に読み終わり、問題も解き終わるようにしてみましょう。読む時間が十分にあると思うと、必要のないところまで読んでしまうので、できればタイマーなどを用意して、時間を制限しながら練習するといいでしょう。

基本技術編で日本語で「速く読むコツ」をつかんだら、次の実践編に移ります。**実践編《じっせんへん》では、新聞・雑誌《ざっし》・インターネットの実際《じっさい》の記事《きじ》や写真・表《ひょう》・グラフを使って、速く情報《じょうほう》をつかみ、重要《じゅうよう》なポイントだけ理解《りかい》する練習をします。**まったく手を加えていない生の読み物をそのまま読んでみますが、読むことにおじけづいたり、あきたりすることのないよう、一つ一つの読み物の分量を少なくし、話題もさまざまなものを取り上げました。難易度、各技術習得の相乗効果も考慮して、段階的に次に進むよう作成してありますが、気に入った記事や先にやってみたい問題形式などがあったら、どこから取りかかってもかまいません。生の読み物を気軽に読むことを楽しんでください。

最後の**挑戦編《ちょうせんへん》ではこれまで練習してきたさまざまな読みの技術《ぎじゅつ》を駆使《くし》して、ショートショートに取り組みます。**小説形式の読み物は、ニュースなどの記事と異なり、表面的な情報だけ把握できても、真に理解ができたことにはなりません。漢字が少なくて会話が多い読み物は一見簡単そうに見えますが、文面には説明されていない背景や登場人物の感情などが読み手にも当然わかっているものとして話が進められますので、実際にはかなりの読解力が試されます。この段階の読み物が、たとえ単語表に頼ったとしても、普通の日本人に近いスピードで読めるようになったとしたら、学習者の読解力は真に進歩したと言っていいでしょう。

6．このテキストを使う際《さい》の具体的《ぐたいてき》な注意事項《ちゅういじこう》

練習を始める前に、必ず次のことを確認してください。速読のための注意事項を守って練習すると、練習中の無駄な試行錯誤を避けることができ、より高い効果が期待できます。

＜作業《さぎょう》の進め方＞

(1)　この「本書について」をよく読む。

(2)　一度にたくさんの練習をしない。段階的《だんかいてき》に力をつけるため、毎回５分から 20 分までを練習時間とし、タスクも一つずつこなしていく。

(3)　基本技術編《きほんぎじゅつへん》の練習は、なるべくページをとばさないで、順番《じゅんばん》に前へ進む。特に、スキミングの技術《ぎじゅつ》を使う項《こう》は、必《かなら》ず指示《しじ》に従《したが》い、順《じゅん》を追《お》って練習していく。

(4)　タイマーなどで時間を制限《せいげん》し、なるべく基準所要時間内《きじゅんしょようじかんない》に読み終わるようにする。

(5)　各作業《さぎょう》をする前に、何のために速《はや》く読むのかと、タスク（どんな目的《もくてき》で作業《さぎょう》をするのか）を認識《にんしき》する。（要旨《ようし》をつかむタイプのタスクか、情報《じょうほう》を得《え》るタイプのタスクかで読み方が異《こと》なる。）

＜読み方＞

(1)　キーワードを速く見つける。（漢字、カタカナ、数字などにはキーワードが多い。）

(2)　一語一語ではなく、文節単位《ぶんせつたんい》で文字を読むようにする。特にスキャニングの場合には「読む」というより「見る」という感じで、意味を視覚的《しかくてき》にとらえる。

(3)　文末《ぶんまつ》の単語《たんご》に注意を払《はら》う。（日本語は文の語尾《ごび》のひらがな部分が肯定《こうてい》・否定《ひてい》・時制《じせい》などを示すため。）

(4) 文の接続《せつぞく》のし方に注意する。
(5) 単語表《たんごひょう》がある記事《きじ》の場合には、はじめに単語表《たんごひょう》を見て、全体ではどんな話題《わだい》が書いてあるかを推測《すいそく》してみる。また、長い文章《ぶんしょう》、特にストーリーなどを読む場合には、必ず先《さき》を予測《よそく》しながら読む。
(6) わからないところがあっても、そこにとどまってしまわない。「前後から類推《るいすい》する」「わからない部分を推測《すいそく》する」「先《さき》を予測《よそく》する」という方法でとにかく前に進む。
(7) 「推測《すいそく》」「類推《るいすい》」は大切な作業《さぎょう》であるが、言葉の表面的な意味にひきずられ、文構造《ぶんこうぞう》を無《む》視《し》して勝手《かって》に推測《すいそく》することは正確《せいかく》な内容理解《ないようりかい》をそこなうので注意する。

少しずつ練習を積み重ねることで、このテキストが終了するときには、みなさんの読む速度と読解力は確実に向上しているはずです。一度にたくさん練習をしてしまわないで、毎回ワンステップずつ段階的に練習問題をこなしていきましょう。また、**たとえどんなに速く読めても、内容理解《ないようりかい》が正確《せいかく》でなければ読んだことにはならない**ので、「**速く読んで正確に理解する**」ということを常に念頭においてください。

速く読めるようになると、たくさんのものに目を通すことができ、日本語の知識も増え、読解力も向上するという「一石三鳥」のメリットがあります。より普通の、母語話者に近い読み方を目指して、がんばってください。

About This Textbook — To the Student —

1. The Purpose of This Textbook

This textbook has been written to assist intermediate and advanced students of Japanese in practicing rapid reading of a variety of Japanese texts. Reading rapidly with accurate comprehension in another language is not easy; however, with effective step-by-step training, such goals are not unattainable. In daily life, situations that require quick reading for the extraction of relevant information far outnumber those that demand more intensive reading. You already possess these skills in your native language, and with varying degrees of self-consciousness, employ them whenever you encounter texts. But learning another language, as you know, brings new challenges. These essential skills must be acquired through conscious practice. This textbook is designed to develop your ability to read quickly and accurately by practicing different ways of reading best suited to your specific objectives and to the reading material at hand. The exercises have been designed to sharpen your scanning and skimming skills, together with practice in prediction, anticipation, and deduction. Mastery of these techniques will increase your reading speed and significantly improve your reading comprehension.

The ultimate goals of practicing rapid reading with this textbook can be summarized as follows:

(1) To develop the ability to extract required information quickly.
In order to become able to obtain desired information efficiently, you must train your scanning (information extraction) and skimming (getting the gist) skills.

(2) To raise one's reading comprehension ability closer to the level of a native speaker by developing natural reading skills.
A smooth change from language-oriented reading to content-oriented reading should take place as you alter your reading tactics from decoding to those of reading.

(3) To develop your ability to read material in larger quantities and from a variety of fields.
You will encounter authentic, unsimplified material on a wide variety of topics.

(4) To strengthen reading comprehension by emphasizing the skills of prediction, anticipation, and deduction.
By training skills crucial to rapid reading, such as prediction, anticipation, and deduction, your overall reading strategies and Japanese abilities will begin to approach those of your native language.

(5) To learn to enjoy reading in Japanese
This textbook encourages reading not just for the purpose of Japanese language acquisition, but also to remind students of the pleasure of reading Japanese that comes with higher reading ability.

2. The Structure and Features of This Textbook

This textbook consists of three sections: **Basic Techniques**, **Practical Exercises**, and **Challenging Texts**. Each section has been designed so that there is a step-by-step progression in the difficulty of the readings. For each of the practice segments, the task has been clearly outlined, so you can read while bearing in mind the specific purpose of the exercise. Also, with each exercise, a recommended allotted time has been specified, so please try to complete both the reading and the accompanying questions within this time. This requirement is in place to prevent students from lapsing into "close-reading mode" because they have been given too much time. Beginning with the first section, all sample readings have been selected for their potential usefulness in daily life situations; mastering them should have immediate practical value.

Section 1, Basic Techniques, consists of four segments. The first segment, On Scanning and Skimming Techniques, introduces fundamental principles. The next two segments invite the student to practice the skills of scanning and skimming separately through a wide variety of reading exercises. In the final segment, "Learning to Scan and Skim Simultaneously," students encounter an array of authentic reading material that demands versatile reading skills and an integration of what they have learned in the first three segments.

Section 2, Practical Exercises, though not divided precisely into segments, consists conceptually of two major components. Exercises 1 to 29 of the first part reinforce techniques that were studied in Section 1 by guiding students through a series of authentic materials. Exercises 30 to 35 train students to articulate what they have just read through role playing and discussion-oriented exercises.

Section 3, Challenging Texts, consists of four "short-short" stories by Japanese novelist Hoshi Shin'ichi and is designed to make students consolidate what they have learned in prior sections. Exercises that involve writing, discussion, and answering questions immediately after reading help to reinforce the four basic language skills. The seemingly fantastic mystery stories were chosen for two reasons: they require no specific knowledge of social, historical, or political issues, and they are especially appropriate to the goal of inducing students to imagine what will happen next while reading.

The following is a list of kinds of tasks required by exercises. The exercises have, in principle, been prepared to target a single task.

- finding information
- contextual guessing
- getting the gist
- making inferences
- restoring the sequence of sentences/paragraphs
- predicting
- filling in gaps of information
- identifying the topic/theme
- thinking of a title for an article
- locating keywords
- answering true/false questions
- identifying noun modifiers
- answering content questions
- locating errors
- recognizing basic sentence patterns

3. The Target Levels of This Textbook

This book is targeted at the following types of students:

- Students who received a rating of "Intermediate-Mid" or above on the OPI (Oral Proficiency Interview) administered by the ACTFL (American Council on the Teaching of Foreign Languages)
- Those who have passed Level N3 or above of the Japanese Language Proficiency Test
- Students who have received at least 300 hours of college-level Japanese instruction
- Heritage learners who can speak Japanese but lack training in reading comprehension

There are many exercises which could, with additional coaching, be accomplished by intermediate or even beginning students. Self-learners of any level can use this book and proceed at their own pace.

Though it is ideal for students to complete the readings and tasks within the recommended allotted time, students' Japanese levels and individual work patterns can sometimes cause them to exceed the limit. Some flexibility is required, and in those cases we recommend short extensions or the establishment of independent study periods. The suggested times are not absolute, but rather guidelines for a timing standard that prevents students from lapsing into "close-reading mode." As long as individual students show improvement in their own reading speeds, individually tailored time allotments are admissible.

4. New Vocabulary and Kanji Use

As a rule, because this book is intended for intermediate and advanced students and uses authentic materials, it makes no attempt to control the vocabulary, kanji, and content featured in the texts (with the exception of the "Basic Techniques" section). However, for the directions and multiple-choice answers, furigana have been added as needed to kanji that were included in Levels 1 and 2 of the former version of the JLPT. Their meanings are explained in accompanying vocabulary lists.

Furigana help to facilitate rapid reading in the early stages, but depending upon them too heavily impedes reading ability. Thus, to prevent this, furigana are omitted from repeated uses of the same kanji, and the overall amount of furigana steadily decreases as the reader proceeds from the Basic Techniques section to the Practical Exercises.

5. Using This Textbook

Start with the first section. We have made efforts to include exercises that students will find amusing while they improve their skills in scanning and skimming Japanese. It is designed to let students enjoy solving problems within a short time period while simultaneously facilitating a natural acquisition of skills. Please make sure to read the explanation of the purpose, significance, and effect of each exercise before proceeding. Try to complete the reading and solve the problems within the recommended allotted time designated in the < > brackets. There is a natural tendency, if given extra time, to over-read. If possible, use a timer and perform exercises within the time limitations.

After getting the knack of reading Japanese rapidly, move on to the Practical Exercises section. Here you will find actual photos, charts, graphs, and articles from newspapers, magazines, and the Internet that will help you practice quickly retrieving information and comprehending the main points. Though the Japanese in these items has not been modified for language students, we have made every effort to furnish a variety of topics in relatively short passages to avoid boring or overwhelming the reader. Readings have been arranged in order of difficulty, but students may complete them in a different order if they encounter a particularly interesting reading or set of questions. Relax and enjoy reading these authentic materials.

In the final section, Challenging Texts, we have assembled a series of "short-short" stories that will challenge students to consolidate the skills they have practiced up to this point. Reading short stories differs from reading newspaper articles in that a superficial grasp of information is not enough to guarantee full understanding of the content. At first glance, the relatively small number of kanji and the preponderance of dialogue may make these readings appear simple. However, because short stories proceed under the assumption that the reader can understand unstated nuances of place and characters' emotions, they can actually be quite demanding. If students become able to read these stories at a speed comparable to a native speaker, even if they rely on the vocabulary lists, then one can truly say that their reading comprehension has improved.

6. Specific Advice

Please read and understand the following points before beginning the reading drills. If you keep these points in mind while practicing, you will avoid a great many careless errors and achieve a higher level of efficiency in your study of Japanese.

How to Proceed:
(1) Make sure to read this entire section ("About This Textbook") carefully.
(2) Do not practice too much at any one time. In order to acquire reading ability in a steady, progressive way,

the recommended maximum amount of time to spend on an activity is 5 to 20 minutes. Tasks should be mastered one at a time.

(3) Do not skip any exercises in the Basic Techniques section; follow the sequence provided. Especially with the skimming exercises, the importance of following the directions and proceeding in the given order cannot be overemphasized.

(4) Use a stopwatch, clock, etc., to ensure the completion of reading within the recommended allotted time.

(5) Before beginning each task, make sure you understand the specific purpose for which you are reading. (Reading for the gist and reading to obtain information employ different strategies of reading.)

When Reading:

(1) Quickly identify keywords. (Keywords most often are in kanji, katakana, or numeric figures.)

(2) Read phrase to phrase rather than word to word. Scanning is more like seeing than reading; try to understand the meaning visually.

(3) Pay special attention to sentence endings (because in Japanese grammatical affirmation, negation, and tense are indicated by sentence-ending hiragana suffixes).

(4) Pay attention to how sentences are connected.

(5) With articles that are accompanied by a vocabulary list, look over the new words before reading, and then try to anticipate the content of the exercise. This is especially important when reading longer pieces, particularly the short stories.

(6) Do not let places that you do not understand bring your reading to a halt. Forge ahead, relying on your skills of prediction, anticipation, and deduction to support your reading comprehension.

(7) Though prediction and inference are important skills, be careful not to overuse them. Making inferences based solely on the surface meaning of words without considering sentence structure can ultimately impede the accurate comprehension of reading material.

Through steady and incremental practice, there should be, by the time you complete this text, significant improvement in your reading speed and comprehension. It is crucial that you do not attempt large amounts of reading at one time; rather, commit yourself to the habit of mastering reading exercises one step at a time. Also, remember that no matter how fast you can read, without proper comprehension of content you are not really reading at all. Your goal at all times should not be speed for the sake of speed, but rather, rapid reading with accurate comprehension.

Your ability to read rapidly will improve your reading comprehension, enable you to browse a wide variety of texts, and increase your knowledge about Japan and the Japanese language—three birds with one stone, as it were. Aim for reading skills comparable to those of a native speaker. Ganbatte kudasai!

第Ⅰ部

基《き》本《ほん》技《ぎ》術《じゅつ》編《へん》

Basic Techniques

スキャニングとスキミングの技術《ぎじゅつ》について

1．スキャニング（情報《じょうほう》取り）

－　読むものの中でその時に必要《ひつよう》な情報《じょうほう》だけをできるだけ速《はや》く探《さが》す。
－　必要な情報を速く得《え》るために、関係《かんけい》のないところはとばす。
－　読むというより絵《え》や記号《きごう》・サインを見るように文字を拾《ひろ》っていく。

スキャニングの技術《ぎじゅつ》は日本の実際《じっさい》の生活《せいかつ》の場では、大変必要とされるものです。例《たと》えば、「電話番号を探す」「電車の時間を調《しら》べる」「地図を見る」「メニューを見て何を注文《ちゅうもん》するか決《き》める」などといったことをする時、みなさんはすぐに目的《もくてき》を達成《たっせい》することができますか。こういう作業《さぎょう》を自分の国の言葉を使ってするのはとても簡単《かんたん》ですが、日本語の場合には慣《な》れるまでけっこう時間がかかります。今何が必要か、目的がはっきりわかっている時は、日本語の場合でも初めから終わりまで読む必要はありません。しかし、日本語で書いてあるものを見て、何が必要で、何が必要ではないかをすぐに判断《はんだん》するのは難《むずか》しいですね。本書で「日本語のスキャニングの技術」を練習して、必要なものだけ速く読み取るコツをつかみましょう。日本語のスキャニングが速くできるようになると、毎日の生活にとても便利《べんり》で、役《やく》に立ちます。

2．スキミング（大意《たいい》取り）

－　文章《ぶんしょう》全体を速《はや》く読んで、要点《ようてん》や大意《たいい》をつかむ。
－　速くキーワードを見つけて、あまり重要《じゅうよう》でないところはとばす。
－　常《つね》に「先の予測《よそく》」「わからない部分の推測《すいそく》」「前後からの類推《るいすい》」をしながら、読み進《すす》む。

例えば、「新聞やインターネットの記事《きじ》」「お知らせ」などを読む時、じっくり読む必要《ひつよう》はないけれど、何が書いてあるかだいたいの意味《いみ》を知りたいことがよくあります。一つ一つの言葉の意味や文法《ぶんぽう》はわからなくても、全体で何が書かれているか正確《せいかく》につかめればいいわけです。日本語学習者の多くは、文章を読む時、言葉を一字一句《いちじいっく》読んで文法も全部わかってから、初めて何が書いてあったかを理解《りかい》するという方法《ほうほう》で学んできました。日本語を勉強していく段階《だんかい》でそういう読み方は大変大切な練習ですが、細《こま》かいところはわからなくても、とにかく全体の意味が知りたい時には適切《てきせつ》な読み方ではありません。また、この読み方は時間がかかるため、短《たん》時間にたくさんの量《りょう》を楽しんで読むというわけにはいきません。

本書で「スキミングの技術《ぎじゅつ》」を練習することは、もっと速く文章が読めるようになり、さまざまな分野《ぶんや》のものを大量《たいりょう》に読むことを可能《かのう》にします。また、速く読んで大意をつかむことを練習するのは、読解力《どっかいりょく》を向上《こうじょう》させる助《たす》けにもなります。なぜならば読んで理解するという行為《こうい》には「予《よ》測《そく》、推測《すいそく》、類推《るいすい》」の要素《ようそ》が不可欠《ふかけつ》で、速く読んで理解しなければならないという状況《じょうきょう》が、その三つの力を伸《の》ばすからです。「スキミングの技術」の練習は、速く読めるようになるだけでなく、読解力も向上させるという点で、大変有意義《ゆうぎ》なものといえるでしょう。

3．スキャニングとスキミングの技術を同時に使うもの

－　読むもの全体に素早《すばや》く目を通し、必要《ひつよう》な情報《じょうほう》を得《え》て、同時に要点《ようてん》も理解《りかい》する。

例えば「辞書《じしょ》で言葉を探《さが》す」とか「観光案内《かんこうあんない》を見てどこへ行くか決《き》める」時など、必要なものをすぐ探し出して、そこに書いてあることの要点もすぐ理解しなくてはいけません。このような場合には、スキャニングとスキミングの技術《ぎじゅつ》を同時に使うことが要求《ようきゅう》されます。主に、広範囲《こうはんい》の情報《じょうほう》を得《え》る時や、図表《ずひょう》・グラフなどが添付《てんぷ》された文を読む時に必要な技術で、実際《じっさい》の生活《せいかつ》の場ではたびたびあることです。また何かの研究《けんきゅう》や調査《ちょうさ》をするために膨大《ぼうだい》な量《りょう》の資料《しりょう》を読まなければならない時、この技術を効果的《こうかてき》に使えることは大きな助《たす》けとなります。上級《じょうきゅう》レベルの読みでは必《かなら》ず訓練《くんれん》しなければならないものといえるでしょう。

4．スキーマを生かす

－　スキーマ（既有知識《きゆうちしき》：自分で読んだり聞いたり体験《たいけん》したりして、身《み》につけ記憶《きおく》した知識）を最大限活用《さいだいげんかつよう》する。

日本語で書かれたものを読むからといって、日本語の知識や日本からの情報《じょうほう》だけに頼《たよ》る必要《ひつよう》はありません。自分の母語で知っていること、これまでに学習したことや体験したことなど、ありとあらゆる知識や記憶を駆使《くし》して読み、書いてあることが理解《りかい》できればいいのです。例えば、ステップ２のような問題は、日本語さえ読めればスキーマを使って簡単《かんたん》に解《と》くことができます。速《はや》く読むには、スキーマをいかに効率《こうりつ》よく生かすかということも大切な要素《ようそ》です。

今まで述《の》べてきたことを参考《さんこう》に、どんな物を読む時にどんな技術《ぎじゅつ》を使うか、考えてみましょう。下の例《れい》について話し合ってみてください。

映画の字幕《じまく》	（図書館や本屋で）本のタイトル・筆者名《ひっしゃめい》		案内板《あんないばん》		
地図・路線図《ろせんず》	映画の紹介《しょうかい》記事《きじ》	グラフ・図	アンケート		
標識《ひょうしき》	宣伝広告《せんでんこうこく》	中吊《なかづ》り広告	説明《せつめい》書き	レシピ	住所録《じゅうしょろく》

いかがですか。その他にもどんなものがあるか、みんなで考えてみましょう。

第Ｉ部《だいぶ》の「基本技術編《きほんぎじゅつへん》」では、**いろいろな方法《ほうほう》で楽しみながら１・２・３の技術を伸《の》ばす練習**をします。段階的《だんかいてき》に力をつけるように練習問題を作成《さくせい》してありますので、なるべくとばさないで、順番《じゅんばん》に指示《しじ》に従《したが》って進《すす》めてください。

On Scanning and Skimming Techniques

1. Scanning (Extracting Information)

— Obtaining the necessary information from a text as fast as possible
— Passing over irrelevant parts in order to extract required information efficiently
— Absorbing words by viewing them as pictures or symbols

Scanning skills are a prerequisite to daily life anywhere, and can be of great use to you in Japan. For example, are you able, in Japanese, to quickly look up a telephone number or a train schedule, read a map, or decide what to order from a menu? Although such tasks are relatively simple in one's own language, they can take quite a bit of getting used to in another language, especially Japanese. When you know explicitly what you are looking for, there is no need to read an entire text from beginning to end. However, confronted by a Japanese text, it can be difficult to determine immediately what is and is not relevant to your purpose. By practicing the scanning skills offered in this textbook, you will learn how to extract quickly only the information you need. Mastery of these skills will make your daily life in Japan much more convenient.

2. Skimming (Getting the Gist)

— Reading an entire text rapidly to achieve an approximate understanding
— Identifying keywords and passing over less crucial places
— Reading while employing skills of prediction, anticipation, and deduction

When reading short notices or articles in newspapers or on the Internet, we often like to grasp the general meaning without delving into the particulars that would require a more thorough reading. For this kind of comprehension, it is not essential to understand every single word and grammatical element; rather, an accurate general picture of what's written is sufficient. Most students of Japanese learn to read by painstakingly examining each word and phrase and reviewing each grammatical element before finally putting together the meaning of what is written. While this sort of intensive reading should not be neglected in learning any language, it is not applicable when the reader needs merely to understand the gist of a text. Moreover, since intensive reading takes so much time, it does not permit students to enjoy looking at a wide variety of material in a relatively short period.

Practicing the skills of skimming outlined in this textbook will enable students to read faster and thus to examine a great amount of material from a wide range of fields in a short period of time. Also, because prediction, anticipation, and deduction are three skills essential to comprehending any text, practicing quickly reading and getting the gist of a passage under time constraints can, in turn, help improve overall reading comprehension. The outcome of developing skimming skills, then, is not just to foster an ability to read rapidly, but to boost reading ability at any speed.

3. Scanning and Skimming Simultaneously

— One-step cursory reading to extract required information and "get the gist"

When looking up a word in a dictionary, for instance, or deciding which sites to see by consulting a travel guidebook, you need to both rapidly find the information you are seeking and rapidly process its general contours. What is tested in these situations, then, is your ability to scan and skim simultaneously. These skills are essential when aggregating a wide range of information or when reading text with charts, graphs, or other graphics. These are daily situations that require the integrated use of scanning and skimming skills, so it is clear that training advanced students in these skills is crucial to developing effective reading abilities.

4. Harness Your Pre-Existing Knowledge

– Make full use of the knowledge you have acquired through reading, listening, and experiencing various events.

Just because you are reading something in Japanese does not mean you must rely solely on your Japanese knowledge and Japanese sources of information. You should draw upon everything you have ever studied and experienced—all of the knowledge you have gained in your native language. After all, what matters most is that you understand what is written on the page. For example, questions like those in Step 2 can be answered simply by reading the Japanese and applying what you already know. When it comes to rapid reading, being able to efficiently utilize your knowledge is essential to success.

With reference to the above introduction, think about which skills are closely associated with reading the following types of texts:

movie subtitles　book title and name of author (at a library or bookstore)
"you-are-here" area map　city map/pubic transportation route map
movie review　graph or chart　questionnaire　street or traffic sign
publicity ad　hanging advertisements　instructions　recipe　address list

How did you do? Try to come up with other text types besides those mentioned above.

In Section 1, "Basic Techniques," you will do a wide range of exercises designed to strengthen the skills outlined in 1 and 2 above, and integrate them as described in 3. In order to ensure the progressive development of your reading abilities, be sure to proceed in the given sequence, without omitting any exercises.

A - スキャニングの技術《ぎじゅつ》を使う
Learning to Scan

STEP 1 速《はや》く目を動かす　Quickly Running One's Eyes over a Text

練習 1

下の図《ず》には 1 から 34 までの数字《すうじ》が入っています。はじめに 1 を探《さが》して 2、3……と順番《じゅんばん》に数字を見つけていってみましょう。時間は 30 秒《びょう》です。ハイ、スタート！

The chart below contains the numbers 1 through 34. Starting with 1, locate each number in ascending order, counting as high as you can in 30 seconds.

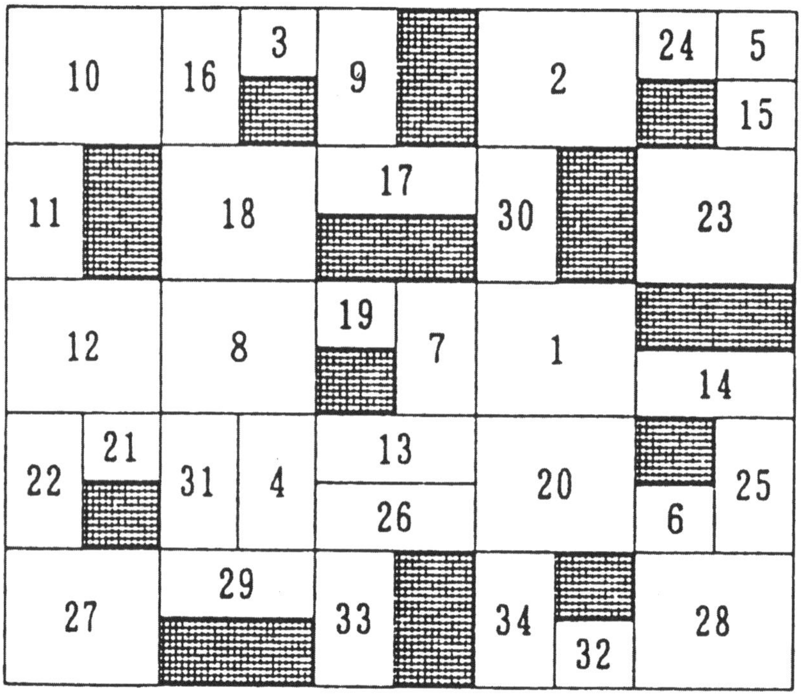

Ott, Ernt. Optimales Lesen; schneller lesen, mehr behalten; ein 25-Tage-Programm.
Humburg, Deutscher Bucherbund (1970)

どうでしたか。数字はいくつまで見つけられましたか。本を速く読むには、一度に視野《しや》に入ってくる文字数《もじすう》が多ければ多いほど効果《こうか》があります。上の図の数字読み取りが速くできたからといって、速く読めるわけではありませんが、一字一字を追《お》って読む読み方は、読む速度《そくど》を遅《おそ》くしてしまいます。速く読むには、なるべく広い範囲《はんい》に視野を広げて情報《じょうほう》をつかむようにしなくてはいけません。

では、次の練習をしてください。

How did you do? Which number did you reach? When reading at text, you'll find that the more words you have in your field of vision at one time, the faster you'll be able to read. Managing to locate the numbers in the above chart quickly does not guarantee that you'll also be able to read quickly, but we do know that reading speed decreases when you read word by word. To master speed reading, you'll need to working on extracting the necessary information from a broadened field of vision.

練習 2

(1) ～ (10) の言葉が文章《ぶんしょう》の中の何行目にあるか素早《すばや》く探《さが》し出して、行数《ぎょうすう》だけ（　　）に入れなさい。時間は 1 分です。終わったら、答えを確認《かくにん》しながらそれぞれの言葉の意味を考えてみましょう。

Locate the following 10 words in the passage below; then, in the parentheses next to each word, write the number of the line where the word appears in the text. You have one minute. When you are finished, please check your answers and think about the meaning of each word.

例：　技術《ぎじゅつ》　（ 2 ）行目

(1) 情報《じょうほう》　（　　）行目　（　　）行目
(2) メリット　（　　）行目
(3) スキミング　（　　）行目
(4) 短《たん》時間　（　　）行目
(5) 内容指向《ないようしこう》　（　　）行目
(6) スキャニング　（　　）行目
(7) 言語指向《げんごしこう》　（　　）行目
(8) 訓練《くんれん》　（　　）行目
(9) 練習　（　　）行目
(10) 応用《おうよう》　（　　）行目

[行数]

私たちは自分の言語で速く文章を読む時や速く情報を得る時、スキミングやスキャニングの技術をよく使う。この技術は外国語で何かを読む時にも応用できるはずで、外国語だからといっていつも一語一句をていねいに読む必要はない。欲しい情報をすぐ手に入れるために速く読む、この練習を外国語ですることには、二つのメリットがある。一つはもちろん短時間にたくさんのものが多く読めることであるが、もう一つは言語指向の読み方から内容指向の読み方へと移行するための訓練ができることである。

(Translation)
When quickly reading or searching for information from a text in our own languages, we often employ the techniques of "skimming" and "scanning." These are techniques that can be employed with equal effect in foreign languages; there's nothing about a foreign language that makes it necessary to methodically plod through every word. In fact, there are two merits to practicing how to speed read and immediately pick out desired information in a foreign language. The first is, obviously, that it allows us to read lots of material in a short period of time. The second is that it trains us to switch from a language-oriented reading style to a content-oriented one.

STEP 2　トピック探《さが》し　Identifying the Topic

練習1

ボックスの中の言葉に共通《きょうつう》のトピックを探《さが》してください。〈3分〉

Try to come up with the common theme or topic for the words in each box. <3 minutes>

例：

テニス　野球《やきゅう》　サッカー　バスケットボール　スケート

共通のトピック（　スポーツ　）

(1)

ミルク　コーヒー　コーラ　お茶　ビール　ジュース

共通のトピック（　　　　）

(2)

韓国《かんこく》　中国　シンガポール　マレーシア　ベトナム

共通のトピック（　　　　）

(3)

地下鉄《ちかてつ》　飛行機《ひこうき》　バス　電車　車　船《ふね》

共通のトピック（　　　　）

(4)

経済《けいざい》学　心理《しんり》学　政治《せいじ》学　文学　人類《じんるい》学　社会学

共通のトピック（　　　　）

(5)

看護師《かんごし》　医者　ベッド　レントゲン　注射《ちゅうしゃ》　薬《くすり》　手術《しゅじゅつ》

共通のトピック（　　　　）

(6)

怒《いか》り　喜《よろこ》び　悲《かな》しみ　恐《おそ》れ　楽しみ　寂《さび》しさ　驚《おどろ》き

共通のトピック（　　　　）

(7)

肝臓《かんぞう》　胃《い》　腸《ちょう》　肺《はい》　心臓《しんぞう》　腎臓《じんぞう》　膀胱《ぼうこう》

共通のトピック（　　　　）

練習 2

ボックスの中に2種類《しゅるい》のグループの言葉がまじって入っています。それぞれをAとBのグループに分け、トピックも考えてください。〈10分〉

Each box contains two different types of words. Divide the words into two groups, A and B, and write the specific topic for each group in the parentheses. <10 minutes>

例：

a. バイオリン	b. オペラ	c. ピアノ	d. ミュージカル
e. コンサート	f. ホルン	g. チェロ	h. リサイタル

グループA：a c f g　（　楽《がっ》器《き》　）

グループB：b d e h　（　音楽のパフォーマンス　）

(1)

a. ネコ	b. ペンギン	c. 犬	d. パンダ	e. 鳥
f. トラ	g. ゾウ	h. ライオン	i. 金魚《きんぎょ》	j. キリン

グループA：＿＿＿＿＿＿＿＿　（　　　　　　）

グループB：＿＿＿＿＿＿＿＿　（　　　　　　）

(2)

a. 冷蔵庫《れいぞうこ》	b. いす	c. 洗濯機《せんたくき》	d. ベッド	e. 掃除機《そうじき》
f. テレビ	g. ソファー	h. 机《つくえ》	i. ステレオ	j. 本棚《ほんだな》

グループA：＿＿＿＿＿＿＿＿　（　　　　　　）

グループB：＿＿＿＿＿＿＿＿　（　　　　　　）

(3)

a. 動物	b. 品物《しなもの》	c. 人物	d. 建て物	e. 怪物《かいぶつ》
f. 着物	g. 植物《しょくぶつ》	h. 食べ物	i. 宝物《たからもの》	j. 飲み物

グループA：＿＿＿＿＿＿＿＿　（　　　　　　）

グループB：＿＿＿＿＿＿＿＿　（　　　　　　）

(4)

a. ゴッホ	b. ルノワール	c. モーツアルト	d. ショパン	e. チャイコフスキー
f. バッハ	g. ブラームス	h. ベートーベン	i. セザンヌ	j. モネ

グループA：＿＿＿＿＿＿＿＿　（　　　　　　）

グループB：＿＿＿＿＿＿＿＿　（　　　　　　）

練習3

ボックスの中の言葉に、同じグループに入らないものが一つだけあります。探《さが》してください。〈5分〉

Find the one word in each box that doesn't belong in the same thematic group with the other words. <5 minutes>

例：

手　声《こえ》　背中《せなか》　おなか　足　頭

答（　声　）

(1)

ドレス　シャツ　ソックス　スーツ　コート　オーバー

答（　　　）

(2)

川　山　海　湖《みずうみ》　沼《ぬま》　池《いけ》

答（　　　）

(3)

切手　葉書《はがき》　手紙　封筒《ふうとう》　切符《きっぷ》

答（　　　）

(4)

警察官《けいさつかん》　医者　弁護士《べんごし》　教師《きょうし》　子供　銀行員《ぎんこういん》

答（　　　）

(5)

図書館　辞書《じしょ》　鉛筆《えんぴつ》　ノート　消《け》しゴム　教科書《きょうかしょ》

答（　　　）

(6)

マウス　キーボード　ラップトップ　スクリーン　フェイスブック

答（　　　）

(7)

課長《かちょう》　社長　部長《ぶちょう》　専務《せんむ》　係長《かかりちょう》　校長

答（　　　）

(8)

シドニー　ローマ　東京　オタワ　北京《ペキン》　ワシントンDC　バンコク

答（　　　）

STEP 3 内容推測《ないようすいそく》 Contextual Guessing

練習

次の文はお知らせですが、漢字・カタカナ・数字の部分だけを残《のこ》し、ひらがなは抜《ぬ》いてあります。何が書いてあるか考えなさい。

The following notices have had all their *hiragana* removed; only kanji, *katakana* and numerals remain. Try to determine what each notice is about.

(1) 〈**30 秒《びょう》**〉

来週　日曜日　上野公園《うえのこうえん》　ピクニック　行
朝　9 時　地下鉄《ちかてつ》　上野駅　前　集

(2) 〈**1 分**〉

10 月 1 日（土曜日）　学生ホール　日本語スピーチコンテスト
行　時間　午後 1：00 ～ 3：30　出場者《しゅつじょうしゃ》
初級《しょきゅう》　10 名　中・上級《じょうきゅう》　15 名　賞品《しょうひん》
一位《い》　日本往復航空券《おうふくこうくうけん》　二位　iPad　三位
図書券《けん》　応募締切《おうぼしめき》り　8 月 31 日　興味《きょうみ》　人
留学生オフィス　連絡《れんらく》

(3) 〈**2 分**〉

東京地方《ちほう》　明日　天気予報《よほう》　午前中　晴
午後　小雨《こさめ》　降《ふ》　九州南部《きゅうしゅうなんぶ》　台風《たいふう》　近
低気圧《ていきあつ》　影響《えいきょう》　夜間《やかん》　雨　激《はげ》　恐《おそ》
海上　波《なみ》　高　船舶《せんぱく》　十分　注意

(4) 〈**2 分**〉

市立《しりつ》図書館　一部　改装《かいそう》工事　子供図書部門《ぶもん》　移動《いどう》
期間《きかん》　1 月 10 日　20 日　場所　隣《となり》
教育《きょういく》会館　3 階《がい》　予備会議室《よびかいぎしつ》　貸《か》し出《だ》し　従来通《じゅうらいどお》り
図書館　受《う》け付《つ》け　行　受け付け横《よこ》　新聞閲覧室《えつらんしつ》
一時　閉鎖《へいさ》　致《いた》　了承《りょうしょう》

STEP 4 スキャニング（情報《じょうほう》取り） Scanning (Extracting Specific Information)

練習1

友だちとピザを注文《ちゅうもん》します。予算《よさん》は4,000円です。ペアで話し合って、(1)〜(6)の質問に答えなさい。〈5分〉

You are going to order a pizza with a friend. Your budget is 4,000 yen. Discuss in pairs and answer questions 1 through 6. <5 minutes>

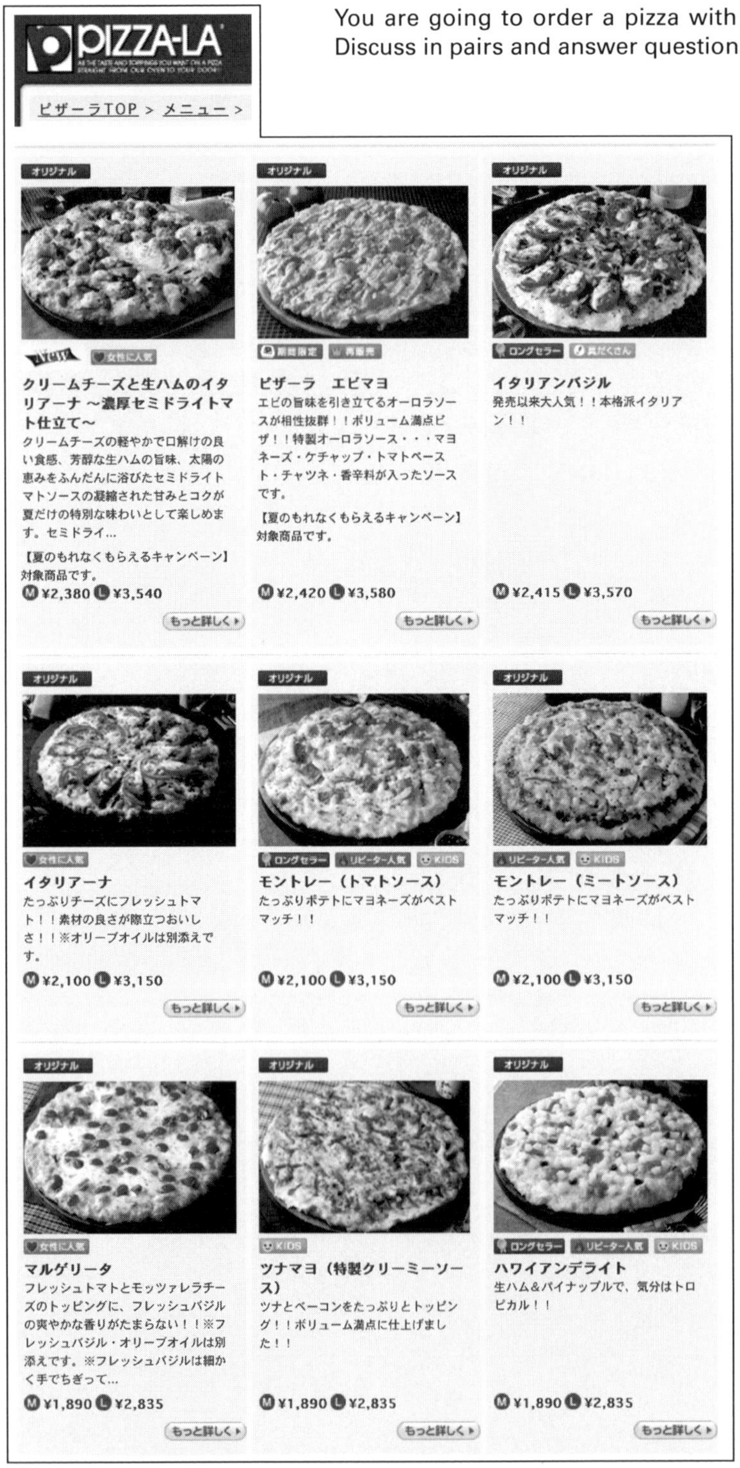

(1) 一番高いピザはどれ？
[ ]

(2) ツナが入ったピザはどれ？
[ ]

(3) パイナップルが入ったピザはどれ？
[ ]

(4) 今、友だちと二人で注文したいピザは？
[ ]

(5) そのサイズは？
[ ]

(6) その値段《ねだん》は？
[ ]

(「ピザーラ」ホームページより)
※内容は2012年8月現在

練習 2

「小さなわたや」という和食《わしょく》の店のメニューです。質問に答えなさい。〈3分〉

（「小さなわたやメニュー」より）
※内容は 2013 年 1 月現在

This is a menu of the Japanese restaurant *Chiisana Wataya*. Answer the following questions about it. <3 minutes>

(1) 一番安いメニューは？

[　　　　　　　　　　　　]

(2) 一番高いメニューは？

[　　　　　　　　　　　　]

(3) 好きな丼《どんぶり》をセットメニューで注文すると、丼の他に何が食べられますか。

[　　　　　　　　　　　　]

(4) 昼食《ちゅうしょく》を食べます。予算《よさん》は 700 円以《い》内《ない》です。何を注文しますか。

[　　　　　　　　　　　　]

(5) 昼食に「持ち帰り」をしたいと思います。予算は 500 円以内です。何を注文しますか。

[　　　　　　　　　　　　]

練習 3

東京駅の近くの「丸《まる》の内《うち》オアゾ」というビルのフロアガイドです。質問に答えなさい。(3)〜(9)は、店の番号《ばんごう》を書きなさい。〈3分〉

This is the floor guide for Marunouchi OAZO, a building near Tokyo Station. Answer the following questions about it. For questions 3 through 9, write the number of the restaurant as indicated on the floor guide. <3 minutes>

※内容は 2013 年 1 月 31 日現在

5F

B1F〜6F
1F〜6F
B3F〜7F

01 つばめ KITCHEN 丸の内店
02 さくら蕎麦 小松庵 総本家 丸の内オアゾ店
03 古奈屋 丸の内オアゾ店
04 和食えん 丸の内店
05 The Orchid 丸の内店
06 鶴群 丸の内オアゾ店
07 アマルフィイ モデルナ
08 妻家房 丸の内オアゾ店

01 つばめ KITCHEN 丸の内店［洋食］
Tsubame KITCHEN
丸の内カード使えます!
03-5252-7900
営業時間 11:00〜23:00（LO）
座席数 71 席
予算【昼】¥1,200【夜】¥2,400
つばめ風ハンブルグステーキのみ
つばめKITCHEN
青森県十和田市高橋牧場の牛、宮崎県都城市はざま牧場の豚、北海道北見市のじゃがいも等の食材で作る、美味しく体にもやさしい洋食をどうぞ。

02 さくら蕎麦 小松庵 総本家 丸の内オアゾ店［手打ち蕎麦］
Sakura Soba Komatsuan Sohonke
丸の内カード使えます!
03-3215-5181
営業時間 11:00〜23:00（LO22:00）
座席数 44 席
予算【昼】¥1,400【夜】¥2,500
小松庵
蕎麦は単純だからこそ奥深く、技術の差が大きく表れる食べ物。絶品の蕎麦を五感で味わっていただけるよう、店の造りに至るまで、全てにこだわりました。

03 古奈屋 丸の内オアゾ店［カレーうどん］
KONAYA
丸の内カード使えます!
03-5220-5500
営業時間 11:00〜23:00（LO22:30）
座席数 27 席
予算【昼】【夜】¥1,350
古奈屋
クリーミーかつスパイシーなカレーのスープと、もちもちとした食感の細麺がハーモニーを奏でる絶妙なカレーうどんは、本店のある巣鴨でも大人気。

04 和食えん 丸の内店［和食］
Washoku En
丸の内カード使えます!
03-5223-9896
営業時間 昼：11:00〜15:00（LO14:30）
土日祝 11:00〜16:00（LO15:00）
夜：17:00〜23:30（LO22:30）
座席数 206 席
予算【昼】¥1,500【夜】¥5,500〜¥6,000
和食えん
料理人が厳選した世界各国の食材による「手作り」の和食をお届け。数奇屋モダン建築の空間で、料亭クラスの上質な料理をカジュアルにお楽しみください。

05 The Orchid 丸の内店［中国料理］
ジ・オーキッド
丸の内カード使えます!
03-3216-5001
営業時間 昼：11:00〜15:00（LO）
土日祝 11:00〜16:30（LO）
夜：16:30〜23:00（フード LO22:00 ドリンク LO22:30）
座席数 87 席
予算【昼】¥1,800【夜】¥6,000
ランチは禁煙
Chinese Cusine The Orchid ジ・オーキッド
伝統的な上海料理をメインに、新たなテイストを盛り込んで生まれた「ジ・オーキッド」は、美味しくヘルシーで、とってもスタイリッシュ。

06 鶴群 丸の内オアゾ店［とんかつ料理と京野菜］
Tazumura
丸の内カード使えます!
03-3216-5300
営業時間 11:00〜23:00（LO22:00）
座席数 40 席
予算【昼】¥1,200【夜】¥2,500〜
15:00 まで禁煙
鶴群
おいしさ・美しさ・食感を追求した「とんかつ専門店」のこだわりそのままに、とんかつ特有の高カロリーで油っぽいイメージを払拭するため、コレステロールゼロの油や油吸収率の低いパン粉を使用。さらに京野菜を多用した温野菜や健康に良いとされる黒食材を導入し、今までにないとんかつの「新しい」おもてなしを追求します。

14 LO=Last Orders 禁煙 喫煙可 個室があるお店 お子様の入店可 テイクアウト可

ティータイムが過ごせるお店※ 11:00 前に営業しているお店※ 23:00 以降に営業しているお店※ 15
※時間は店舗、曜日により異なります。

(1) このフロアは何階《かい》で、このフロアには店が何軒《けん》ありますか。 [ ]

(2) トイレの近くにある店では、何が食べられますか。 [ ]

(3) 一番大きい店は？ [ ]

(4) 中国料理が食べられる店は？ [ ]

(5) 個室《こしつ》がある店は？ [ ]

(6) テイクアウトができる店は？ [ ]

(7) ティータイムがある店は？ [ ]

(8) 一日中たばこを吸《す》ってもいい店は？ [ ]

(9) 子供も一緒《いっしょ》に入れる店は？ [ ]

練習 4

電車の中吊《なかづ》りにあった雑誌《ざっし》の広告《こうこく》です。下にはその雑誌の情報《じょうほう》が入れてあります。質問に答えなさい。〈3分〉

This is a magazine advertisement posted in a train, followed by information about the magazine. Answer the questions about the magazine. <3 minutes>

雑誌名　：Number
号名　　：2012/08/24日臨時増刊号
発売日　：2012/8/17
価格　　：550円
出版社　：文藝春秋
ジャンル：スポーツ誌
内容　　：
ロンドン五輪特別編集　終らない物語。　／大儀見優季「2点取られてもがっかりなんてしなかった」　／真夏のプロ野球を面白くする新星たち

● 重要な単語
中吊《なかづ》り　poster hung in a train
広告《こうこく》　advertisement
五輪《ごりん》：オリンピック
なでしこジャパン：日本の女子サッカーチームのこと

(1) 雑誌の名前は？　[　　　　　　　　]
(2) 値段《ねだん》は？　[　　　　　　　　]
(3) 発売日《はつばいび》は？　[　　　　　　　　]
(4) 雑誌のジャンルは？　[　　　　　　　　]
(5) どんなイベントの特集《とくしゅう》か？　[　　　　　　　　]
(6) このイベントの中で、特に話題《わだい》となったスポーツは？
[　　　　　　　　]

練習５

文房具《ぶんぼうぐ》メーカーの WEB カタログのインデックスと表紙《ひょうし》です。質問に答えなさい。〈３分〉

The following is the index page of a stationery manufacturer's web catalog. Answer the questions below. <3 minutes>

(1) 次の a ～ e は、インデックスにある 1 ～ 11 のどのカテゴリーで調《しら》べられますか。

a. 写真を印刷《いんさつ》するための紙 [　　　]

b. コンピュータに関係《かんけい》した商品《しょうひん》 [　　　]

c. 授業《じゅぎょう》で使うノート [　　　]

d. 紙類《かみるい》を整理《せいり》するファイル [　　　]

e. ボールペン、シャープペンシルなどの筆記用具《ひっきようぐ》 [　　　]

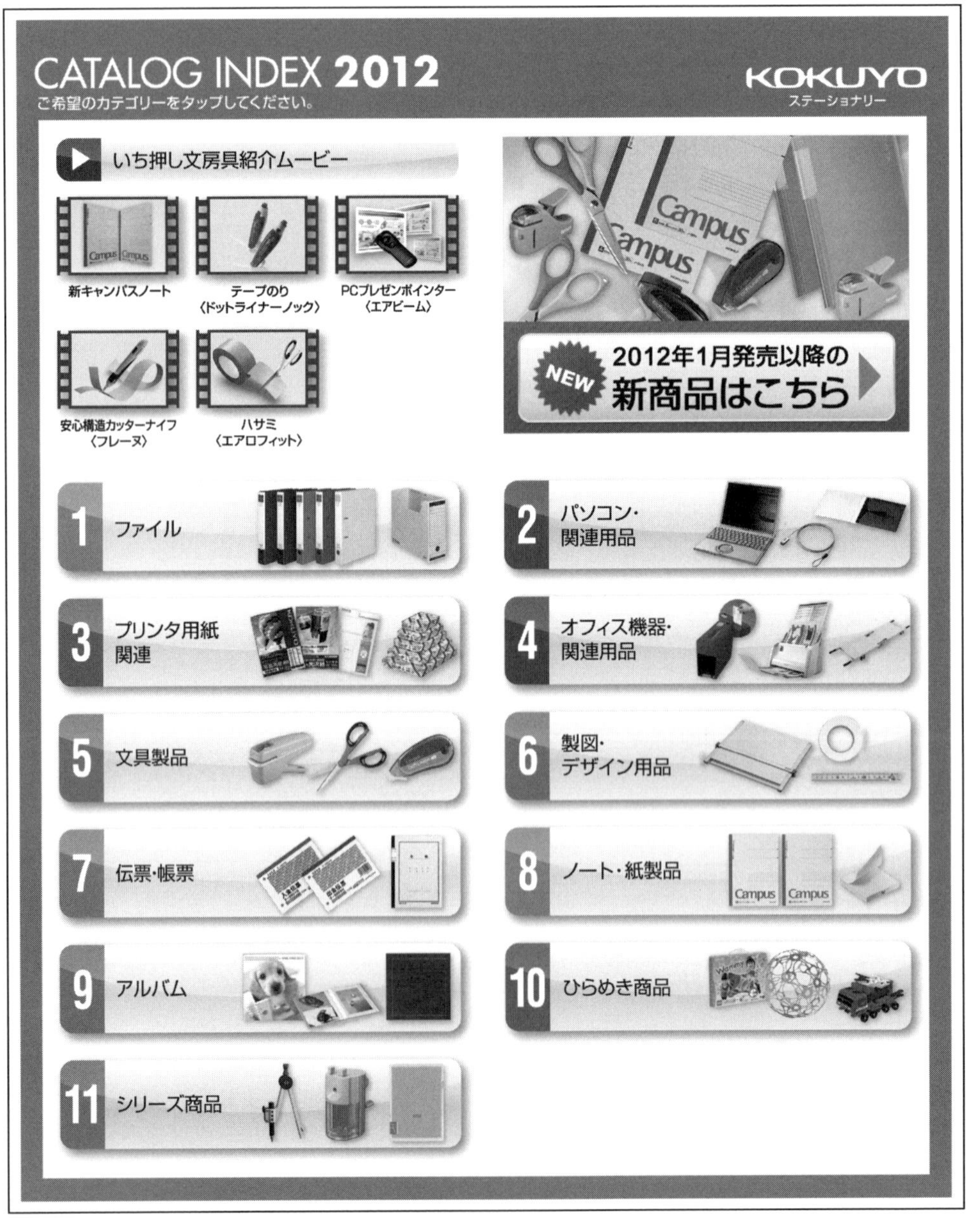

(2) 次の特徴《とくちょう》を持つ商品の名前を書き出しなさい。

a. 針《はり》を使わないホッチキス　[　　　　　　　　　　]

b. 持ちやすくてよく切れるハサミ　[　　　　　　　　　　]

c. レーザー光《こう》を使わない PC ポインター　[　　　　　　　　　　]

d. テープのようになっていて手を汚《よご》さないで使えるのり　[　　　　　　　　　　]

e. 刃《は》に触《ふ》れなくても刃が交換《こうかん》できるカッターナイフ　[　　　　　　　　　　]

（コクヨ株式会社「WEB 総合カタログ・ステーショナリー 2012」より）

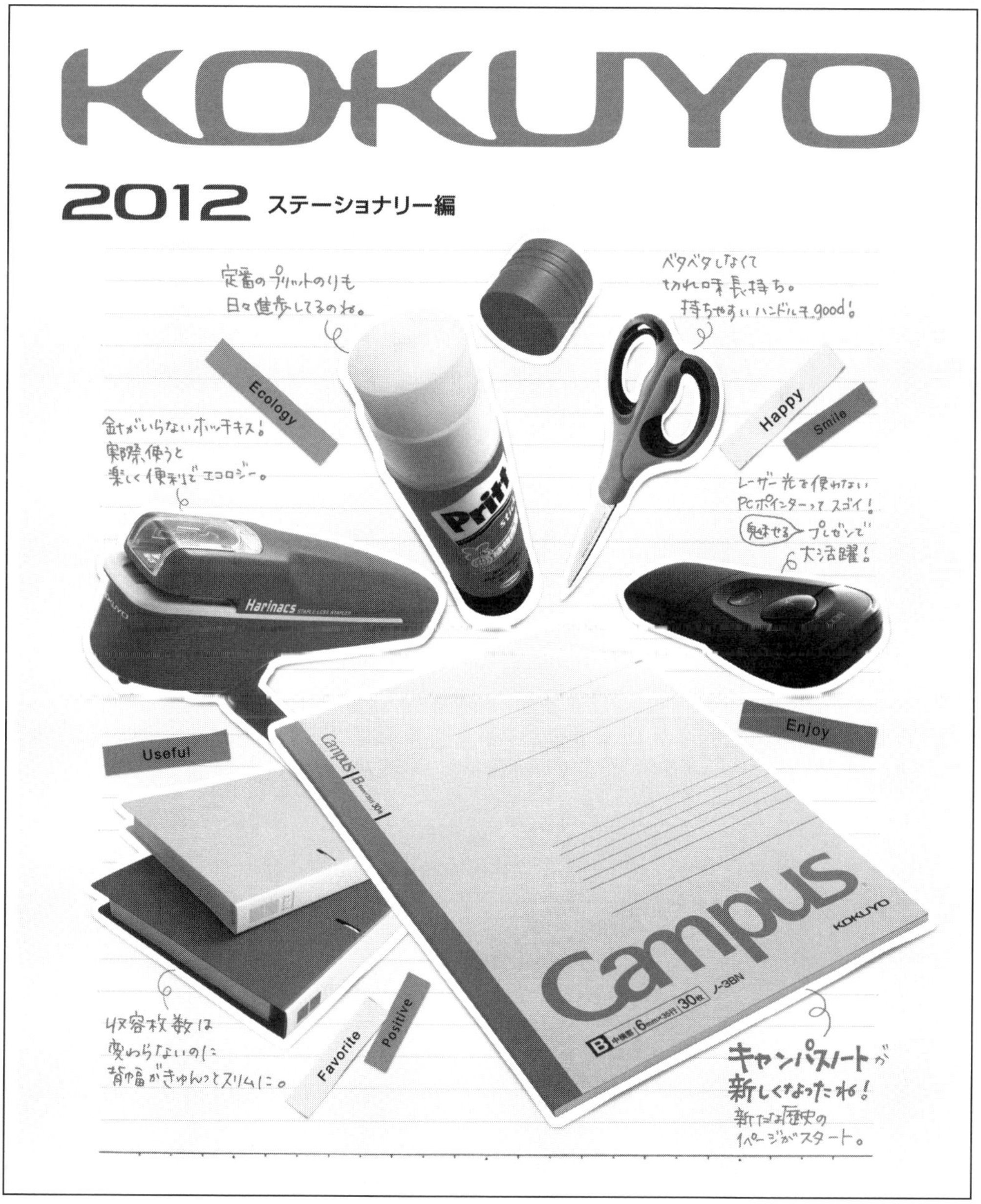

練習6

ＪＲの時刻表《じこくひょう》にはいろいろな記号《きごう》があります。表の空欄《くうらん》に下のボックスから答えを選《えら》んで記号を入れなさい。〈３分〉

There are a variety of different symbols used on JR timetables. For each symbol without a description on the legend below, choose the most appropriate description from the box and fill in the corresponding letter. <3 minutes>

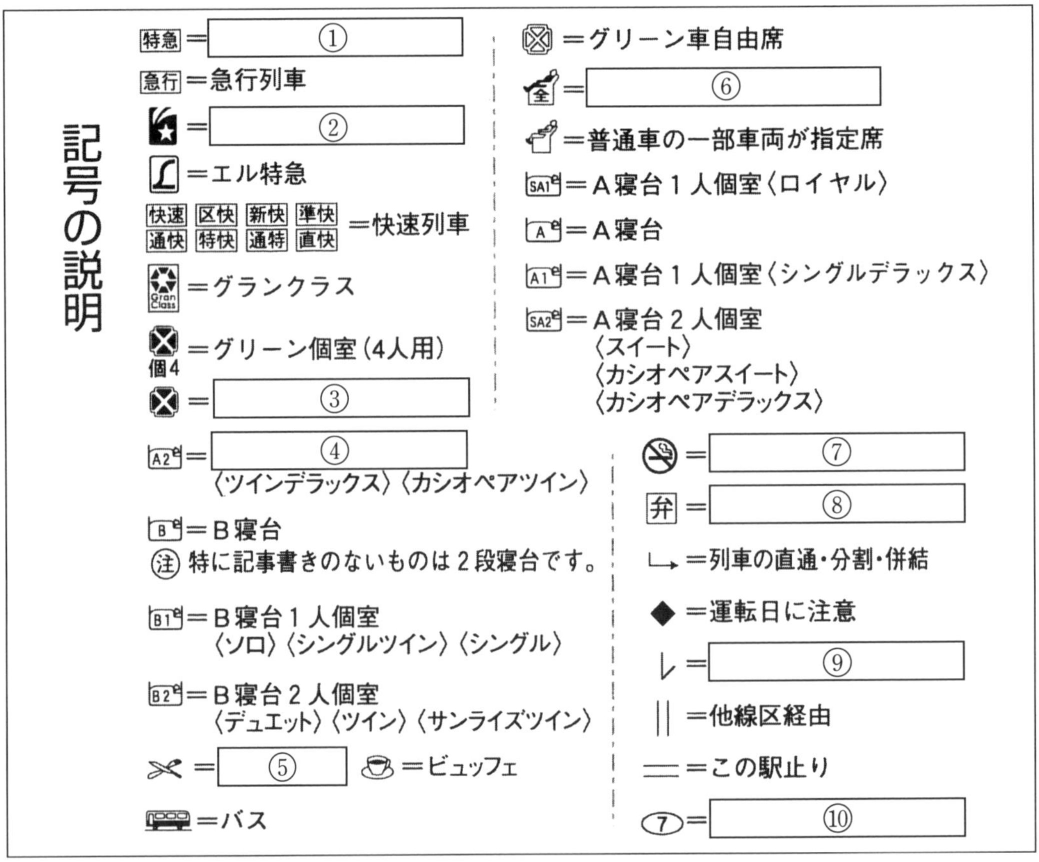

（交通新聞社刊『JR時刻表』2012年12月号より）

a. グリーン車指定席《していせき》	b. 特急列車《とっきゅうれっしゃ》	c. 普通《ふつう》車の全車両《ぜんしゃりょう》が指定席《していせき》
d. 弁当《べんとう》を売っている駅	e. 寝台列車《しんだいれっしゃ》	f. 列車《れっしゃ》の発着番線《はっちゃくばんせん》
g. 通過《つうか》	h. 食堂《しょくどう》車	i. A寝台《しんだい》２人個室《こしつ》
j. 禁煙《きんえん》車		

●重要な単語

- 記号《きごう》　symbol
- 列車《れっしゃ》　train
- 特急《とっきゅう》　limited express
- 快速《かいそく》　rapid; high speed
- 個室《こしつ》　individual room
- 寝台《しんだい》　bed; sleeping berth
- グリーン車《しゃ》　Green Car (= first/business class)
- 普通車《ふつうしゃ》　Standard Car (= second class)
- 車両《しゃりょう》　train car
- 指定席《していせき》　reserved seat
- ２段寝台《だんしんだい》　bunk beds
- 分割《ぶんかつ》　separation (of two trains)
- 併結《へいけつ》　attachment (of two trains)
- 他線区経由《たせんくけいゆ》　via another railway line
- この駅止《えきどま》り　stops at this station
- 発着《はっちゃく》　departure and arrival
- 通過《つうか》　passage by; not stopping

練習 7

年末《ねんまつ》に、京都に行こうと思っています。東京から京都まで新幹線《しんかんせん》で行くつもりで、時刻表《じこくひょう》を見ています。質問に答えなさい。〈3分〉

You are planning a trip to Kyoto at the end of the year. You plan to take the bullet train from Tokyo to Kyoto, and you're looking at timetables on the Internet. Answer the questions. <3 minutes>

列車番号	9307A	7151A		205A	551A	9309A	635A	11A	503A	101A	6587A	9311A	13A	637A		207A	739A	463A	15A	9313A	6153A	3153A		209A	553A	9315A	639A	17A	505A	211A	
列車予約コード	11307	11151		11205	14551	11309	02635	11011	01503	11101	14587	11311	11013	02637		11207	02739	01463	11015	11313	11153	11153		11209	14553	11315	02639	11017	01505	11211	
列車名	のぞみ 307	のぞみ 151	(2月9日は	のぞみ 205	さくら 551	のぞみ 309	こだま 635	のぞみ 11	ひかり 503	のぞみ 101	さくら 587	のぞみ 311	のぞみ 13	こだま 637		のぞみ 207	こだま 739	ひかり 463	のぞみ 15	のぞみ 313	のぞみ 153	のぞみ 153		のぞみ 209	さくら 553	のぞみ 315	こだま 639	のぞみ 17	ひかり 505	のぞみ 211	
運転日注意	◆	◆				◆					◆	◆								◆	◆	◆				◆				◆	
入線時刻	656	656	N700	703		710	707	700	717	726		730	733	737		743		747	756	753	753			800		803	807	813	823	817	
発車番線	19	19		16		14	17	15	18	14		17	15	18		14		19	16	15	15			18		14	19	16	18	15	
東京 発	713	713	で運転)	720	‥	723	726	730	733	740	‥	747	750	756	‥	800	‥	803	810	813	813	‥	‥	820	‥	823	826	830	833	840	‥
品川 〃	721	721		727	‥	730	734	737	740	747	‥	754	757	804	‥	807	(12月10日は	810	817	821	821	‥	‥	827	‥	830	834	837	840	847	‥
新横浜 〃	732	732		739	‥	742	746	749	752	759	‥	806	809	816	‥	819		822	829	832	832	‥	‥	839	‥	842	846	849	852	859	‥
小田原 〃	レ	レ		レ	‥	レ	803	レ	808	レ	‥	レ	レ	836	‥	レ		レ	レ	レ	レ	‥	‥	レ	‥	レ	907	レ	レ	レ	‥
熱海 〃	レ	レ	‥	N700	‥	レ	812	N700	レ	N700	‥	レ	N700	846	‥	N700		レ	N700	レ	レ	‥	‥	N700	‥	レ	915	N700	レ	N700	‥
三島 〃	レ	レ	‥		‥	レ	825		レ		‥	レ		858	‥			レ		レ	レ	‥	‥		‥	レ	925		レ		‥
新富士 〃	レ	レ	‥			レ	840		レ			レ		912	‥			レ		レ	レ	‥	‥			レ	940		レ		‥
静岡 着	レ	レ	‥	(全席禁煙)	N700	レ	851	(全席禁煙)	レ	(全席禁煙)	N700	レ	(全席禁煙)	923	‥	(全席禁煙)	N700	906	(全席禁煙)	レ	レ	‥	‥	(全席禁煙)	N700	レ	954	(全席禁煙)	レ	(全席禁煙)	‥
静岡 発	レ	レ	‥			レ	857		レ			レ		926	‥			911		レ	レ	‥	‥			レ	957		レ		‥
掛川 〃	レ	レ	‥		(8両編成)で運転・全席禁煙	レ	911		レ		(8両編成)で運転・全席禁煙	レ		942	‥		(8両編成⊗連結)で運転	レ		レ	レ	‥	‥		(8両編成)で運転・全席禁煙	レ	1011		レ		‥
浜松 〃	レ	レ	‥			レ	928		レ			レ		956	‥			937		レ	レ	‥	‥			レ	1028		レ		‥
豊橋 〃	レ	レ	‥			レ	945		レ			レ		1014	‥			レ		レ	レ	‥	‥			レ	1045		959		‥
三河安城 〃	レ	レ	‥	レ		レ	1003	レ	レ	レ		レ	レ	1032	‥	レ		レ	レ	レ	レ	‥	‥	レ		レ	1103	レ	レ	レ	‥
名古屋 着	854	854	‥	901		903	1014	911	920	924		929	934	1043	‥	941		1009	951	954	954	‥	‥	1001		1003	1114	1011	1020	1024	‥
着発番線	17	17		16		17	16	17	17	17		17	16	16		17		16	16	17	17			16		17	16	17	17	17	
名古屋 発	856	856	‥	902		905	‥	913	921	925		931	935	1045	‥	942		1010	953	956	956	‥	‥	1002		1005	‥	1013	1021	1025	‥
岐阜羽島 〃	レ	レ	‥	レ		レ	‥	レ	934	レ		レ	レ	1056	‥	レ		レ	レ	レ	レ	‥	‥	レ		レ	‥	レ	1034	レ	‥
米原 着	レ	レ	‥	レ		レ	‥	レ	948	レ		レ	レ	1109	‥	レ		レ	レ	レ	レ	‥	‥	レ		レ	‥	レ	1048	レ	‥
米原 発	レ	レ	‥	レ		レ	‥	レ	954	レ		レ	レ	1115	‥	レ	(8両編成⊗なし)	レ	レ	レ	レ	‥	‥	レ		レ	‥	レ	1054	レ	‥
京都 着	932	932	‥	938		941	‥	950	1013	1001		1008	1011	1134	‥	1018		1047	1028	1032	1032	‥	‥	1038		1041	‥	1050	1113	1101	‥
京都 発	933	933	‥	940		942	‥	952	1015	1002		1009	1012	1136	‥	1019		1048	1030	1033	1033	‥	‥	1040		1042	‥	1052	1115	1102	‥
新大阪 着	947	947	‥	953		956	‥	1006	1030	1016		1023	1026	1150	‥	1033		1103	1043	1047	1047	‥	‥	1053		1056	‥	1106	1130	1116	‥
入線時刻	↓	↓		↓	944	↓		↓	↓	↓	1010	↓	↓	↓		↓	1028	↓	↓	↓	↓			↓	1044	↓		↓	↓	↓	
着発番線	21	21		24	20	23		21	22	22	20	23	21	22		21	20	22	22	21	21			24	20	23		21	22	21	
新大阪 発	‥	949	‥	‥	959	(12月29・31日はN700で運転)	‥	1009	‥	1018	1022	(11月27日・12月29日・31日はN700で運転)	1029	‥	‥	‥	1039	1105	1045	(12月26日・1月12日・2月8・21日はN700で運転)	1049	‥	‥	‥	1059	(11月21日はN700で運転)	‥	1109	‥	‥	‥
新神戸 〃	‥	1002	‥	‥	1013		‥	1022	‥	1032	1036		1042	‥	‥	‥	1053	1119	1059		1102	‥	‥	‥	1113		‥	1122	‥	‥	‥
西明石 〃	‥	レ	‥	‥	レ		‥	レ	‥	レ	レ		レ	‥	‥	‥	1111	1132	レ		レ	‥	‥	‥	レ		‥	レ	‥	‥	‥
姫路 〃	‥	レ	‥	‥	レ		‥	レ	‥	レ	1052		1058	‥	‥	‥	1123	1147	レ		レ	‥	‥	‥	1130		‥	レ	‥	‥	‥
相生 〃	‥	レ	‥	‥	レ		‥	レ	‥	レ	レ		レ	‥	‥	‥	1143	1206	レ		レ	‥	‥	‥	レ		‥	レ	‥	‥	‥
岡山 着	‥	1036	‥	‥	1045		‥	1055	‥	1105	1113		1118	‥	‥	‥	1159	1222	1130		1136	‥	‥	‥	1150		‥	1155	‥	‥	‥
岡山 発	‥	1037	‥	‥	1046		‥	1056	‥	1106	1114		1119	‥	‥	‥	1200	‥	1131		1137	‥	‥	‥	1151		‥	1156	‥	‥	‥
新倉敷 〃	‥	レ	‥	‥	レ		‥	レ	‥	レ	レ		レ	‥	‥	‥	1214	‥	レ		レ	‥	‥	‥	レ		‥	レ	‥	‥	‥
福山 〃	‥	レ	‥	‥	1103		‥	レ	‥	1122	レ		レ	‥	‥	‥	1233	‥	レ		レ	‥	‥	‥	1208		‥	1214	‥	‥	‥
新尾道 〃	‥	レ	‥	‥	レ		‥	レ	‥	レ	レ		レ	‥	‥	‥	1242	‥	レ		レ	‥	‥	‥	レ		‥	レ	‥	‥	‥
三原 〃	‥	レ	‥	‥	レ		‥	レ	‥	レ	レ		レ	‥	‥	‥	1252	‥	レ		レ	‥	‥	‥	レ		‥	レ	‥	‥	‥
東広島 〃	‥	レ	‥	‥	レ		‥	レ	‥	レ	レ		レ	‥	‥	‥	1307	‥	レ		レ	‥	‥	‥	レ		‥	レ	‥	‥	‥
広島 着	‥	1114	‥	‥	1128		‥	1133	‥	1145	1150		1155	‥	‥	‥	1320	‥	1205		1214	‥	‥	‥	1233	‥	‥	1237	‥	‥	‥
広島 発	‥	1115	‥	‥	1129	‥	‥	1134	‥	‥	1151		1156	‥	‥	‥	1321	‥	1206		→	1215	‥	‥	1234	‥	‥	1238	‥	‥	‥
新岩国 〃	‥	レ	‥	‥	レ	‥	‥	レ	‥	‥	レ		レ	‥	‥	‥	1341	‥	レ		‥	レ	‥	‥	レ	‥	‥	レ	‥	‥	‥
徳山 〃	‥	レ	‥	‥	レ	‥	‥	1157	‥	‥	レ	‥	レ	‥	‥	‥	1406	‥	レ		‥	レ	‥	‥	レ	‥	‥	レ	‥	‥	‥
新山口 〃	‥	1148	‥	‥	1201	‥	‥	レ	‥	‥	1228	‥	レ	‥	‥	‥	1422	‥	1238		‥	1248	‥	‥	レ	‥	‥	レ	‥	‥	‥
厚狭 〃	‥	レ	‥	‥	レ	‥	‥	レ	‥	‥	レ	‥	レ	‥	‥	‥	1437	‥	レ		‥	レ	‥	‥	レ	‥	‥	レ	‥	‥	‥
新下関 〃	‥	レ	‥	‥	レ	‥	‥	レ	‥	‥	レ	‥	レ	‥	‥	‥	1452	‥	レ		‥	レ	‥	‥	レ	‥	‥	レ	‥	‥	‥
小倉 着	‥	1210	‥	‥	1221	‥	‥	1226	‥	‥	1249	‥	1242	‥	‥	‥	1501	‥	1256		‥	1308	‥	‥	1321	‥	‥	1326	‥	‥	‥
小倉 発	‥	1211	‥	‥	1222	‥	‥	1227	‥	‥	1250	‥	1243	‥	‥	‥	1502	‥	1257	‥	‥	1309	‥	‥	1322	‥	‥	1327	‥	‥	‥
博多 着	‥	1228	‥	‥	1239	‥	‥	1243	‥	‥	1309	‥	1259	‥	‥	‥	1521	‥	1313	‥	‥	1328	‥	‥	1339	‥	‥	1343	‥	‥	‥
着発番線		13			16			15			16		13				15		15			14			15			16			

(交通新聞社刊『JR 時刻表』2012 年 12 月号より)

(1) 京都駅に午前 9 時 50 分に着くには、どの新幹線に乗《の》ればいいですか。

・新幹線の名前と番号《ばんごう》 [　　　　　　　　号]

・東京発の時間 [　　　時　　　分]

(2) その新幹線は、東京駅の何番ホームから発車しますか。 [　　　　　　　　]

(3) その新幹線は、東京と京都の間でいくつの駅に停車《ていしゃ》しますか。 [　　　　　　　　]

(4) その新幹線の終点《しゅうてん》はどこですか。何時に到着《とうちゃく》しますか。 [　　　　　　　　]

練習8

中部国際空港《ちゅうぶこくさいくうこう》セントレアの到着《とうちゃく》ロビーの図《ず》です。質問に番号《ばんごう》で答えなさい。〈5分〉

This is the floorplan of the arrival lobby of Nagoya's Chubu Centrair International Airport. Answer the accompanying questions with location numbers from the map. <5 minutes>

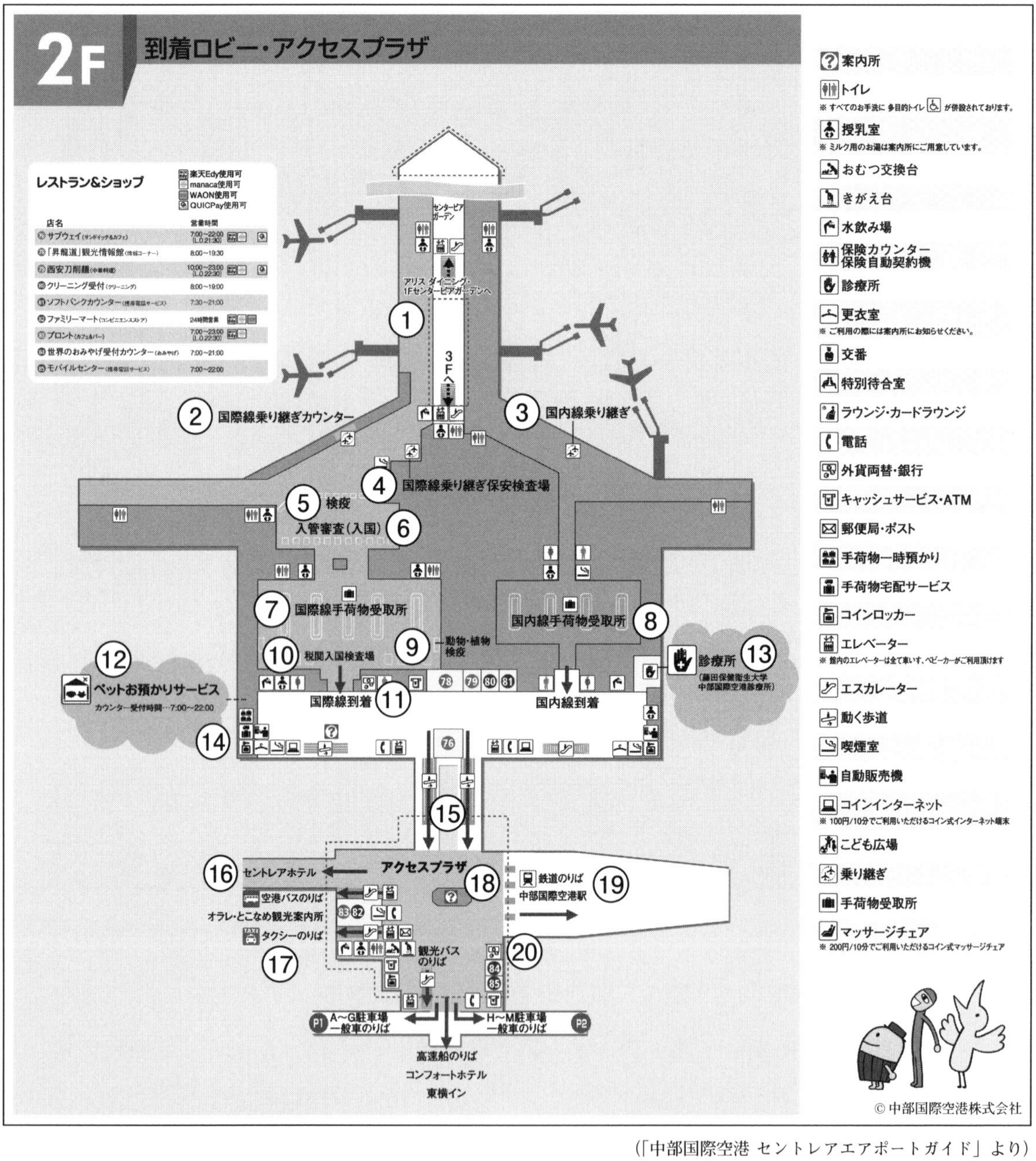

（「中部国際空港 セントレアエアポートガイド」より）
※内容は 2013 年 2 月現在

(1) 日本に入国する時に審査《しんさ》を受ける場所はどこですか。　[　　]

(2) 飛行機《ひこうき》にあずけた荷物《にもつ》を受け取るのはどこですか。　[　　]

(3) 税関申告書《ぜいかんしんこくしょ》を出すのはどこですか。　[　　]

(4) ネコをあずけたい。どこに行けばいいですか。　[　　]

(5) 乗《の》り継《つ》ぎカウンターはどこですか。　[　　]

(6) 自分の国のお金を日本の「円」に換《か》えたいです。どこに行ったらいいですか。　[　　]

(7) 頭がとても痛《いた》いです。どこに行ったらいいですか。　[　　]

(8) 荷物がたくさんあるので、宅配《たくはい》サービスでホームステイの家に送りたいです。
どこに行ったらいいですか。　[　　]

(9) アクセスプラザに行くための「動く歩道《はどう》」はどこにありますか。　[　　]

(10) 電車で名古屋市《なごやし》に行きたいです。電車の乗《の》り場《ば》はどこですか。　[　　]

(11) 空港《くうこう》の中にあるホテルに泊《と》まりたいです。どこに行きますか。　[　　]

(12) 空港内《ない》のことについていろいろと聞きたいです。どこに行ったらいいですか。　[　　]

●重要な単語

授乳室《じゅにゅうしつ》　nursing room
保険自動契約機《ほけんじどうけいやくき》　insurance vending machine
診療所《しんりょうじょ》　medical clinic
更衣室《こういしつ》　changing room
外貨両替《がいかりょうがえ》・銀行《ぎんこう》　currency exchange / banking
手荷物一時預《てにもついちじあず》かり　temporary storage for carry-on luggage
手荷物宅配《てにもつたくはい》サービス　baggage delivery service
乗《の》り継《つ》ぎ　connecting flights
手荷物受取所《てにもつうけとりじょ》　baggage claim
検疫《けんえき》　quarantine
入管審査《にゅうかんしんさ》（入国《にゅうこく》）　immigration
駐車場《ちゅうしゃじょう》　parking lot
端末機《たんまつき》　(computer) terminal

練習 9

東京にある葛西臨海水族園《かさいりんかいすいぞくえん》に行こうと思っています。[　　　　]に必要《ひつよう》な情報《じょうほう》を書きなさい。〈5分〉

You are thinking of going to Tokyo Sea Life Park. Fill the [　] with the necessary information. <5 minutes>

葛西臨海水族園

Tokyo Sea Life Park

サイト内データ検索　検索　Languages 言语 언어　東京ズーネット TOKYO ZOO NET

ご利用案内　交通アクセス　園内マップ　イベント情報　見どころと歴史

2013年06月

日	月	火	水	木	金	土
						1
2	3	4	5 休	6	7	8
9	10	11	12 休	13	14	15
16	17	18	19 休	20	21	22
23	24	25	26 休	27	28	29
30						

開園時間:9:30〜17:00

ほっとフォトコンテスト 入賞作品発表

ガイドツアー
水族園 魚ッチングシート
なぎさ通信
かさりん体操
新たな視点で見てみると
どうぶつを知る
保全への取組
東京動物園友の会
メールマガジン「ZooExpress」
動物園サポーター
TokyoZooShop

開園時間・休園日・入園料

●開園時間

9時30分〜17時（入園券の発売は16時まで）
※ただし、16時30分ごろ、見られなくなる動物もあります。
※また、特別に開園時間を変更することもあります。
※最新の開園予定についてはTOPの開園カレンダーをご覧ください。

●休園日

※毎週水曜日（水曜日が国民の祝日や振替休日、都民の日の場合は、その翌日が休園日）
※年末年始（12月29日〜翌年1月1日）
※最新の開園予定はTOPの開園カレンダーをご覧ください。

●入園料

	個人	団体（20名以上）	年間パスポート
一般	700円	560円	2,800円
中学生	250円	200円	——
65歳以上	350円	280円	1,400円

※小学生以下、都内在住・在学の中学生は無料です。中学生は生徒手帳を持参してください。
※団体入園についての詳細は「団体利用について」をご覧ください。
※障害者手帳・愛の手帳・療育手帳をお持ちの方と、その付添者原則1名は無料です。
※65歳以上の方は、年令の証明となるものをお持ちください。
※葛西臨海公園大観覧車の半券を切符売場窓口にご提示いただくと、入園料が2割引になります。
※年間パスポートの有効期間は購入日から1年間です。

●無料公開日

みどりの日（5月4日）／都民の日（10月1日）／開園記念日（10月10日）
※老人週間（9月15日〜21日）期間中の開園日は60歳以上の方の入場は無料です（付添者1名無料）。
※5月5日は中学生無料

（写真・サイト画像：（公財）東京動物園協会提供）

(1) 開園《かいえん》時間は何時から何時まで？　[　　　　　]

(2) 入園券《にゅうえんけん》は何時までに買わなくてはいけない？　[　　　　　]

(3) 休みは何曜日？　[　　　　　]

(4) 休みが祝日《しゅくじつ》の場合はどうなる？　[　　　　　]

(5) 大人２人の料金《りょうきん》はいくら？　[　　　　　]

(6) 料金を払《はら》わなくてもいいのはどんな人？
[　　　　　]

(7) 6 月 15 日に年間《ねんかん》パスポートを買ったら、いつまで使える？　[　　　　　]

(8) 料金が半額《はんがく》になるのは何歳以上の人？　[　　　　　]

(9) 6 月のイベントについて何があるか知りたい。
どうすればいい？　[　　　　　]

(10) 団体《だんたい》として入れるのは何人以上？　[　　　　　]

●重要な単語

入園券《にゅうえんけん》　ticket for admittance
発売《はつばい》　sale
ただし　however
開園《かいえん》　opening of the park
変更《へんこう》　change
休園《きゅうえん》　closure of the park
祝日《しゅくじつ》　holiday
振替休日《ふりかえきゅうじつ》　rescheduled public holiday
翌日《よくじつ》　the following day
ご覧《らん》ください　please see
個人《こじん》　individual
団体《だんたい》　group
都内在住《とないざいじゅう》・在学《ざいがく》　living or attending school in Tokyo
生徒手帳《せいとてちょう》　student identification
持参《じさん》する　to bring/take
詳細《しょうさい》　details
障害者手帳《しょうがいしゃてちょう》　disability identification
付添者《つきそいしゃ》　attendant
原則《げんそく》　as a general rule
証明《しょうめい》　proof
半券《はんけん》　ticket stub
切符売場窓口《きっぷうりばまどぐち》　ticket sales window
提示《ていじ》する　to present
有効期間《ゆうこうきかん》　period of validity
購入日《こうにゅうび》　date of purchase

練習 10

右のページは、ＮＨＫの語学番組《ばんぐみ》の番組表《ひょう》です。質問に答えなさい。〈5分〉

To the right is a schedule of language learning programs on NHK, the Japanese national public broadcaster. Answer the following questions about it. <5 minutes>

(1) これは、いつからいつまでの番組表ですか。　[　　]

(2) 何種類《しゅるい》の言葉が勉強できますか。　[　　]

(3) 番組が一番多い言葉は何ですか。　[　　]

(4) ロシア語を勉強する番組は、一週間に何回《かい》ありますか。
[　　]

(5) 中国語を勉強する番組は、何曜日の何時ですか。全部書き出しなさい。
[　　]

(6) 歌で発音《はつおん》をマスターするという番組があります。何語の発音の練習ですか。
使われている音楽の種類は何ですか。　[　　]

(7) ニュースで言葉を勉強する番組があります。何語の勉強で、何曜日の何時にありますか。
[　　]

(8) このチャンネルで日本語を勉強することはできますか。　[　　]

(9)「10歳の科学者《かがくしゃ》が発見《はっけん》したこと」という話題《わだい》を取り上げているのは何という番組ですか。
何日の何時にありますか。
[　　]

(10)「リトルチャロ２」というのは、チャロという犬が活躍《かつやく》する５分間の英語のアニメです。
どんなタイトルがありますか。全部書き出しなさい。
[　　]

NHK語学番組　テレビ番組表

※きょうから8日以内の番組表です。放送時間変更などの情報もこちらを参照してください。
※語学番組以外の番組表、過去の番組表は NHK番組表 をご覧ください。

ラジオ番組表はこちら
このページを印刷する

すべてを表示 ↓　午前（午前5：00～）↓　午後（午後0：00～）↓　夜間（午後6:00～深夜）↓　▼番組名を選ぶ

	1/15（火）	1/16（水）	1/17（木）	1/18（金）	1/19（土）	1/20（日）	1/21（月）	1/22（火）
午前		Eテレ 午前6:00 ３か月トピック英会話歌って発音マスター！～魅惑のスタンダード・ジャズ編～「マイ・ファニー・バレンタイン」 Eテレ 午前6:20 リトル・チャロ２「情報屋ジョニー」 Eテレ 午前10:15 おとなの基礎英語「Ｅｐｉｓｏｄｅ５５」	Eテレ 午前5:30 テレビでアラビア語第１５課「どういう意味ですか？」 Eテレ 午前6:00 ニュースで英会話　▽日韓　関係改善を模索 Eテレ 午前6:20 リトル・チャロ２「恋敵」 Eテレ 午前10:05 プレキソ英語「この人はだれ？」 Eテレ 午前10:15 おとなの基礎英語「Ｅｐｉｓｏｄｅ５６」	Eテレ 午前5:30 テレビでロシア語「民族楽器ホムスの調べ」 Eテレ 午前6:00 テレビで中国語第３９課「エントランスの正面に鏡が掛かっています。」 Eテレ 午前10:15 どうも！にほんご講座です。第１４課「それを言っちゃあ、おしまいよ」	Eテレ 午前5:00 トラッドジャパン「墨」 Eテレ 午前5:20 おとなの基礎英語「Ｅｐｉｓｏｄｅ５７」 Eテレ 午前5:30 おとなの基礎英語「Ｅｐｉｓｏｄｅ５８」 Eテレ 午前5:40 おとなの基礎英語「Ｅｐｉｓｏｄｅ５９」 Eテレ 午前5:50 おとなの基礎英語「Ｅｐｉｓｏｄｅ６０」 Eテレ 午前6:00 テレビでハングル講座第３９課“動詞の過去連体形、動作の順序の表現”を覚えよう！ Eテレ 午前11:00 テレビで基礎英語「ＵＦＯのサドルなど連続窃盗事件」		Eテレ 午前6:00 基礎英語ミニ「香港の旅・ｗｅｅｋ７」 Eテレ 午前6:05 どうも！にほんご講座です。第１５課「あーあ、やんなっちゃった」 Eテレ 午前6:20 リトル・チャロ２「女の友情」 Eテレ 午前10:05 プレキソ英語「どのくらい古いの？」 Eテレ 午前10:15 おとなの基礎英語「Ｅｐｉｓｏｄｅ５７」	Eテレ 午前6:00 トラッドジャパン「日本刀」 Eテレ 午前6:20 リトル・チャロ２「希望」 Eテレ 午前10:15 おとなの基礎英語「Ｅｐｉｓｏｄｅ５８」
午後		Eテレ 午後0:00 テレビでフランス語「ＥＵＲＯ２４　第１４課　選ぶ」 Eテレ 午後0:50 リトル・チャロ２「情報屋ジョニー」	Eテレ 午後0:00 テレビでスペイン語「ＥＵＲＯ２４　第１４課　与える」 Eテレ 午後0:50 リトル・チャロ２「恋敵」				Eテレ 午後0:00 テレビでイタリア語「ＥＵＲＯ２４　第１５課　始める、始まる」 Eテレ 午後0:50 リトル・チャロ２「女の友情」	Eテレ 午後0:00 テレビでドイツ語「ＥＵＲＯ２４第１５課　一緒に来る」 Eテレ 午後0:50 リトル・チャロ２「希望」
夜間	Eテレ 午後10:00 テレビで中国語第３９課「エントランスの正面に鏡が掛かっています。」 Eテレ 午後10:25 テレビでドイツ語「ＥＵＲＯ２４第１５課　一緒に来る」 Eテレ 午後10:50 おとなの基礎英語「Ｅｐｉｓｏｄｅ５８」	Eテレ 午後10:00 ３か月トピック英会話歌って発音マスター！～魅惑のスタンダード・ジャズ編～「ザ・シャドウ・オブ・ユア・スマイル」 Eテレ 午後10:20 基礎英語ミニ「香港の旅・ｗｅｅｋ７」 Eテレ 午後10:25 テレビでフランス語「ＥＵＲＯ２４　第１５課　取る」 Eテレ 午後10:50 おとなの基礎英語「Ｅｐｉｓｏｄｅ５９」	Eテレ 午後10:00 ニュースで英会話　▽日韓　関係改善を模索 Eテレ 午後10:25 テレビでスペイン語「ＥＵＲＯ２４　第１５課　来る」 Eテレ 午後10:50 おとなの基礎英語「Ｅｐｉｓｏｄｅ６０」		Eテレ 午後6:50 プレキソ英語「どのくらい古いの？」	Eテレ 午後6:40 テレビで基礎英語続・Ｑ＆Ａならネイティブ並み！「巨人の太郎ｖｓ泥棒の千由人」	Eテレ 午後10:00 テレビでハングル講座第４０課“動詞の現在連体形、現在の推量の表現”を覚えよう！ Eテレ 午後10:25 テレビでイタリア語「ＥＵＲＯ２４　第１６課　～の状態である」 Eテレ 午後10:50 おとなの基礎英語「Ｅｐｉｓｏｄｅ６１」 Eテレ 午後11:00 スーパープレゼンテーション「政府を自分たちの手でよくする方法」	Eテレ 午後10:00 テレビで中国語第４０課「お客さんがわたしに練習の相手をさせたのです。」 Eテレ 午後10:25 テレビでドイツ語「ＥＵＲＯ２４第１６課　（乗り物で）行く」 Eテレ 午後10:50 おとなの基礎英語「Ｅｐｉｓｏｄｅ６２」
深夜	Eテレ 午前1:00 テレビでアラビア語第１５課「どういう意味ですか？」	Eテレ 午前1:00 テレビでロシア語「民族楽器ホムスの調べ」				Eテレ 午前0:45 スーパープレゼンテーション「１０歳の科学者が発見したこと」 Eテレ 午前1:10 どうも！にほんご講座です。第１４課「それを言っちゃあ、おしまいよ」		Eテレ 午前1:00 テレビでアラビア語第１６課「復習編」

（「NHK オンライン」より）

練習 11

「品川《しながわ》プリンスシネマ」という映画館で上映《じょうえい》中の映画の情報《じょうほう》です。質問に答えなさい。〈8分〉

The following is information for a movie being shown at the "Shinagawa Prince Cinema" theater. Answer the questions below. <8 minutes>

(1) この映画について、質問に答えなさい。

a. この映画の題名《だいめい》は？ [　　　　　　　　　　]

b. この映画のストーリーが知りたい。どうすればいい？ [　　　　　　　　　　]

c. この映画の原作《げんさく》本が受賞《じゅしょう》した賞の名前は？ [　　　　　　　　　　]

(2) 映画館と上映スケジュールについて、正しい文に○、正しくない文に×を入れなさい。

a. (　　) この週は、毎日同じ時間に１回めの上映が始まる。

b. (　　) この週の火曜日は、この映画は一日に５回上映される。

c. (　　) この映画館はJRの駅から近い。

d. (　　) 16歳の人は、午後９時５分に始まる回は見られない。

e. (　　) 東京都内《となない》のプリンスホテルに泊《と》まっていると、料金《りょうきん》が安くなる。

(3) この映画館の料金制度《せいど》について、質問に答えなさい。

a. 女性の料金が安くなるのは何曜日？ [　　　　　　]

b. 毎月、料金が安くなるのは何日？ [　　　　　　]

c. お年寄《としよ》りが月曜日の12時20分からこの映画を見たら、料金はいくら？ [　　　　　　]

d. 土曜日の午後９時５分から始まる回を会社員が３人で見たら、合計《ごうけい》の料金はいくら？ [　　　　　　]

e. 金曜日の午後３時から、53歳と48歳の夫婦《ふうふ》がこの映画を見たら、合計の料金はいくら？ [　　　　　　]

f. ある３Ｄの映画を、子供が週末《しゅうまつ》に、自分の３Ｄメガネを持っていって見たら、料金はいくら？ [　　　　　　]

●重要な単語

- 徒歩《とほ》 on foot
- 詳細《しょうさい》 details
- 上映《じょうえい》 showing
- 舟《ふね》 boat
- 編《あ》む to knit
- 周辺《しゅうへん》 area
- 受賞《じゅしょう》 winning a prize
- 監督《かんとく》 director
- 身障者《しんしょうしゃ》 handicapped person
- 備考《びこう》 a note (for reference)
- 以降《いこう》 after
- 未満《みまん》 less than
- 不可《ふか》 not possible
- 鑑賞《かんしょう》 viewing
- 提示《ていじ》 presenting
- 割引《わりびき》 discount
- 夫婦《ふうふ》 married couple
- 年齢《ねんれい》 age
- 要証明《ようしょうめい》 ID required
- 付添者《つきそいしゃ》 attendant
- 宿泊者《しゅくはくしゃ》 hotel guest

品川プリンスシネマ

品川(1)　東京23区(72)

JR・京浜急行品川駅高輪口徒歩2分

映画館詳細	作品上映スケジュール	周辺地図

»「品川プリンスシネマ」の上映スケジュールをまとめて見る«

NEW 舟を編む

»作品詳細を見る«

監督	石井裕也
出演キャスト	松田龍平 宮崎あおい オダギリジョー

[c]2013「舟を編む」製作委員会

本屋大賞を受賞した三浦しをんの同名小説を松田龍平、宮崎あおいで映画化

上映時間

上映開始日：04/13(土)

4/13	4/14	4/15	4/16	4/17	4/18	4/19
土	日	月	火	水	木	金
09:20	09:20	12:20	12:20	09:20	12:20	12:20
12:20	12:20	15:05	15:05	12:20	15:05	15:05
15:05	15:05	18:15	18:15	15:05	18:15	18:15
18:15	18:15	21:05	21:05	18:15	21:05	21:05
21:05	21:05	(〜23:30)	(〜23:30)	21:05	(〜23:30)	(〜23:30)
(〜23:30)	(〜23:30)			(〜23:30)		

4/20	4/21	4/22	4/23	4/24	4/25	4/26
土	日	月	火	水	木	金
劇場問合	劇場問合	劇場問合	劇場問合	劇場問合	劇場問合	劇場問合

品川プリンスシネマ　映画館情報

基本料金	
一般	¥1800
大学	¥1500
高校	¥1500
中学	¥1000
小人	¥1000
シニア	¥1000
身障者	¥1000
備考	※23:00以降に終了する作品は18歳未満入場不可

3D作品鑑賞料金
一般¥2100　大学・高校¥2000　中学・小人・シニア・身障者¥1500
3Dメガネ提示で¥100引
一部割引なし　各種招待券使用不可

割引情報
20:30以降の回¥1200(土曜¥1500)
サービスデー(毎月1日)¥1000、3D作品は¥1500
水曜女性¥1000、3D作品は¥1500
いずれかが50歳以上の夫婦ペア¥2000(年齢は要証明)
身障者付添者¥1000(1名まで)
都内プリンスホテル宿泊者は一般¥1600・大高¥1300
映画と宿泊プラン有り(¥12000〜) プレミアム館は各種割引なし

※画像は2013年4月13日時点のもの。現在は上映終了しています。

練習 12

ある百科事典《ひゃっかじてん》の目次《もくじ》です。質問に答えなさい。〈5分〉

This is the table of contents of a certain encyclopedia. Answer the following questions. <5 minutes>

(1) この百科事典の名前と出版社名《しゅっぱんしゃめい》は？　[　　　　　　　　]

(2) ジャンル（分野《ぶんや》）はいくつある？　[　　　　　　　　]

(3) 農業《のうぎょう》、林業《りんぎょう》、漁業《ぎょぎょう》について調《しら》べたい。どのジャンル？　[　　　　　　　　]

(4) 中東《ちゅうとう》やアフリカについて調べたい。どのジャンル？　[　　　　　　　　]

生命倫理——811
がん治療——816
薬と社会——824
漢方・中医学——834
健康問題——838
性——846
メンタルヘルス——854

★社会
教育・学校——864
子ども問題——878
都市問題——882
裁判と社会——893
宗教——897
皇室——907
社会福祉——910
貧困と社会——918
年金問題——922
社会保障——928

★くらし
くらしと経済——936
高齢社会・介護——941
育児——948
葬式——954
住まい選び——957
ホームエコノミー——965
株・証券——975
消費者問題——984
食生活——994

★文化
本と文芸——1002
現代アート——1009
音楽——1016
哲学・思想——1025
デザイン——1033
現代建築——1040
考古学——1045
ファッション——1054

★スポーツ
スポーツ——1065
スポーツ競技——1072
野球——1081
サッカー——1089
スポーツ科学——1095

★趣味
ゴルフ——1101
ゲーム——1105
マンガ——1109
絵本——1113
映画——1116
ポピュラー音楽——1121
ペット——1129

★時代・流行
時代観察——44
流行観測——1132
美容——1136
若者——1144
日本語事情——1153
世相語——1158
人名——1162
世相・発言——1166
最近語——1170
外来語——1452
欧文略語——1287
50音索引——1595

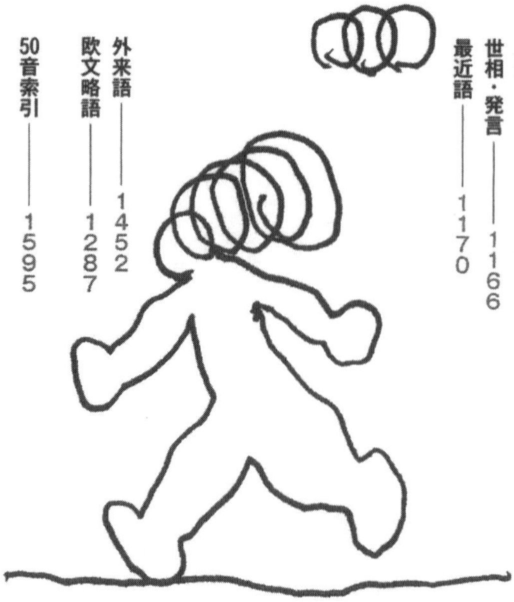

(5) 地《ち》球《きゅう》温《おん》暖《だん》化《か》の問題について調べたい。どのジャンル？　[　　　　　　　]

(6) 外国から日本に入って来た言葉について調べたい。何ページ？　[　　　　　　]

(7) 心の病気について調べたい。何ページ？　[　　　　　　]

(8) スポーツのジャンルでは、いくつのトピックを扱《あつか》っている？　[　　　　　　]

(9) ペットのトピックはどのジャンルに入っている？　[　　　　　　　]

(10) 五十音の索引《さくいん》を使って何か調べたい。何ページ？　[　　　　　　]

（自由国民社刊『現代用語の基礎知識 2013』より）

特集■3・11後、この国の選択　原発・放射能・自然エネルギー 15のQ&A　巻末付録■ニュースのおさらい

現代用語の基礎知識 2013

Encyclopedia of contemporary words

就活応援特集■就活に成功する「現代用語」の活用術

自由国民社

ジャンル別＊CONTENTS

練習 13

漢字辞典《じてん》の巻末《かんまつ》の「部首《ぶしゅ》をわかりやすく表《ひょう》にしたもの」です。あいている部分に適当《てきとう》な漢字を入れなさい。（これは漢字辞典を速《はや》く引《ひ》けるようになるための練習で、時間制限《せいげん》はありません。）

The following is a chart of kanji radicals from the appendix of a kanji dictionary. Fill in the blank squares with kanji that use the corresponding radicals. (This is an exercise designed to help you look up kanji more quickly; there is no time limit.)

馬	金	車	貝	言	衤	月	糸	米	禾	礻	石	目	王	犭	牛	火	氵
うまへん	かねへん	くるまへん	かいへん	ごんべん	ころもへん	にくづき	いとへん	こめへん	のぎへん	しめすへん	いしへん	めへん	おうへん	けものへん	うしへん	ひへん	さんずい
827	785	769	754	731	717	691	658	655	633	627	622	612	583	578	575	561	522
□	鉄	軽	貯	計	複	腸	組	粉	□	□	□	眼	□	独	□	灯	□
験	□	転	財	記	補	脈	□	精	秋	礼	確	□	球	犯	牧	焼	池
騎	鉱	輪	販	□	被	胸	線	糖	秒	神	破	眺	現	狭	特	□	洋
騒	銅	輸	賜		裸	腹	細	粒	種	祝	砂	睡	環	狩	牲	煙	流

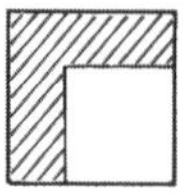

たれ（垂）
（漢字《かんじ》の上《うえ》から左下《ひだりした》にたれ下がっている形《かたち》）

疒	戸	广	尸	厂
やまいだれ	とだれ	まだれ	しかばね	がんだれ
600	412	310	289	175
□	戻	□	局	□
痛	房	店	□	厚
疾	扇	度	居	厄
疲	扉	庫	属	厘

あし（脚）
（上下《じょうげ》に分《わ》けられる漢字《かんじ》の下《した》の部分《ぶぶん》）

里	貝	皿	灬	小	心	儿
さと	かい	さら	れっか れんが	したごころ	こころ	ひとあし
781	754	610	561	386	386	123
□	□	益	□	恭	□	□
量	賞	盟	然	慕		
	貨	盆	照		感	光
	賃	盛	熱		志	児

にょう（繞）
（あしとへんを合《あ》わせたような形《かたち》）

鬼	走	辶	廴
きにょう	そうにょう	しんにゅう しんにょう	えんにょう
832	764	347	316
魅	□	□	□
	越	通	延
	超	□	廷
	趣	進	

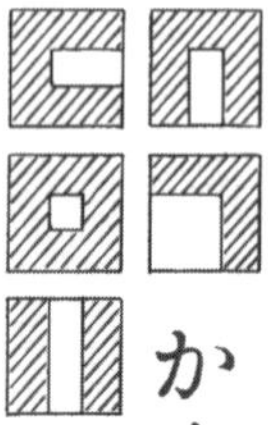

かまえ（構）
（漢字《かんじ》の外側《そとがわ》を囲《かこ》むようにした形《かたち》）

門	行	戈	弋	囗	匚	勹	冂
もんがまえ	ゆきがまえ ぎょうがまえ	ほこがまえ	しきがまえ	くにがまえ	はこがまえ かくしがまえ	つつみがまえ	けいがまえ まきがまえ どうがまえ
794	715	409	318	210	166	164	133
□	術	成	武	□	□	包	□
	衛	我	弐		区	勺	内
関	街	戒		園	匹	匁	冊
閣	衝			固	匠		

（『旺文社小学漢字新辞典』（初版）より）

漢字《かんじ》のおもな組み立て

この表は、漢字《かんじ》の組み立てを大きく七つに分けて、その名まえと漢字の例《れい》を示《しめ》したものです。この組み立てを知っていると漢字を部《ぶ》首《しゅ》さくいんでさがすときに役に立ちます。なお、数字はその部首のあるページを示しています。

へん（偏）

（左右《さゆう》に分《わ》けられる漢字《かんじ》の左側《ひだりがわ》の部分《ぶぶん》）

部首	名まえ	ページ	例
亻	にんべん	84	□ 作 代
氵	にすい	137	□ 凍 凝 准
口	くちへん	186	□ 唱 吸 呼
土	つちへん	218	□ 坂 境
女	おんなへん	252	妹 □ 姉 好
弓	ゆみへん	318	引 □ 張 弦
彳	ぎょうにんべん	325	□ 役 □ 往
阝	こざとへん	369	□ 階 陽 陸
忄	りっしんべん	386	快 □ 情 悦
扌	てへん	414	指 投 □ 拾
日	ひへん	457	□ 晴 曜 映
木	きへん	478	□ 村 柱

つくり（旁）

（左右《さゆう》に分《わ》けられる漢字《かんじ》の右側《みぎがわ》の部分《ぶぶん》）

部首	名まえ	ページ	例
刂	りっとう	142	列 □ 別 刷
力	ちから	156	□ 功 効
卩	ふしづくり	173	印 即 却 卸
寸	すん	280	□ 射 封 尉
彡	さんづくり	323	□ 彩 彫 影
阝	おおざと	378	□ 部 郡 郵
攵	ぼくづくり のぶん・ぼくにょう	441	□ 数 放 改
斤	おのづくり	452	□ 断
欠	けんづくり あくび	506	歌 □ 歓 欲
殳	ほこづくり るまた	515	殺 段 殻 殿
隹	ふるとり	800	□ 難 雄 雅
頁	おおがい	814	□ 類 順

かんむり（冠）かしら（頭）

（上下《じょうげ》に分《わ》けられる漢字《かんじ》の上《うえ》の部分《ぶぶん》）

部首	名まえ	ページ	例
亠	けいさんかんむり なべぶた	82	交 □ 亡 亭
人	ひとがしら ひとやね	84	□ 全 令
冖	わかんむり	136	□ 冗 冠
宀	うかんむり	264	室 □ 客
艹	くさかんむり	333	草 □ 葉 芽
癶	はつがしら	603	□ 登
穴	あなかんむり	640	□ 究 窓 突
罒	あみがしら あみめ	646	置 罪 署 罰
⺮	たけかんむり	648	□ 算 等 節
耂	おいかんむり	686	老 考 □
虍	とらかんむり とらがしら	709	虎 虚 虐 虞
雨	あめかんむり	804	雲 雪 □ 需

練習 14

漢字辞典《じてん》の部首《ぶしゅ》さくいんの一部です。前ページの「漢字のおもな組《く》み立て」を参考《さんこう》にして、調べたい漢字の部首の始まっているページ数を書き出しなさい。（この練習は、必《かなら》ず練習13をすませてから行《おこな》うこと。）**〈5分〉**

The following is part of a kanji dictionary index organized by radicals. Find the radical for each of the kanji in (1) through (12), referring to the chart from the previous exercise as needed, and then write the number of the page where entries for that radical start. (Complete Exercise 13 prior to beginning this exercise.) <5 minutes>

部《ぶ》首《しゅ》さくいん

＊印は新しく設けた部首
部首の名は、よく知られているものを示しました。

部首	名前	ページ
一画		
一	いち	51
丨	ぼう　たてぼう	69
丶	てん	71
ノ	の　はらいぼう	74
乙(乚)	おつ　おつにょう	75
乚	つりばり	75
亅	はねぼう	78
二画		
二	に	79
亠	なべぶた　けいさんかんむり	82
人(亻・𠆢)	ひと	84
𠆢	ひとがしら　ひとやね	84
亻	にんべん	84
儿	にんにょう　ひとあし	123
入	いる　いりがしら	127
八	はち　はちがしら	128
冂	けいがまえ　まきがまえ　どうがまえ	133
冖	わかんむり	136
冫	にすい	137
几	つくえ　きにょう	138
凵	かんにょう　うけばこ	139
刀(刂)	かたな	142
刂	りっとう	142
力	ちから	156
勹	つつみがまえ	164
匕	ひ	165
匚・匸	はこがまえ　かくしがまえ	166
十	じゅう	167
卜	ぼく	173
卩(㔾)	ふしづくり	173
厂	がんだれ	175
ム	む	177
又	また	179
了＊	りょう	184
ク＊	く	184
マ＊	ま	185
三画		
口	くち　くちへん	186
囗	くにがまえ	210
土	つち　つちへん	218
士	さむらい　さむらいかんむり	233
夂	ふゆがしら	235
夕	ゆう・た　ゆうべ	238
大	だい	242
女	おんな　おんなへん	252
子	こ　こへん	260
宀	うかんむり	264
寸	すん	280
小	しょう　ちいさい	286
尢	だいのまげあし	289
尸	しかばね	289
山	やま　やまへん	293
川	かわ	297
工	こう・え　たくみへん	297
己	き　おのれ	299
巾	はば　はばへん　きんべん	300
干	かん　いちじゅう	305
幺	よう　いとがしら	309
广	まだれ	310
廴	えんにょう	316
廾	こまぬき　にじゅうあし	317
弋	よく　しきがまえ	318
弓	ゆみ　ゆみへん	318
⺕	けいがしら	323
彡	さんづくり	323
彳	ぎょうにんべん	325
艹	くさかんむり	333
辶	しんにゅう　しんにょう	347
阝(左)	こざとへん	369
阝(右)	おおざと	378
䒑＊	そいち	381
⺍＊・⺌	つ　つかんむり	382
忄	りっしんべん	386
扌	てへん	414
氵	さんずい	522
犭	けものへん	578
四画		
心(忄・⺗)	こころ　したごころ	386
戈	ほこ　ほこがまえ	409
戸	と　とかんむり　とだれ	412
手(扌)	て	414
支	し　しにょう　えだにょう	440
攵	のぶん　ぼくにょう・ぼくづくり	441
文	ぶん　ぶんにょう	449
斗	と　とます	451
斤	おの　おのづくり	452
方	ほう　ほうへん・かたへん	455
日	ひ　ひへん	457
曰	いわく　ひらび	471
月	つき　つきへん	474
木	き　きへん	478
欠	あくび　けんづくり	506
止	とめる　とめへん	509
歹	がつへん・かばねへん　いちたへん	512
殳	るまた　ほこづくり	515
毋(母)	なかれ	516
比	ならびひ　くらべる	518
毛	け	518
氏	うじ	519
气	きがまえ	520
水(氵・氺)	みず	522
火(灬)	ひ　ひへん	561
灬	れっか　れんが	561
爪(爫)	つめ　つめかんむり	573
父	ちち	574
片	かた　かたへん	574
牛(牜)	うし　うしへん	575

（『旺文社小学漢字新辞典』（初版）より）

(1) 国 [　　] ページ

(2) 快 [　　] ページ

(3) 住 [　　] ページ

(4) 包 [　　] ページ

(5) 庭 [　　] ページ

(6) 陸 [　　] ページ

(7) 池 [　　] ページ

(8) 思 [　　] ページ

(9) 気 [　　] ページ

(10) 腹 [　　] ページ

(11) 字 [　　] ページ

(12) 分 [　　] ページ

練習 15

漢字辞典巻頭《じてんかんとう》の音訓《おんくん》さくいんの一部です。調べたい言葉のあるページとその漢字を書き出しなさい。

〈2分〉

The following is part of a kanji dictionary index organized by *on* and *kun* readings. Write the kanji for each word in (1) though (6) and fill in the page number where you would find it. <2 minutes>

〔漢字の記号〕 無印は教育漢字 ○教育漢字外の常用漢字 △人名用の漢字

音《おん》訓《くん》さくいん

音訓さくいん

ア〜あまやかす

【あ】

読み	漢字	ページ
ア	○亜	81
	△阿	370
アイ	○哀	202
	愛	400
あい	相	616
	△藍	346
あいだ	間	797
あう	会	94
	合	193
	○遭	366
あお	青	809
あおい	青	809
	△碧	626
あおい	△葵	342
あおぐ	○仰	96
あか	赤	763
あかい	赤	763
あかす	明	462
	○飽	824
あかつき	○暁	466
あかね	△茜	339
あからむ	赤	763
	明	462
あからめる	赤	763
あかり	明	462
あがる	上	60
	挙	426
	○揚	436
あかるい	明	462
あかるむ	明	462
あき	秋	635
あきなう	商	205
あきらか	明	462
	△晃	465
あきる	○飽	824
アク	悪	396
	○握	435
	△渥	548
あく	明	462
	空	641
	開	796
あくる	明	462
あげて	挙	426
あける	明	462
	空	641
	開	796
あげる	上	60
	挙	426
	○揚	436
あさ	○麻	837
	朝	478
あざ	字	261
あさい	浅	538
あさひ	△旭	459
あざむく	○欺	508
あざやか	○鮮	835
あし	足	766
	○脚	698
あじ	味	201
あした	△旦	459
あじわい	味	201
あじわう	味	201
あずかる	預	816
あずける	預	816
あずさ	△梓	495
あせ	○汗	527
あせる	○焦	566
あそぶ	遊	363
あたい	価	106
	値	114
あたえる	○与	63
あたたか	温	548
	暖	469
あたたかい	温	548
	暖	469
あたたまる	温	548
	暖	469
あたためる	温	548
	暖	469
あたま	頭	817
あたらしい	新	453
あたり	当	382
あたり	辺	347
あたる	当	382
アツ	圧	219
あつい	厚	176
	△惇	399
	△淳	545
	△敦	447
	暑	467
	△渥	548
	熱	572
あつかう	○扱	417
あつまる	集	801
あつめる	集	801
あてる	○充	125
	当	382
あと	後	327
	○跡	767
あな	穴	640
あなどる	○侮	108
あに	兄	124
あね	姉	256
あばく	暴	470
あばれる	暴	470
あびせる	浴	541
あびる	浴	541
あぶない	危	174
あぶら	油	535
	○脂	697
あま	天	246
	○尼	290
	雨	804
あまい	○甘	589
あまえる	○甘	589
あます	余	105
あまる	余	105
あまやかす	○甘	589

▽音読みはカタカナ、訓読み《くん》はひらがなでしめしました。
▽訓の送りがなは細い字でしめしました。
▽配列は、五十音順《じゅん》で、音読み、訓読みの順です。同じ読みの場合は、画数順にならべてあります。

(『旺文社小学漢字新辞典』(初版)より)

(1) あかるい

______るい

[　　] ページ

(2) あついお茶

______い

[　　] ページ

(3) あたま

______

[　　] ページ

(4) あつい日

______い

[　　] ページ

(5) アツ

______

[　　] ページ

(6) アイ

______

[　　] ページ

[　　] ページ

B - スキミングの技術《ぎじゅつ》を使う
Learning to Skim

STEP 5-1 日本語の基本文型《きほんぶんけい》 Basic Japanese Sentence Types

英語には５つの基本文型《きほんぶんけい》（SV／SVO／SVC／SVOO／SVOC）がありますが、日本語の基本文型はいくつあるでしょうか。いろいろな分析《ぶんせき》の仕方《しかた》がありますが、速く読む時には、以下の６つの基本文型を頭において読むようにするといいでしょう。なお、この分類《ぶんるい》は、速読《そくどく》に焦点《しょうてん》をおいたもので、言語学的《げんごがくてき》な分類とは異《こと》なる場合もあります。

In English, there are five basic sentence patterns (SV/SVO/SVC/SVOO/SVOC)—how many do you think there are in Japanese? A variety of different analyses have been done, but when speed reading, it is probably a good idea to keep the following six basic patterns in mind. (Note that these divisions are made with speed-reading in mind, and may not always follow the same lines a strictly linguistic analysis would.)

	基本文型《きほんぶんけい》	例文《れいぶん》
a	X は/が Y です	私は学生です。　日本の首都《しゅと》は東京です。 日本語はおもしろいです。　すしがおいしいです。 京都が有名です。　携帯《けいたい》電話は便利《べんり》です。
b	X は Y が Z	ゾウは鼻《はな》が長いです。　私はアニメが好きです。 友だちはテニスが上手です。でも、サッカーが苦手《にがて》です。 私は兄弟《きょうだい》がいます。　彼はお金があります。 私は日本語ができます。　中国人は漢字がわかります。 私は水が飲みたいです。　私は車が欲《ほ》しいです。 今日は天気がいいです。　明日はテストがあります。
c	X は/が 〜を Transitive Verb （他動詞《たどうし》）	私はドアを開けます。　私がドアを閉めます。 友だちがテニスをします。　私は本を読みます。
d	X は/が Intransitive Verb （自動詞《じどうし》）	ドアが開きます。　ドアは閉まります。　雨が降《ふ》ります。 友だちが学校に行きます。　私は８時に起きます。
e	X は 〜に あります/います	辞書《じしょ》は図書館にあります。　トイレはあそこにあります。 キリンはアフリカにいます。　友だちは喫茶店《きっさてん》にいます。
e′	X は 〜で あります	授業《じゅぎょう》はこの教室であります。 コンサートは公園《こうえん》であります。
f	〜に X が あります/います	ここに辞書があります。　あそこにネコがいます。 うちにイヌがいます。　エジプトにピラミッドがあります。
f′	〜で X が あります	このホールで卒業式《そつぎょうしき》があります。 メインストリートでパレードがあります。

＊基本文型《きほんぶんけい》の型《かた》と例文は、肯定《こうてい》文で「です／ます体《たい》」の現在形《げんざいけい》のみで示《しめ》し、否定《ひてい》文、疑問《ぎもん》文は入れてありません。また、修飾《しゅうしょく》部分《ぶぶん》も最小限《さいしょうげん》としました。

The basic sentence patterns and their example sentences are all given in present affirmative です・ます form; there are no negative sentences or questions included. Modifying phrases were also kept to a minimum.

練習 1

次の文は、左ページの基本文型《きほんぶんけい》a～f'のどれにあたりますか。(　　)に記号《きごう》を入れなさい。

Which of the above basic sentence patterns, (a) through (f'), do the following sentences fit into? Insert the letter of the correct sentence pattern into the (　).

(1) (　　) 部屋《へや》にテレビがあります。
(2) (　　) 私は家が欲《ほ》しいです。
(3) (　　) ルームメートが電気を消《け》しました。
(4) (　　) 公園《こうえん》でコンサートがあります。
(5) (　　) 教室に学生がいました。
(6) (　　) 私は日本語が好きです。
(7) (　　) 雪が降りました。
(8) (　　) テレビは部屋にありました。
(9) (　　) 部屋が寒かったです。
(10) (　　) 友だちはスペイン語ができます。
(11) (　　) みちこさんは声《こえ》がきれいです。
(12) (　　) ゾウは大きいです。
(13) (　　) キリンは首《くび》が長いです。
(14) (　　) 学生は図書館で宿題《しゅくだい》をします。
(15) (　　) 兄は家を欲しがっています。
(16) (　　) 母が電気をつけます。
(17) (　　) 学生は漢字を覚《おぼ》えます。
(18) (　　) ゾウが死にました。
(19) (　　) 電気が消《き》えました。
(20) (　　) 来年はオリンピックがあります。

練習 2

次の(1)～(15)には、否定《ひてい》文、疑問《ぎもん》文、常体《じょうたい》を使った文があります。また、左ページの例のような具体名詞《ぐたいめいし》だけでなく、抽象《ちゅうしょう》名詞も使用されています。それぞれ基本文型《きほんぶんけい》a～f'のどれにあたりますか。(　　)に記号《きごう》を入れなさい。

(1) through (15) include negative sentences, questions, and sentences in plain form. They also contain abstract nouns in addition to the concrete nouns used in the examples on the page to the left. Which of the basic sentence patterns (a) through (f') does each of these sentences fit into? Insert the letter of the correct sentence pattern into the (　).

(1) (　　) 友だちは日本語がわかりません。
(2) (　　) ゾウは目が大きくないです。
(3) (　　) その子供は両親がいません。
(4) (　　) 会議室《かいぎしつ》はどこにありますか。
(5) (　　) 心に迷《まよ》いがありますか。
(6) (　　) たけしさんは何が苦手《にがて》ですか。
(7) (　　) その国は経済状態《けいざいじょうたい》がよくない。
(8) (　　) 彼らの間には様々《さまざま》な意見がある。
(9) (　　) 人々は法改正《ほうかいせい》を歓迎《かんげい》しなかった。
(10) (　　) ロンドンでオリンピックがあった。
(11) (　　) 市長《しちょう》はゴミ問題の解決法《かいけつほう》を考えた。
(12) (　　) 週末《しゅうまつ》の楽しみは読書《どくしょ》である。
(13) (　　) 子供たちが騒《さわ》いでいる。
(14) (　　) 私にいい提案《ていあん》があります。
(15) (　　) 中東《ちゅうとう》で戦争《せんそう》がありました。

STEP 5-2 日本語の名詞修飾節《めいししゅうしょくせつ》　Noun Modification in Japanese

ここでは、名詞修飾節《めいししゅうしょくせつ》を速く見つける練習をしましょう。名詞修飾節を探《さが》す時は、文章《ぶんしょう》の構造《こうぞう》を一つ一つの言葉に分けてみるのではなく、**名詞を修飾する部分**と**修飾される名詞**を一つの固《かた》まりとして探し出すと、速く見つけることができます。

名詞を修飾する部分とは、名詞がどういうもので、どういう特徴《とくちょう》や性質《せいしつ》を持っているかを示《しめ》す部分です。下の例を見てください。名詞は学生で、その前に修飾する部分があります。

At this step, we will practice who to quickly locate noun modification phrases. Rather than dividing up the text word by word, it is quicker to search for the phrase modifying the noun and the noun being modified as one chunk.

The phrase modifying the noun is the part that tells us what kind of thing the noun is and what characteristics and properties it has. Consider the examples below. The noun is 学生 , and what comes before it is the phrase modifying the noun.

- ミシガン大学の学生
- おもしろい学生
- 元気な学生
- ミシガン大学のおもしろい学生
- ミシガン大学のおもしろくて元気な学生
- ミシガン大学で勉強している学生
- ミシガン大学を卒業《そつぎょう》した学生
- ミシガン大学を卒業した元気な学生
- ミシガン大学を卒業したトルコ人の学生
- ミシガン大学を卒業したトルコ人で私のルームメートだった元気な学生

名詞修飾節は、文型《ぶんけい》の中で一つの名詞のように扱《あつか》われます。下の例を見てください。

Noun modification phrases can be used just as any simple noun would. Consider the following examples.

［きのう図書館で会った 人 ］ は留学生です。
［きのう図書館で会った 人 ］ はおもしろいです
［きのう図書館で会った 人 ］ を知っていますか。
［きのう図書館で会った 人 ］ が好きになりました。
写真のこの人は ［きのう図書館で会った 人 ］ です。
↑　↑
名詞修飾節《めいししゅうしょくせつ》 ＝ ［ 修飾する部分 ＋ 名詞 ］

名詞修飾節を探す時は、以下のことに注意してください。

- 英語と日本語は語順《ごじゅん》が逆《ぎゃく》になる： the person who I met at the library ＝ 図書館で会った 人
- 日本語には、英語の関係代名詞《かんけいだいめいし》（who/where/which/thatのような、修飾する文と修飾される名詞の間に入る言葉）にあたるものがない。
- 名詞修飾節の名詞には、形式《けいしき》名詞の「の」「こと」「もの」「ところ」「わけ」のような言葉も使われる。

When looking for noun modification, it is useful to keep the following things in mind:
- English and Japanese have opposite word orders:
- Japanese has no part of speech that corresponds to English's relative pronoun (the word that comes between the noun and the modifying phrase (e.g. *who, where, which* or *that*))
- The noun being modified in Japanese can be a dummy noun like の , こと , もの , ところ or わけ

練習 1

以下の(1)～(5)の文について、［　　］の名詞《めいし》を修飾《しゅうしょく》する部分に下線《かせん》を引《ひ》きなさい。

For (1) through (5), underline the phrase modifying each noun in a ［　　］.

例：私はミシガン大学で日本語を勉強している［スミス］です。どうぞ、よろしく。

(1) あそこでめがねを探している［人］は、私の隣《となり》の部屋に住んでいる［スミスさん］です。

(2) 料理がおいしくて、安くて、きれいな庭《にわ》がある［旅館《りょかん》］を予約《よやく》しました。

(3) きのう日本の俳句《はいく》のことについて書かれたとてもおもしろい［本］を読んだ。

(4) 日本滞在中《たいざいちゅう》に私が最も感激《かんげき》した［の］は、東日本大震災《だいしんさい》で暴動《ぼうどう》や強奪《ごうだつ》が起きなかった［こと］だ。

(5) お風呂《ふろ》に入っている［ところ］に電話がかかってきたので、電話に出られなかったという［わけ］です。

練習 2

以下の(1)～(10)の文から名詞修飾節《めいししゅうしょくせつ》を探して、名詞は［　　］で囲《かこ》み、修飾する部分には下線を引きなさい。次に、p. 48 の基本文型《きほんぶんけい》a ～ f' のどれにあたるかを考えて、(　　)に記号《きごう》を入れなさい。

Look for noun modification in the sentences in (1) through (10), and put a ［　　］ around the noun and underline the modifying phrase. Next, decide which of the basic sentence patterns on page 48 each sentence fits into, and the write the letter for that pattern in the (　　).

例：(a) 私が好きな［小説《しょうせつ》］は、村上春樹《むらかみはるき》の『ノルウェイの森《もり》』という［小説］だ。

(1) (　　) 長年マラソンを続けてきた友だちが、フルマラソンを３時間以内《いない》で走るという記録《きろく》を作った。

(2) (　　) 友だちが探しているインド料理に関する本は、この図書館にない。

(3) (　　) 地球温暖化《ちきゅうおんだんか》の原因《げんいん》は、空気中《くうきちゅう》の二酸化炭素《にさんかたんそ》が増《ふ》えたことにある。

(4) (　　) 一番上の兄は、ギターを弾《ひ》きながら日本のポップスを歌うのが好きだ。

(5) (　　) 東京は昔《むかし》と未来《みらい》が同時に存在《そんざい》する不思議《ふしぎ》な街《まち》だという印象《いんしょう》を持った。

(6) (　　) 私が日本に留学したい理由《りゆう》の一つに、日本の家でホームステイをしてみたいということがある。

(7) (　　) 私と一緒《いっしょ》に日本語の授業《じゅぎょう》を取っているトムさんは、中国や日本の古典《こてん》も理解《りかい》することができる。

(8) (　　) 新入生歓迎《しんにゅうせいかんげい》パーティは、図書館の前の５階《かい》建ての白い建物の３階《がい》である。

(9) (　　) 文章《ぶんしょう》を一言一句《いちごんいっく》読まなければならないという考えが変わった。

(10) (　　) 家に帰る電車の中で 10 年も会っていなかった友だちに会うといううれしい出来事《できごと》があった。

練習 3

以下の(1)～(5)の文から名詞修飾節《めいししゅうしょくせつ》を探して、名詞は□で囲み、修飾する部分には下線を引きなさい。

Look for noun modification in the sentences in (1) through (5), and put a □ around the noun and underline the modifying phrase.

(1)〈1分〉

日本の行事《ぎょうじ》や習慣《しゅうかん》には初詣《はつもうで》やお盆《ぼん》のように神道《しんとう》や仏教《ぶっきょう》に関係したものが多いが、強い宗教《しゅうきょう》心《しん》を持ってそれらに参加《さんか》している人は少ない。

(2)〈2分〉

一口《ひとくち》に漢字といっても、漢字にはいろいろな種類《しゅるい》がある。物の形《かたち》を絵《え》に書いてそれを文字《もじ》にした象形《しょうけい》文字や、物の位置《いち》や数を字にした指事《しじ》文字、漢字と漢字を組み合わせて新しい意味を持たせた会意《かいい》文字などがある。また、二つの文字を合わせて一つは意味を、もう一つは発音《はつおん》を表《あらわ》す形成《けいせい》文字がある。

(3)〈2分〉

日本でインターンシップをした時に、もっとも楽しく印象《いんしょう》に残《のこ》ったのは、ホームステイの生活だった。夏の二か月間、東京の郊外《こうがい》にある鈴木《すずき》さんのお宅《たく》にお世話《せわ》になったが、毎晩《まいばん》家族みんなでご飯を食べたり、ゲームをしたりしたことがなつかしい。

(4)〈2分〉

電話を発明《はつめい》したのはグラハム・ベルであるが、彼が発明した電話は雑音《ざつおん》が多く、実際《じっさい》に使えるようなものではなかったらしい。現在《げんざい》の電話に近いものはトーマス・エジソンが開発《かいはつ》したそうで、ついでに「ハロー」という言葉も発明したという話だ。

(5)〈2分〉

日本の昔話《むかしばなし》に桃太郎《ももたろう》という話がある。桃から生まれた桃太郎《ももたろう》という若者《わかもの》が、猿《さる》や犬や雉《きじ》と一緒に鬼《おに》が島《しま》へ鬼を退治《たいじ》に行く話で、日本人ならだれでも子供の時に一度や二度は話をしてもらうか、本を読んでもらったことがあるはずだ。人間《にんげん》以外のものから子供が生まれるという話は、世界中にあるそうで、一度、研究《けんきゅう》してみるとおもしろいかもしれない。

STEP 6 キーワード探し　Identifying Keywords

文章《ぶんしょう》を速く読むには、キーワードを速く見つけ出すことがとても大切です。新聞の記事《きじ》などの場合には、WHEN ＝いつ、WHERE ＝どこで、WHO ＝だれが／ WHAT ＝何が、WHAT ＝何を、WHY ＝なぜ、HOW ＝どのようにしたのか／なったのか、の 6 つの要素《ようそ》がキーワードと考えられます。

The ability to identify keywords within a text is essential to rapid reading. Here are six key questions that will help you to identify keywords in newspaper articles: when, where, who, what, why, and how?

例：2011 年 3 月 11 日午後 2 時 46 分、東北《とうほく》から関東《かんとう》にかけて、東日本一帯《いったい》にマグニチュード 9.0 の地震《じしん》が起きた。日本観測史《かんそくし》上最大《じょうさいだい》の地震で、地震によって大規模《だいきぼ》な津波《つなみ》が発生《はっせい》した。2013 年 3 月 11 日現在《げんざい》、死者 15,882 人、行方不明者《ゆくえふめいしゃ》は 2,667 人以上、家や仕事をなくした人は数万人にのぼる。

(1) いつ　（　2011 年 3 月 11 日午後 2 時 46 分　）
(2) どこで（　東日本一帯で　）
(3) 何があったか（　マグニチュード 9.0 の地震　）
(4) 続いて何があった（　大規模《だいきぼ》な津波《つなみ》　）
(5) その結果《けっか》、どうなったか（　2013 年 3 月 11 日現在、死者 15,882 人、行方不明者は 2,667 人以上、家や仕事をなくした人は数万人　）

練習 1

次の文を読んで、（　　）にキーワードを簡単《かんたん》に書き出しなさい。〈3 分〉

Read the following passage and jot down keywords in (　　). <3 minutes>

先週の土曜日の夜 10 時ごろ、友だちがハイウエイで車を運転《うんてん》していて、交通事故《こうつうじこ》にあったそうだ。雪の降り始めで道がすべりやすくなっていて、隣《となり》を走っていた車がぶつかってきたらしい。ゆっくり走っていたので、どちらも怪我《けが》はしなかったけれど、車はかなり壊《こわ》れたと言っていた。しばらく車の運転はしたくないそうだ。

(1) いつ　（　　　　　　　　　　）
(2) どこで（　　　　　　　　　　）
(3) だれが（　　　　　　　　　　）
(4) 何をしていたか（　　　　　　　　　　）
(5) どんなことがあったか（　　　　　　　　　　）
(6) そのことの原因《げんいん》は何か（　　　　　　　　　　）
(7) どんなことがあったか（　　　　　　　　　　）
(8) 今、どう思っているか（　　　　　　　　　　）

練習 2

次の文を読んで、(　　) にキーワードを簡単に書き出しなさい。〈2分〉

＜携帯《けいたい》を拾《ひろ》おうとしたのに～！＞

米《べい》ジョージア州《しゅう》のマンションで女性がダストシュートの中に転落《てんらく》してしまい、レスキュー隊《たい》員《いん》に助《たす》け出される事件《じけん》があったそうだ。女性はダストシュートの中に携帯電話を落《お》としてしまい、拾おうとして中に落ちてしまったそうだ。怪我《けが》をしたが命《いのち》は助かったという。

(1) どこで (　　　　　　　　　　　　)
(2) だれが (　　　　　　　　　　　　)
(3) 何をしたか
(　　　　　　　　　　　　　　　　　　　　　　　　)
(4) その結果《けっか》、どうなったか
(　　　　　　　　　　　　　　　　　　　　　　　　)

練習 3

次の文を読んで、(　　) にキーワードを簡単に書き出しなさい。〈3分〉

＜ねえ、クマさんたち、起きてよ～！＞

冬まっさかりのロシア。サーカス団《だん》の4頭《とう》のクマが、トラックで移動中《いどうちゅう》に冬眠《とうみん》をしてしまったというニュースがあった。クマの世話係《せわがかり》によると、移動は東シベリアからウラジオストクまでの約《やく》4,500キロという長い道のり。世話係はクマが眠《ねむ》らないように、濃《こ》いお茶やチョコレートなどを食べさせたが、クマは寒い中の長い旅行に我慢《がまん》できずに、眠ってしまったらしい。

(1) いつ　 (　　　　　　　　　　　　)
(2) どこで (　　　　　　　　　　　　)
(3) 何が　 (　　　　　　　　　　　　)
(4) 何をしたか
(　　　　　　　　　　　　　　　　　　　　　　　　)
(5) どうして、そんなことが起きたか
(　　　　　　　　　　　　　　　　　　　　　　　　)

練習 4

次の文を読んで、（　　）にキーワードを簡単に書き出しなさい。〈3分〉

＜フェイスブック見たよ！　誕生日《たんじょうび》パーティに 1,500 人＞

ドイツのハンブルグに住む少女が、自分の 16 歳の誕生日パーティへの招待状《しょうたいじょう》をフェイスブックに載《の》せたところ、当日《とうじつ》1,500 人以上の人々が少女の家に押《お》しかけてきて、大変な騒《さわ》ぎとなったそうだ。少女は友だちを数人招待するつもりだったが、サイト登録《とうろく》をしている人はだれでも見られる状態《じょうたい》になっていたという。現場《げんば》は大混乱《だいこんらん》で、警察《けいさつ》が出動して警戒《けいかい》にあたったそうだ。

(1) いつ　（　　　　　　　　　　）　(2) どこで（　　　　　　　　　　）

(3) だれが（　　　　　　　　　　）

(4) 何をしたか（　　　　　　　　　　　　　　　　　　　　）

(5) その結果《けっか》、どうなったか（　　　　　　　　　　　　　　）

(6) どうして、そんなことが起きたか

（　　　　　　　　　　　　　　　　　　　　　　　　　　）

練習 5

次の文を読んで、（　　）にキーワードを簡単に書き出しなさい。〈5分〉

＜クジラの親子をイルカが助《たす》ける＞

ニュージーランドのメディアでは、マヒア半島《はんとう》の浅瀬《あさせ》で動けなくなったクジラの親子を、一《いっ》匹《ぴき》のイルカが海まで導《みちび》いて「救出《きゅうしゅつ》」したと伝《つた》えている。2008 年 3 月 17 日の記事《きじ》だ。

地元《じもと》の海洋専門家《かいようせんもんか》のマルコム・スミス氏《し》によると、クジラの親子が動けなくなっているとの連絡《れんらく》を受け、現場《げんば》に急行《きゅうこう》したところ、全長約《ぜんちょうやく》3 メートルのクジラの母親とその半分の大きさの子クジラを発見《はっけん》した。スミス氏は彼らを海に押《お》し出そうと試《こころ》みたが、親子は方向《ほうこう》を見失《みうしな》ったままで弱《よわ》ってきた。そこに突然《とつぜん》どこからともなくイルカが現《あらわ》れて、親子を導《みちび》くように水中に連れ出し、みんなで海へ戻《もど》っていったそうだ。クジラとイルカはお互《たが》いに鳴《な》き声《ごえ》を交《か》わし合っていたという。

このイルカは付近《ふきん》の海に住んでいる「モコ」というメスのイルカで、海水浴客《かいすいよくきゃく》と遊《あそ》んだりもするらしい。専門家《せんもんか》はクジラとイルカの間でなんらかのコミュニケーションがあったのだろうと言っている。

(1) いつごろ（　　　　　　　　　　）　(2) どこで（　　　　　　　　　　）

(3) 何がどうした（　　　　　　　　　　　　　　　　　　　　）

(4) そのために何が何をしたか（　　　　　　　　　　　　　　）

(5) どうしてそんなことが起きたと言われているか

（　　　　　　　　　　　　　　　　　　　　　　　　　　）

練習６

次の文を読んで、（　　）にキーワードを簡単に書き出しなさい。〈５分〉

＜ガリレオが本当に言った言葉＞

今から四百年ほど前に、ガリレオは科学者《かがくしゃ》としての立場《たちば》から地動説《ちどうせつ》を支持《しじ》して宗教裁判《しゅうきょうさいばん》にかけられ、地動説の放棄《ほうき》を命《めい》じられました。そのとき、ガリレオは地動説を棄《す》てることを認《みと》めた後、「それでも地球《ちきゅう》はまわる」といったのは有名な話です。ところが、これには異論《いろん》があって、ガリレオは本当は法廷《ほうてい》で腰《こし》をぬかしてしまい、目がまわったので、「ああ、まわる、まわる」といったというのが真実《しんじつ》だと言う人もあります。

（織田正吉『笑いとユーモア』（ちくま文庫）より）

(1) だれが（　　　　　　　　　　　　）

(2) いつ　（　　　　　　　　　　　　）

(3) 何をしたか

（　　　　　　　　　　　　　　　　　　　　　　　　　　　　）

(4) 何をされたか

（　　　　　　　　　　　　　　　　　　　　　　　　　　　　）

(5) 何を認《みと》めたか

（　　　　　　　　　　　　　　　　　　　　　　　　　　　　）

(6) 何を言ったか

（　　　　　　　　　　　　　　　　　　　　　　　　　　　　）

(7) 異論《いろん》（他の意見）では

（　　　　　　　　　　　　　　　　　　　　　　　　　　　　）

(8) この話をおもしろくしているキーワードは　　（　　　　　　　　　　　　）

STEP 7　文・段落《だんらく》の並《なら》べ換《か》え　Putting Sentences/Paragraphs in Order

ひとつの文章《ぶんしょう》を一文ずつバラバラにしたものを、正しい順番《じゅんばん》に並《なら》べ換《か》える練習をします。キーワードを速く見つけ、それが前後でどのような関係を持つか考えてみましょう。

In Step 7, we will practice placing sentences in their correct order. The point of this exercise is to determine the keywords which indicate the proper sequence of sentences.

例：（ 3 ）二つ目は「かたかな」で、主に外国から来た言葉を書き表《あらわ》す時に使う。
　　（ 1 ）日本語を書くためには3種類《しゅるい》の文字を勉強しなければならない。
　　（ 4 ）三つ目は漢字で、これはもともと中国から来たものだが、現在《げんざい》日本人が日常《にちじょう》使っているものだけでも二千字近くある。
　　（ 2 ）一つは「ひらがな」で46文字あり、助詞《じょし》、助動詞《じょどうし》、副詞《ふくし》などに使われる。
　　（ 5 ）漢字が読めて書けるようになるには大変時間がかかり、日本人でも難しい漢字はしばらく書かないと忘《わす》れてしまうこともある。

練習 1

次の文を意味が通るように並《なら》べ換《か》え、（　　）の中に順番《じゅんばん》の数字を入れなさい。〈2分〉

Determine the correct order of the following sentences and write numbers in the parentheses to indicate that order. <2 minutes>

（　　）1933年に彼はドイツを離《はな》れてアメリカに移住《いじゅう》した。
（　　）アルベルト・アインシュタインは1879年にドイツで生まれた。
（　　）そして1919年にノーベル物理学賞《しょう》を受賞《じゅしょう》した。
（　　）彼は1905年にスイスのチューリッヒ大学を卒業《そつぎょう》した。
（　　）1933年から死ぬまで、彼はニュージャージーのプリンストンに住み、
（　　）卒業した同じ年に有名な相対性《そうたいせい》理論《りろん》につながる基本《きほん》を発見《はっけん》した。
（　　）1919年から1933年にかけてはドイツに住み、いろいろなところを旅行した。
（　　）ヒトラーの率《ひき》いるナチスドイツの迫害《はくがい》を受けたからだ。
（ 9 ）1955年4月18日に死んだ。

練習 2

次の文を意味が通るように並べ換え、（　　）の中に順番の数字を入れなさい。〈2分〉

（　　）第《だい》二に高校のとき日本で一か月ホームステイをして日本人の家族と親《した》しくなり、彼らと日本語で話をしたいと思うようになったことだ。
（　　）ホワイトさんが日本語の勉強をしている理由《りゆう》はいくつかある。
（　　）今後は日本の歴史《れきし》だけでなく美術《びじゅつ》も学び、将来《しょうらい》は日本関係の芸術《げいじゅつ》作品がたくさんあるボストン美術館《かん》のようなところでキュレーターのような仕事をしたいと思っている。

（　）第一の理由は専門《せんもん》が日本の歴史なので日本語は必修《ひっしゅう》だからだ。
（　）第三に日本語の美《うつく》しさと日本文化《ぶんか》の深《ふか》さに強い興味《きょうみ》を感《かん》じていることが挙《あ》げられる。
（６）そのためには日本語の勉強がどんなに大変でもやめるわけにはいかない。

練習３

次の文を意味が通るように並べ換え、（　　）の中に順番の数字を入れなさい。〈２分〉

「ちらしずし」の作り方：

（　）ごはんを炊《た》いている間に、野菜《やさい》（人参《にんじん》、しいたけ、たけのこなど）や油《あぶら》あげなどを小さく切ります。
（　）ごはんが炊き上がったらすしおけに移《うつ》し、熱《あつ》いうちにすし酢《ず》を入れて、手早くかきまぜ、すしめしを作ります。
（　）最後《さいご》にお皿《さら》に移《うつ》し、上に紅《べに》しょうがやのりなどを散《ち》らして、できあがりです。
（　）初めにお米《こめ》をよく洗《あら》い、ごはんを炊きます。
（３）小さく切った野菜などの材料《ざいりょう》を、しょうゆ、さとう、みりんなどで煮《に》て、味《あじ》をつけます。
（　）すしめしができたら、先ほど味つけした野菜を加《くわ》え、もう一度よくかきまぜます。

練習４

次の文を意味が通るように並べ換え、（　　）の中に順番の数字を入れなさい。〈２分〉

（１）日本には伝統的行事《でんとうてきぎょうじ》が多く、それらのうちいくつかは国民の祝日《しゅくじつ》にもなっている。
（　）それから２月11日の「建国記念日《けんこくきねんび》」、そして３月３日の雛祭《ひなまつ》り、「春分《しゅんぶん》の日」と続く。
（　）まず、１月１日の「元日《がんじつ》」、これは日本人にとって最も大切な日といえる。
（　）４月の末《すえ》から５月の初めは、「昭和《しょうわ》の日」「憲法記念日《けんぽうきねんび》」「みどりの日」「子供の日」と祝日が多く、土・日も入ると長い休みとなり、この期間《きかん》は「ゴールデンウィーク」と呼《よ》ばれている。
（　）次に「成人《せいじん》の日」、これは新しく二十歳《はたち》になった人を祝《いわ》う日だ。以前は１月15日に行《おこな》われていたが、今は１月の第二月曜日に変更《へんこう》された。
（　）夏はお盆《ぼん》が終戦記念日《しゅうせんきねんび》と同じ頃《ころ》にあり、多くの人が休みを取って、田舎《いなか》に帰る。
（　）12月には23日に「天皇誕生日《てんのうたんじょうび》」があり、そして31日の大晦日《おおみそか》となって、一年が終わる。
（　）一般的《いっぱんてき》には３月３日は女の子の日と考えられ、５月５日の「子供の日」は男の子の日と考えられているが、５月５日だけ学校が休みで、３月３日は休みではないので、ときどき問題になることがある。
（　）秋になると、９月は「敬老《けいろう》の日」「秋分《しゅうぶん》の日」、10月は「体育《たいいく》の日」、11月は「文化《ぶんか》の日」「勤労感謝《きんろうかんしゃ》の日」と続き、気候《きこう》もいいのでスポーツのシーズンだ。

練習 5

次の文を意味が通るように並べ換え、（　　）の中に順番の数字を入れなさい。〈5分〉

（　　）歌舞伎《かぶき》や狂言《きょうげん》などは、日本人でも特別に訓練《くんれん》をした人しか演《えん》じられないものなので、外国人にはさぞかし難しいだろうと想像《そうぞう》する。

（　　）日本の古典芸能《こてんげいのう》というと、歌舞伎《かぶき》、能《のう》、狂言《きょうげん》、文楽《ぶんらく》、落語《らくご》などが挙《あ》げられる。

（ 6 ）日本の伝統的《でんとうてき》なものを外国人が演《えん》ずることなどできるはずがないと決めてしまうのは、日本人のおごりと言ってもいいかもしれない。

（　　）特に歌舞伎《かぶき》や狂言《きょうげん》、文楽《ぶんらく》は、外国人にもわかりやすく、ファンも多い。

（　　）しかし、シェークスピアの悲劇《ひげき》を日本人が立派《りっぱ》に演じることができるように、外国人も日本の心を深《ふか》く理解《りかい》して、表現《ひょうげん》することができるはずだ。

（　　）外国人のファンの中には、観賞《かんしょう》するだけではなく歌舞伎《かぶき》や狂言《きょうげん》に実際《じっさい》に挑戦《ちょうせん》している人もいるという。

練習 6

次の文を意味が通るように並べ換え、（　　）の中に順番の数字を入れなさい。〈5分〉

日本の昔話《むかしばなし》に「つるの恩返《おんがえ》し」という話がある。

（　　）すると、なんと、男が見たものは、つるが自分の羽《はね》を糸《いと》に混《ま》ぜながら、布《ぬの》を織《お》っているところだった。女は男が秘密《ひみつ》を知ったことに気がつき、秘密を知られたからには、もうここにはいられないと、つるになって、空へ飛《と》び去っていった。

（　　）二人で暮《く》らし始めたある日、女は、布《ぬの》を織《お》っているところを絶対《ぜったい》見ないようにと言って、隣《となり》の部屋に入り、布を織り始めた。布ができあがると、女は男にそれを町へ持って行き、売るように言った。布はこの世のものとは思えないほど美《うつく》しく、高い値段《ねだん》で売れた。女は何枚も布を織って、男は町へ行ってはそれを売った。そして、男はだんだん金持ちになり、女はだんだんやせていった。

（ 1 ）ある日、男が道を通りかかると、つるがわなにかかって苦《くる》しんでいた。男はわなを解《と》き、つるを助《たす》けてやった。男がつるを助けてやってからしばらくして、きれいな若《わか》い女が男の家を訪《たず》ねてきた。その女は男の世話《せわ》をしながら、男の家に住むようになった。

（　　）そんなある日、絶対に見るなと言われているにもかかわらず、男はがまんできなくなって、女が布《ぬの》を織《お》っているところをのぞいてしまった。女があまりにやせてしまったので、心配になったのだ。

（　　）女は、男が助けたつるだったのだ。

重要な単語

つる　crane
恩返《おんがえ》し　repayment (of a favor)
羽《はね》　wing
糸《いと》　thread
布《ぬの》を織《お》る　to weave cloth
わなにかかる　to be caught in a trap
しばらくして　after a (short) while
のぞく　to peer (into)

練習7

次の文を意味が通るように並べ換え、(　　)の中に順番の数字を入れなさい。〈5分〉

(　　) 太郎《たろう》はまた亀《かめ》の背中《せなか》に乗《の》って、浜辺《はまべ》に戻《もど》ってきました。でも、村《むら》には太郎の両親も知っている人も誰《だれ》もいませんでした。

(　　) 昔々《むかしむかし》、ある村に浦島太郎《うらしまたろう》という人が住んでいました。ある日、太郎は浜辺《はまべ》で子供たちが亀をいじめているのを見て、かわいそうに思って亀を助《たす》けてあげました。

(　　) 海の中には、とてもきれいな乙姫様《おとひめさま》がいて、ごちそうや魚たちの歌や踊《おど》りで太郎をもてなしてくれました。

(　　) 太郎は寂《さび》しくなって、開けてはいけないとい言われていた玉手箱《たまてばこ》を開けてしまいました。

(　　) 太郎はそこで三日三晩《みっかみばん》楽しく遊《あそ》びました。そして、村に帰る時に、乙姫様《おとひめさま》がおみやげにきれいな玉手箱《たまてばこ》をくれました。でも、乙姫様は「この箱《はこ》は絶対《ぜったい》に開けてはいけません」と言いました。

(　　) 次の日、太郎が浜辺《はまべ》で魚をつっていると、昨日《きのう》助けた亀が現《あらわ》れて、太郎を背中《せなか》に乗せて、海の中に連れていきました。

(7) 箱の中からは、白い煙《けむり》が出てきて、太郎はおじいさんになってしまいました。

●重要な単語

浦島太郎《うらしまたろう》　Urashima Taro
乙姫様《おとひめさま》　Otohime, the Princess of the Sea
亀《かめ》　turtle
浜辺《はまべ》　beach; seashore
もてなす　to give (guests) a warm reception
玉手箱《たまてばこ》　jeweled box
煙《けむり》　smoke

STEP 8 正誤《せいご》問題 Answering True/False Questions

文章《ぶんしょう》を読んで、その文について書かれた短《みじか》い文が合っているか、まちがっているかをチェックする問題です。**速く読んで意味も正確《せいかく》に理解《りかい》できているかどうか**を見てみましょう。

文章を速く読もうとすると、どうしても言葉一つ一つの意味だけを追《お》ってしまい、その言葉の意味をつなぎあわせて勝手《かって》に全体の意味を作ってしまいがちです。特にキーワードの意味がわかったら、もう全部わかったような気になってしまうことはよくあります。しかし、文章を正しく理解するには、文章のつながりや時制《じせい》、肯定形《こうていけい》・否定《ひてい》形などに注意して読むことも大切で、それらはひらがなで表《あらわ》してあることがほとんどです。この練習は、**「キーワード＋ひらがな」で書かれている文の大切な要素《ようそ》**にも気をつけながら、やってみましょう。

Step 8 consists of short reading passages followed by true/false questions about their content. These exercises are designed to test the accuracy of your comprehension when speed reading.

When speed reading, there is a tendency to place too much emphasis on the individual meanings of certain words, and to put them together to fabricate a meaning for the entire text without additional information. In particular, it is easy to fall into the trap of thinking you have understood the entire passage as soon as you have grasped the keywords. However, in order to accurately comprehend a text, it is also crucial to pay attention to inflectional endings (tense, affirmative/negative, etc.) and word relations within and between sentences. Such grammatical elements are often indicated in *hiragana*. So when performing the exercises in Step 8, pay close attention to both keywords and grammatical elements written in *hiragana*.

練習 1

次の文章を読み、下の文の正しいものに○、正しくないものに×を入れなさい。〈２分〉

Read the following passage and the statements below it. For each statement, mark ○ in the parentheses if it is true and X if it is false. <2 minutes>

マイクさんは去年の春から京都大学で勉強している。説話《せつわ》文学を研究《けんきゅう》するためにアメリカから来たのだ。説話文学というのは日本人でも研究している人が少ない。最近の若《わか》い日本の学生にはあまり人気のない古典《こてん》の研究を、アメリカからやってきたマイクさんが続けていく。将来《しょうらい》アメリカの大学へ戻《もど》って、アメリカ人に日本の説話文学の講義《こうぎ》をするのがマイクさんの夢《ゆめ》だそうだ。

(1)（　　）今年、マイクさんはアメリカで説話《せつわ》文学を勉強している。
(2)（　　）説話文学というのは日本の古典《こてん》文学の一つだ。
(3)（　　）日本でも多くの人が説話文学の研究をしている。
(4)（　　）マイクさんは将来アメリカの大学の先生になりたいと思っている。

練習 2

次の文章を読み、下の文の正しいものに○、正しくないものに×を入れなさい。〈2分〉

日本には発行部数《はっこうぶすう》が七百万を超《こ》える、日本中で読まれている新聞がある。それは「全国紙《ぜんこくし》」と呼《よ》ばれ、その中に朝日《あさひ》新聞、読売《よみうり》新聞などがある。それに対《たい》し、一部の地方《ちほう》で発行され、その地域《ちいき》の住民《じゅうみん》に親《した》しまれているものを「地方紙《ちほうし》」という。地方紙といっても中日《ちゅうにち》新聞や北海道《ほっかいどう》新聞のようにかなり大きい地域をカバーするものもあれば、一つの県《けん》や市《し》の中だけで発行されているものもある。

(1)（　　）全国紙とは国中の多くの人が読む新聞である。
(2)（　　）朝日《あさひ》新聞は地方紙である。
(3)（　　）中日《ちゅうにち》新聞は地方紙だから、読んでいる人は少ない。
(4)（　　）一つの県や市だけで発行されている新聞は地方紙といえる。

練習 3

次の文章を読み、下の文の正しいものに○、正しくないものに×を入れなさい。〈5分〉

＜「MOTTAINAI」のマータイさん、死去《しきょ》＞

2011年9月26日に、アフリカの環境《かんきょう》問題活動家《かつどうか》で「もったいない運動《うんどう》」でも知られるワンガリ・マータイさんがナイロビの病院で死去した。71歳で、ガンの治療《ちりょう》を受けている最中《さいちゅう》だったという。

マータイさんは1940年ケニア生まれ。米《べい》カンザス州《しゅう》の大学で生物《せいぶつ》学を学び、ピッツバーグ大学で修士号《しゅうしごう》を取得《しゅとく》した。貧《まず》しい女性の社会進出《しんしゅつ》を促《うなが》し、77年の世界環境デーに植林《しょくりん》活動を進めるNGO「グリーンベルト運動」を開始。多くの女性の参加《さんか》を得《え》て、活動を各国《かっこく》に広げ、アフリカ各地《かくち》に植林を行《おこな》ってきた。2004年にはアフリカ女性として初めてノーベル平和賞《へいわしょう》を受賞《じゅしょう》した。日本語の「もったいない」という言葉を「MOTTAINAI」運動として、世界中に広げたことでも知られている。

(1)（　　）マータイさんは交通事故《こうつうじこ》にあい、ナイロビの病院で亡《な》くなった。
(2)（　　）マータイさんはアフリカで生まれ、アメリカの大学で勉強した。
(3)（　　）マータイさんの大学の専攻《せんこう》は環境《かんきょう》学だった。
(4)（　　）マータイさんは「グリーンベルト運動」によって、貧《まず》しい女性の社会進出を助けた。
(5)（　　）「グリーンベルト運動」というのは、木を植《う》えて緑《みどり》を増《ふ》やす活動のことだ。
(6)（　　）マータイさんの前にもアフリカの女性でノーベル平和賞をもらった人がいる。
(7)（　　）「MOTTAINAI」は、マータイさんが考え出した言葉だ。

練習 4

次の文章を読み、下の文の正しいものに○、正しくないものに×を入れなさい。〈5分〉

＜ショックで動けなくなった母親。息子《むすこ》が遊《あそ》んでいたのはワニ！＞

ブラジルのある町で洪水《こうずい》が引《ひ》いた後、浸水《しんすい》していた自宅《じたく》に戻《もど》った母親が、体長約《やく》1.5 メートルのワニがリビングで息子と遊んでいるのを見て腰《こし》を抜《ぬ》かした。3歳の息子はワニの頭をなでてご機嫌《きげん》だったという。

水に浸《つ》かった家を掃除《そうじ》しようとした母親は息子が何かと遊んでいるのに気づいたが、まさかワニと遊んでいるとは思わなかった。幸《さいわ》いにもワニはおなかがすいていなかったようで、息子は母親が保護《ほご》し、ワニは消防士《しょうぼうし》らが捕《つか》まえて、自然保護区《しぜんほごく》に放《はな》たれたそうだ。

(1)（　　）この事件《じけん》は南米《なんべい》にある国で起きた。
(2)（　　）ワニの大きさは3歳の子供と同じぐらいだった。
(3)（　　）ワニが居間《いま》にいた理由は、洪水《こうずい》で家が浸水《しんすい》したからだ。
(4)（　　）母親は料理をしている時に、居間で子供がワニと遊んでいるのに気づいた。
(5)（　　）ワニはおなかがすいていなかったから、子供を食べなかったようだ。
(6)（　　）ワニは消防士《しょうぼうし》らによって、殺《ころ》されてしまった。

練習 5

次の文章を読み、下の文の正しいものに○、正しくないものに×を入れなさい。〈3分〉

＜顔《かお》は丸見《まるみ》え！ パンツを頭に載《の》せた銀行強盗《ごうとう》、捕《つか》まる＞

米《べい》フロリダ州《しゅう》で、パンツを頭に載せた43歳の男が銀行強盗《ごうとう》をしようとして、警察《けいさつ》に捕まった。男は銀行の窓口《まどぐち》に頭にパンツをかぶって現《あらわ》れ、銀行員に金を出すように脅《おど》した。銀行員の通報《つうほう》で警察が来た時、男は自転車に乗《の》って逃《に》げようとしているところだった。男は頭にパンツをかぶっていたが、顔は何も隠《かく》していなかったそうだ。

(1)（　　）これはアメリカで起こった事件《じけん》だ。
(2)（　　）男は銀行員に捕《とら》えられた。
(3)（　　）男はパンツを頭に載せて、顔にはマスクをしていた。
(4)（　　）男は走って逃げようとした。
(5)（　　）男は銀行からお金を盗《ぬす》むことができなかった。

STEP 9　選択問題《せんたく》　Answering Multiple-Choice Questions

速く読んだ内容《ないよう》をきちんと理解《りかい》できたかどうかを確認《かくにん》するためには、選択《せんたく》問題が有効《ゆうこう》です。引《ひ》っかけ文や似通《にかよ》った文の中から正解《せいかい》を見分けるためには、文章を正確《せいかく》に読み取ることが必要《ひつよう》です。いろいろな選択肢《し》に惑《まど》わされないで、正しい答えを選《えら》んでみましょう。

Multiple choice questions are useful in determining whether or not you've truly understood the content of a passage you've quickly read, as they require you to distinguish the correct answer from a number of similar options. To answer these questions, you'll need to read not just quickly, but accurately, and you'll need to keep from being taken in by likely sounding but inaccurate choices. Good luck.

練習1

次の文章を読んで、問題に答えなさい。〈3分〉

Read the following passage and answer the questions below. <3 minutes>

地球《ちきゅう》上からミツバチが減少《げんしょう》しているそうだ。病気で死ぬだけでなく、ある日突然大量《とつぜんたいりょう》にいなくなってしまうこともあるという。ミツバチは野菜《やさい》や果物《くだもの》の生産《せいさん》に大きな役割《やくわり》を果《は》たしているため、ミツバチが少なくなることで、食料《しょくりょう》が不足《ふそく》するという問題が深刻《しんこく》だ。ミツバチ減少には、様々《さまざま》な原因《げんいん》があるようだが、まだ解明《かいめい》されていない。ダニ説《せつ》、ウイルス説、農薬《のうやく》説、水不足などの他に、ミツバチ過労死《かろうし》説や携帯《けいたい》電話の電磁波《でんじは》がミツバチの方向感覚《ほうこうかんかく》を狂《くる》わせてしまうといった意見もある。過労死というのは、働《はたら》きすぎて死ぬということだが、ミツバチが人間《にんげん》の食べる食べ物のために働きすぎて死んでしまうとしたら、それはとても悲《かな》しいことだ。

●重要な単語

- ミツバチ　honeybee
- 役割《やくわり》を果《は》たす　to play a role
- 不足《ふそく》する　to run short of
- 深刻《しんこく》な　grave; serious
- 解明《かいめい》する　to make clear
- ダニ　tick; mite
- ウイルス　virus
- 農薬《のうやく》　agricultural chemicals; pesticide
- 電磁波《でんじは》　electromagnetic wave
- 方向感覚《ほうこうかんかく》　sense of direction
- 狂《くる》わせる　to upset; to disturb; to put out of order

問題：ミツバチが減少している原因にはどんな説《せつ》がありますか。原因と思われるものすべてに○を入れなさい。

a.（　　）農薬《のうやく》　　b.（　　）水不足　　c.（　　）食料不足
d.（　　）ダニ　　e.（　　）過労死《かろうし》　　f.（　　）ウイルス
g.（　　）方向感覚《ほうこうかんかく》　　h.（　　）病気　　i.（　　）ミツバチの食べ物
j.（　　）コンピュータの使いすぎ　　k.（　　）携帯《けいたい》電話の使いすぎ

練習 2

次の文章を読んで、(1)〜(4)の問題に答えなさい。〈3分〉

Read the following passage and answer questions (1) through (4) below. <3 minutes>

＜寒さから逃《のが》れようと、アフリカを目《め》指《ざ》す子供たち＞

ドイツでのハノーバーに住む３人の子供たちが、あまりの寒さに耐《た》えきれず、暖《あたた》かいアフリカに行こうとして、駅で警察《けいさつ》に補導《ほどう》されるという出来事《できごと》があった。６歳の男の子と７歳の女の子は、女の子の５歳の妹を連れて電車で中央《ちゅうおう》駅に行き、空港《くうこう》行きの電車に乗《の》り換《か》えようとしているところを、警察に止められた。子供たちは食品や水着、サングラス、エアマットなどをつめた３つのスーツケースを持っていたそうだ。

警察官《けいさつかん》は子供たちに現金《げんきん》や飛行機《ひこうき》のチケットなしではアフリカに行くことは難しいと説明《せつめい》、代わりに警察署《しょ》の見学ツアーをさせた後、親元《おやもと》に帰したという。

● 重要な単語

逃《のが》れる	to escape (from)
耐《た》えきれず	unable to withstand
補導《ほどう》される	to be taken into custody
乗《の》り換《か》える	to transfer (trains)
警察官《けいさつかん》	police officer
警察署《けいさつしょ》	police station

(1) 子供たちがアフリカに行こうとしたのはなぜですか。

a. (　　) ドイツがとても寒かったから。

b. (　　) 新年に何か特別なことをしたかったから。

c. (　　) ゾウやライオンなどの動物が見たかったから。

(2) 子供たちはどこで警察に見つりましたか。

a. (　　) 電車の中で　　b. (　　) 中央駅で　　c. (　　) 空港で

(3) 子供たちのスーツケースに入っていたのは何ですか。入っていた物すべてに◯をしなさい。

a. (　　) 食べ物　　b. (　　) 水　　c. (　　) 水着

d. (　　) 地図　　e. (　　) サングラス　　f. (　　) 現金

g. (　　) カメラ　　h. (　　) エアマット

(4) 子供たちを見つけた警察官は何をしましたか。

a. (　　) すぐに子供たちを親のところに帰した。

b. (　　) 子供たちを動物園に連れていって、アフリカの動物を見せた後で親のところに帰した。

c. (　　) 警察署の見学ツアーをさせてから、子供たちを親のところに帰した。

練習3

次の文章を読んで、(1)～(4)の問題に答えなさい。〈3分〉

＜食べ放題《ほうだい》は何がいい？＞

あるファーストフードの会社が「みんなが行きたい食べ放題の店」のアンケートをしたところ、1位《い》に輝《かがや》いたのは「焼《や》き肉食べ放題」だったそうです。お肉は値段《ねだん》が高くて普段《ふだん》はなかなかおなかいっぱい食べられないけれど、食べ放題ならいくら食べても大丈夫《だいじょうぶ》。男女ともに人気第1位でした。第2位は「スイーツ食べ放題」。女性だけでなく男性も甘《あま》いものは大好き。女性に人気のスイーツ専門店《せんもんてん》のほか、ホテルのティールームなどにも「スイーツ食べ放題」があって、男性も気軽《きがる》に入れます。第3位は、「寿司《すし》の食べ放題」。第4位は「食べ放題はあまり好きじゃない」という意見がランクインしました。理由は、そんなにたくさん食べられない、お金を払《はら》っただけ食べられない、食べたいものだけ適度《てきど》に食べられれば十分など。食べ放題にこだわらない人も結構《けっこう》いるようですね。

●重要な単語

- ～放題《ほうだい》 all you can ~
- 普段《ふだん》 usually; normally
- 気軽《きがる》に without reserve/hesitation
- 適度《てきど》に in moderation
- 十分《じゅうぶん》 enough; sufficient
- こだわらない not be hung up on; not care much about

(1)「食べ放題」で焼き肉が一番人気がある理由は、

a. (　　) いくら食べても太《ふと》らないから。
b. (　　) いくら食べても値段が高くならないから。
c. (　　) いくら食べてもおなかがいっぱいにならないから。

(2) 焼き肉の次に人気がある「食べ放題」は、

a. (　　) 寿司《すし》、そして、スイーツ
b. (　　) スイーツ、そして、寿司
c. (　　) ファーストフードの店

(3)「スイーツ食べ放題」で男性が入りやすいところは、

a. (　　) スイーツ専門店
b. (　　) ファーストフードの店
c. (　　) ホテルのティールーム

(4)「食べ放題はあまり好きじゃない」と答えた人は、

a. (　　) お金を払ったほどには食べられないようだ。
b. (　　) 少ししか食べたくないようだ。
c. (　　) 太りたくないようだ。

練習 4

次の文章を読んで、(1)～(4)の問題に答えなさい。〈3分〉

＜和製漢語《わせいかんご》って何？＞

漢字の言葉にはいろいろありますが、今日は和製漢語《わせいかんご》についてお話ししようと思います。和製漢語というのは、日本でできた漢字の言葉のことで、「野球《やきゅう》」「心理《しんり》学」「経済《けいざい》学」「自転車」といった言葉が例にあげられます。和製漢語ができたのは明治《めいじ》時代の初めで、欧米《おうべい》から様々《さまざま》な自然科学《しぜんかがく》の分野《ぶんや》の知識《ちしき》が日本に入ってきた時に、それらを表現《ひょうげん》するために漢字を使った新しい言葉が作り出されました。例えば、psychology を「サイコロジー」というまったく新しい言葉で覚えるより、漢字を使って「心理学」＝心を理解《りかい》する学問《がくもん》、とするほうが、覚えやすいし新しい概念《がいねん》でもすぐにわかります。そして、このような和製漢語が中国に逆輸入《ぎゃくゆにゅう》されて、今では中国でも普通《ふつう》に使われています。中国人も、そして、日本人も、和製漢語を昔《むかし》から中国にある中国語の言葉だと思って使っているようです。おもしろいですね。

● 重要な単語

- 明治時代《めいじじだい》　the Meiji era (1868-1912)
- 欧米《おうべい》　Europe and the United States; the West
- 分野《ぶんや》　field (of study); sphere
- 知識《ちしき》　knowledge
- 学問《がくもん》　learning; study
- 概念《がいねん》　concept

(1)「和製漢語《わせいかんご》」というのは、

a.（　　）中国にあった漢字のこと

b.（　　）日本で作られた漢字の言葉のこと

c.（　　）野球や心理学のこと

(2) 和製漢語には、

a.（　　）心理学の言葉が多い。

b.（　　）日本に昔からあった言葉が多い。

c.（　　）自然科学の分野の言葉が多い。

(3) 中国の人たちは、

a.（　　）和製漢語は中国語だと思っている。

b.（　　）和製漢語は日本人が作ったと思っている。

c.（　　）和製漢語はおもしろいと思っている。

(4) この話をした人は、和製漢語を

a.（　　）わかりやすくて便利だと思っている。

b.（　　）漢字の言葉だから難しいと思っている。

c.（　　）覚えやすいから使ったほうがいいと思っている。

STEP 10 内容《ないよう》の予測《よそく》 Anticipating Forthcoming Content

内容予測の練習は速く読むことの中で最も重要《じゅうよう》な練習の一つです。次に書いてあることを予測しながら読むことは、読むスピードを速くするのに大変効果《こうか》があり、また、読解力《どっかいりょく》も高めます。ここではまず簡単《かんたん》な短文《たんぶん》レベルのものに挑戦《ちょうせん》します。先を予測するのですから、読み終わったところはなるべく読み返《かえ》さないようにして、先へ先へと進《すす》んでください。

Contextual guessing is one of the most valuable strategies a student can master for rapid reading. By predicting content as you read, you can increase your reading speed as well as develop your reading comprehension skills. Step 10 involves practicing contextual anticipation on a simple sentence level. Since the point of the exercise is to predict what comes next in the text, it is important that you not return to parts of the text you've already finished.

練習 1

あとに続く文を予測《よそく》し、一番適当《てきとう》だと思うものを選《えら》びなさい。

Anticipate content as you read. Choose the most appropriate sentence from the given choices.

(1)〈1分〉

健治《けんじ》は毎朝ジョギングをすることにしている。今朝もしようと思って外に出たが、雨が強く降っていてとても走れそうになかった。天気予報《よほう》では午後にはやむということなので、

a.（　　）今日はジョギングはしないことにした。

b.（　　）朝ごはんを食べた。

c.（　　）大学から帰ってきてから走ることにした。

(2)〈1分〉

先輩《せんぱい》から翻訳《ほんやく》コースの期末《きまつ》試験はとても難しいと聞いた。だから、これまでに勉強した大切なところをすべて復習《ふくしゅう》してから、試験を受けた。もうすぐ、今学期《こんがっき》の成績《せいせき》が発表《はっぴょう》されるが、

a.（　　）たぶん、まあまあの成績がもらえるだろう。

b.（　　）たぶん、成績はあまりよくないだろう。

c.（　　）たぶん、成績はわからないだろう。

(3)〈1分〉

野菜《やさい》しか食べない人たちのことを日本語でもベジタリアンと呼《よ》ぶ。ベジタリアンといってもいろいろで、肉は食べないけれど魚は少し食べるという人もいれば、

a.（　　）なんでも食べるという人もいる。

b.（　　）たまごさえ食べないという人もいる。

c.（　　）ビタミン剤《ざい》を飲むという人もいる。

(4) 〈**1分30秒《びょう》**〉

近年、フェイスブック、ミクシィ、ツイッターなどのソーシャルネットワークが人気で、多くの人々がネットを通してコミュニケーションを行っている。近くにいなくても相手《あいて》の情報《じょうほう》が得《え》られるし、相手の邪魔《じゃま》をすることなくコミュニケーションができるし、速いし、とても便利だ。しかし、コンピュータを通してばかり会話を続けていると、

a. (　　) もっと楽しく会話ができそうで、うれしい。

b. (　　) コンピュータがヒートアップしそうで心配だ。

c. (　　) 実際《じっさい》に人と会うことが苦手《にがて》な人が増《ふ》えそうで心配だ。

(5) 〈**1分30秒**〉

日本料理というと外国の人はすぐ寿司《すし》や天ぷら、すき焼《や》きなどをあげるが、そのほかにもおいしい料理はたくさんある。各季節《かくきせつ》の料理、いろいろな行事《ぎょうじ》の料理、それぞれの地方《ちほう》料理、それに家庭《かてい》料理のなかにも数え切れないほどの種類《しゅるい》がある。そして、どの料理にも共通《きょうつう》して使われているものはしょうゆといってもいいかもしれない。しょうゆは、

a. (　　) イタリア料理のスパゲッティのように、よく食べられている。

b. (　　) インド料理のカレーのように、日本料理には欠《か》かせないものだ。

c. (　　) 中国料理のギョーザのように、いろいろな材料《ざいりょう》を使って作られる。

(6) 〈**1分30秒**〉

最新《さいしん》の「世界平和度指数《へいわどしすう》」の調査《ちょうさ》によると、「世界の平和な国ランキング」で日本は第5位《い》に入ったそうだ。上位《じょうい》の国は1位から順《じゅん》に、アイスランド、デンマーク、ニュージーランド、カナダで、アジアでベスト15位までに入れたのは日本だけだった。日本は世界の国々の中で

a. (　　) 一番平和な国と言えるだろう。

b. (　　) 欧米《おうべい》に負《ま》けない国と言えるだろう。

c. (　　) 最も安心して暮《く》らせる場所の一つと言えるだろう。

(7) 〈**2分**〉

宇宙《うちゅう》ゴミが大きな問題になっている。現在《げんざい》、地球《ちきゅう》の軌道上《きどうじょう》に約《やく》18,000個《こ》の宇宙ゴミが確認《かくにん》されているそうだ。ISS（国際《こくさい》宇宙ステーション）と宇宙ゴミの衝突《しょうとつ》が起きて、宇宙飛行士《ひこうし》がISSから一時避難《ひなん》するということもあった。宇宙ゴミは人工衛星《じんこうえいせい》やロケットの破片《はへん》、宇宙飛行士の排泄物《はいせつぶつ》など、様々《さまざま》なものがあるらしいが、最終的《さいしゅうてき》には地球の重力《じゅうりょく》によって地球に落《お》ちてくるため、

a. (　　) いつか、空の上だけでなく地球上でも大きな事故《じこ》が起きるだろう。

b. (　　) 宇宙飛行士は宇宙に向《む》かって排泄をしないほうがいいだろう。

c. (　　) 18,000個の宇宙ゴミはどこに落ちるのだろうか。

（＊軌道上《きどうじょう》：地球《ちきゅう》の通る道　衝突《しょうとつ》：ぶつかること　避難《ひなん》する：逃《に》げる
排泄物《はいせつぶつ》：トイレで出るもの　重力《じゅうりょく》：gravity）

練習 2

あとに続く文を予測し、一番適当だと思うものを選びなさい。

(1)〈**2分**〉

先週の土曜日は雨がたくさん降ったから、

a.（　　）田中さんは午後から映画を見に行った。

b.（　　）田中さんは一日中家にいて、テレビを見ていた。

c.（　　）田中さんはお風呂《ふろ》に入った。

その晩《ばん》、友だちから電話があって、明日雨が降らなかったら、

a.（　　）うちで勉強しようと誘われた。

b.（　　）洗濯《せんたく》をすると言った。

c.（　　）サイクリングに行こうと誘《さそ》われた。

しかし、田中さんはまだぜんぜん宿題《しゅくだい》をしていなかったので、

a.（　　）ぜひ、一緒に行きたいと答えた。

b.（　　）サイクリングはあまり好きじゃないと言った。

c.（　　）行きたいけれど宿題があるからわからないと返事《へんじ》をした。

(2)〈**2分**〉

ゆうべ読んだ本はとてもおもしろくて、

a.（　　）途中《とちゅう》でやめられず、夜中の３時まで読んでしまった。

b.（　　）途中で疲《つか》れたから、最後《さいご》まで読まないで寝《ね》てしまった。

c.（　　）途中でコーヒーを飲んだ。

それはサスペンスで、連続殺人《れんぞくさつじん》が起こり、犯人《はんにん》がだれか

a.（　　）すぐわかってしまった。

b.（　　）最後までなかなかわからなかった。

c.（　　）知らない。

（＊連続殺人《れんぞくさつじん》：続《つづ》けて人を殺《ころ》すこと　犯人《はんにん》：悪いことをした人）

友だちにその本のことを話したら、

a.（　　）犯人の名前を教えるように言われた。

b.（　　）明日試験があると言った。

c.（　　）彼もぜひ読んでみたいと言った。

(3)〈**３分**〉

京都は歴史《れきし》のある町で、古いお寺やきれいなところがたくさんあり、

a.（　　）現代的《げんだいてき》なものはあまりありません。
b.（　　）建物が古いから、きれいだけれど危険《きけん》です。
c.（　　）日本国内《こくない》だけでなく、世界中から観光客《かんこうきゃく》が訪《おとず》れます。

一年中、特に

a.（　　）暑《あつ》い夏は、あまり人が来ません。
b.（　　）お寺はあまり人がいないから、静《しず》かです。
c.（　　）春と秋は、多くの人でにぎわいます。

春は桜《さくら》、秋は紅葉《もみじ》がきれいで気候《きこう》も良《よ》いので、どこへ行っても人でいっぱいです。静かに庭《にわ》やお寺などを見るつもりでも、

a.（　　）人が多すぎて、なかなかゆっくりと見て回《まわ》ることができません。
b.（　　）人がたくさん来ているから、その人たちと話をします。
c.（　　）桜《さくら》や紅葉《もみじ》のほうがきれいだから、お寺を見ない人もいます。

そのため、このごろは拝観制限《はいかんせいげん》（お寺の中に入れる人数を制限すること）をするお寺も出てきたそうです。

(4)〈**３分**〉

現代はストレスの時代と言われ、ストレスで悩《なや》んでいる人は多い。「最近ストレスを感《かん》じることがあるかどうか」の調査《ちょうさ》でも、「ある」と答えた人が

a.（　　）62％で、５人に３人いたそうだ。
b.（　　）あまりいなかったそうだ。
c.（　　）うれしそうだった。

男女による差《さ》はまったくなく、現代人は性別《せいべつ》に関係なく

a.（　　）どちらもストレスを感じていない。
b.（　　）どちらもストレスを感じていることがわかる。
c.（　　）男性のほうがストレスを感じている。

都市規模別《としきぼべつ》で見ると、大都市《だいとし》ほどストレスを感じる人が多く、「ある」とした人は

a.（　　）大都市 69％に対《たい》し、町村《ちょうそん》では 58％であった。
b.（　　）大都市 58％に対し、町村では 69％であった。
c.（　　）大都市も町村も、同じくらいの割合《わりあい》であった。

練習 3

あとに続く文を予測し、一番適当だと思うものを選びなさい。

(1)〈**2分**〉

なぜ私は外国語が話せないのだろうか。勉強しなかったわけではない。それどころか

a.（　　）ぜんぜん勉強しなかった。

b.（　　）大いに勉強したはずである。

c.（　　）上手なはずである。

（＊それどころか：far from it　大《おお》いに：とても）

この疑問《ぎもん》を持つようになってからだいぶ経《た》つが、このごろになってようやく

a.（　　）答えの見当《けんとう》がついてきた。

b.（　　）ますますわからなくなってきた。

c.（　　）もう一度、勉強し始めた。

（＊見当《けんとう》がつく：だいたい答えがわかる）

要《よう》するに、へたな発音《はつおん》で話したり、文法《ぶんぽう》をまちがえたりして

a.（　　）かまわないと思うのだ。

b.（　　）おもしろく話したいのだ。

c.（　　）笑《わら》われるのがいやなのだ。

（＊要《よう》するに：つまり）

さらに、今ここで外国語が使えなければ、生きていけないというような

a.（　　）ことがよくあるからだ。

b.（　　）ことがあまりないからだ。

c.（　　）ことがおもしろいからだ。

(2)〈**3分**〉

日本人気質《きしつ》について、あるアメリカ人はこう説明《せつめい》しています。「日本人が『Yes』と言った場合、それは“検討《けんとう》します”の意味。『May be』と言ったなら、“No”で、『No!』と言われたのなら、

a.（　　）“その話は二度としないでください”という意味だ」と。

b.（　　）“ごめんなさい”という意味だ」と。

c.（　　）“Yes”という意味だ」と。

（＊日本人気質《にほんじんきしつ》：日本人の性格《せいかく》　検討《けんとう》する：考えてみる）

なるほどと思い当《あ》たる方も多いのではないでしょうか。はっきりと断《ことわ》ってお互《たが》いに気まずい思いをしたくない時は、日本人はわざと

a.（　　）何も言わないのです。

b.（　　）「Yes」と言うのです。

c.（　　）あいまいな表現《ひょうげん》をするのです。

（＊気《き》まずい思《おも》い：いやな気持ち　あいまいな：わかりにくい）

日本人同士《どうし》なら言外《げんがい》のニュアンスを感《かん》じ取ることができますが、日本人気質《きしつ》を知らない外国人はときどき

a.（　　）もっと日本人の言っていることがわかります。

b.（　　）Yes ／ No をはっきり言います。

c.（　　）誤解《ごかい》をしてしまうこともあります。

（＊誤解《ごかい》：思い違《ちが》い）

(3) 〈**5分**〉

2012年のロンドンオリンピック男子陸上《りくじょう》100メートルで、ジャマイカのウサイン・ボルト選《せん》手《しゅ》が、五輪新記録《ごりんしんきろく》となる9秒《びょう》63を出し、金メダルを獲得《かくとく》した。世界で一番速い記録は、やはり

a.（　　）2009年ベルリンで行われた世界陸上大会の記録だそうだ。

b.（　　）ロンドンオリンピックのボルト選手の9秒63だそうだ。

c.（　　）ボルト選手の記録で、ベルリンの世界陸上大会で出した9秒58だそうだ。

近代《きんだい》オリンピックが始まったのは1896年のアテネ大会だが、この100年ぐらいの間に

a.（　　）オリンピックは何回行われただろうか。

b.（　　）人間《にんげん》はどのぐらい速く走れるようになったのだろうか。

c.（　　）ウサイン・ボルト選手はいつ記録を作っただろうか。

1896年の時は12秒の記録が金メダルを取り、4年後の1900年は11秒が金メダルを取って、一気《いっき》に1秒も縮《ちぢ》まったが、次の1秒を縮めるのには

a.（　　）84年もかかったそうだ。

b.（　　）すぐにできたそうだ。

c.（　　）ウサイン・ボルトががんばったそうだ。

そして、1984年からの25年で縮んだのは0.42秒だった。人類《じんるい》の限界《げんかい》はどのくらいなのだろうか。その記録は誰《だれ》が作るのだろうか。

（＊限界《げんかい》：limit）

STEP 11　主題《しゅだい》・大意《たいい》・要点《ようてん》をつかむ　Getting the Gist

　ある話題《わだい》について一般的《いっぱんてき》な見識《けんしき》を広めるために文章を読む場合、最終《さいしゅう》の目的《もくてき》は次の３つの点を理解《りかい》することです。

> ①主題＝その文章は何について書かれているか。
> ②大意＝書かれていることのだいたいの意味は何か。
> ③要点＝一番言いたいことは何か。

　また、この３つの点を正確《せいかく》に速くつかむには、次の点を正しく読み取ることも重要《じゅうよう》です。

> ④書かれていることについての背景《はいけい》。
> ⑤どういう立場《たちば》の人が書いているか。

　④と⑤は、文章上にはっきりとは表《あらわ》れていないけれど、読んでいれば当然《とうぜん》わかるという例が多く、④と⑤を正確につかみ取ることができるかどうかで、①②③に対《たい》する理解も深《ふか》まります。ここではこの**５つの要素《ようそ》**について、速く正確につかみ取る練習をします。無駄《むだ》な部分や細部《さいぶ》にこだわりすぎず、５つの要素に焦点《しょうてん》をあてて、問題を解《と》いてください。

When reading a text to broaden your general insight into a certain topic, your final goal should be to understand the following three points:

(1) The **subject** – what is the text about?
(2) The **gist** – what is the general meaning of the text?
(3) The **point** – what is the most important thing the text is trying to say?

In order to ascertain these three points quickly, it is important to take the following into consideration:

(4) The **background** of the text
(5) The **position** of the author (ideological or otherwise)

Although (4) and (5) are implicit, in many cases they are easy to identify as you read through the piece, and accurately understanding them will deepen your comprehension of (1), (2) and (3). The purpose of Step 11 is to practice ascertaining the five points listed above quickly and accurately. Be careful not to get tied down with details. Instead, focus on ascertaining only these five points.

練習１

次の文章を読んで、質問に答えなさい。〈２分〉

　現代の社会では、インターネットは人々の生活に欠《か》かせないものとなった。子供でもネットを通じてゲームを楽しんだり、情報《じょうほう》を入手したり、コミュニケーションをしたりするのが当《あ》たり前になっている。そのため、最近では学校でも情報技術《ぎじゅつ》を扱《あつか》う教育《きょういく》を重視《じゅうし》しているが、一方でインターネットの危険性《きけんせい》については、きちんと教育されているのだろうか。ネット犯罪《はんざい》に巻《ま》き込《こ》まれる、ネット上でいじめにあう、不適切《ふてきせつ》なサイトにアクセスするなど、子供がインターネットを利用《りよう》することで起きる問題は多い。情報教育では、コンピュータやインターネットの使い方だけでなく、インターネットとの正しいつきあい方も教えるべきだろう。

単語

- 重視《じゅうし》する　to stress; to attach importance to
- 危険性《きけんせい》　danger
- 犯罪《はんざい》　crime
- 不適切《ふてきせつ》な　inappropriate

(1) この文章は何について書かれたものですか。一番適当と思うものを一つ選びなさい。

a. (　　) インターネットの危険性

b. (　　) インターネットの必要《ひつよう》性

c. (　　) 情報教育《じょうほうきょういく》の中でインターネットの使い方を教える必要性

d. (　　) 情報教育の中でインターネットの問題点も扱う必要性

(2) この記事にタイトルをつけるとしたら、どれが一番適当ですか。一つ選びなさい。

a. (　　) インターネットの危険性、早くから教育を

b. (　　) インターネットの必要性、早くから教育を

c. (　　) 情報教育のあり方

d. (　　) 情報教育とインターネット

練習 2

次の文章を読んで、質問に答えなさい。〈5分〉

日本のテレビアニメはアジアの国々だけでなく、アメリカ、ヨーロッパなど世界各国《かっこく》で楽しまれている。外国を旅行していて、子供のころ見たアニメをホテルのテレビで見つけたりすると、びっくりしてしまう。まして、ファンだったアニメのキャラクターが上手に外国語を話していて、昔よく歌った同じ歌が外国語で流《なが》れてきた日にはちょっとした感激《かんげき》ものだ。

最近は、テレビアニメだけでなく日本のコミックも大変な人気で、海賊版《かいぞくばん》が出回《でまわ》っていると聞く。生《い》け花《ばな》や茶道《さどう》、能《のう》、歌舞伎《かぶき》など、日本の伝統的《でんとうてき》な芸術文化《げいじゅつぶんか》の次に日本が世界に送り出す文化はマンガといってもいいかもしれない。

もっとも、日本の代表的《だいひょうてき》な芸術として世界で認《みと》められている浮世絵《うきよえ》も、江戸時代《えどじだい》には庶民《しょみん》にとってマンガ的役割《やくわり》を果《は》たしていたわけで、現代日本で大人気のアニメやコミックが世界中で喜《よろこ》ばれるようになったとしても、それほど不思議《ふしぎ》ではないのかもしれない。

(1) この文章は何について書かれたものですか。一番適当と思うものを一つ選びなさい。

a. (　　) 日本のテレビアニメについて

b. (　　) 筆者《ひっしゃ》が外国で日本のテレビアニメを見て、うれしかったことについて

c. (　　) 世界に知られている日本の芸術について

d. (　　) 日本のマンガが外国でも楽しまれていることについて

(2) この文章で筆者《ひっしゃ》が一番言いたいことは何ですか。一番適当と思うものを一つ選びなさい。

a. (　　) 日本のマンガは現代の日本を代表する文化の一つになってきた。

b. (　　) 日本のマンガは外国の人たちが見てもおもしろい。

c. (　　) 浮世絵《うきよえ》とマンガは共通《きょうつう》するところがある。

d. (　　) 日本の芸術はすばらしくて、外国人に人気がある。

(3) この文章を書いた人は、どんな人だと思いますか。一番適当と思うものを一つ選びなさい。

a.（　　）日本の伝統的文化が好きな人
b.（　　）日本のマンガを翻訳《ほんやく》して出版《しゅっぱん》している人
c.（　　）日本人で、よく外国に旅行する人
d.（　　）外国人で、日本のマンガのファン

練習 3

次の文章を読んで、質問に答えなさい。〈8分〉

日本に留学すると、ホームステイをして日本人の家族と生活を共《とも》にする学生が多いが、学生とホームステイ先《さき》との関係がいつもうまくいくとは限《かぎ》らない。生活スタイルや食生活の違《ちが》いから、関係がぎくしゃくしてしまい、途中《とちゅう》で一人で生活を始める学生も出てくる。

よく耳にするのは、ホームステイ先の母親が学生の生活に口を出しすぎるという話である。どんな友だちとつきあっているかから、お風呂《ふろ》に入る時間まで干渉《かんしょう》されて、自分の両親からもそんな扱《あつか》いを受けたことのない学生は驚《おどろ》いてしまう。

留学生を自分の家族と同じように心配するホームステイ先の母親と、一人の大人として扱われないことに不満《ふまん》を感《かん》じる学生。この行き違いの原因《げんいん》には、お互《たが》いの国の家族関係に対《たい》する考え方の違いがあるといえる。

一般《いっぱん》に欧米《おうべい》の国々の家族観《かん》は、家族の間でもあまり干渉し合わず、個人《こじん》の考えと独立性《どくりつせい》を重んじるのに対し、日本や東洋の国々では家族同士《どうし》の相互依存度《そうごいぞんど》が高い。これはどちらが良《よ》くてどちらが悪いとは一概《いちがい》に言えないので、問題があったときにはなるべく話し合ってお互いに歩《あゆ》み寄《よ》るようにしなければならない。留学生が必要《ひつよう》以上に我慢《がまん》する必要もないし、日本の家庭側《かていがわ》がことさら遠慮《えんりょ》して留学生を特別扱いする必要もない。話し合いと歩み寄りの中から、お互いの文化《ぶんか》を学ぶことができれば、それがホームステイにおける一番の意義《いぎ》といえるのではないだろうか。

日本語が上手になったり、日本の生活習慣《しゅうかん》を知ったりするのは、もちろんホームステイの大きな目的《もくてき》だ。しかし、そういう表面的《ひょうめんてき》なものだけでなく、家族観の違いといったような、人間の価値《かち》観の本質《ほんしつ》に触《ふ》れるような問題を考えるチャンスも、ホームステイは与《あた》えてくれる。

●重要な単語

～とは限《かぎ》らない	not always/necessarily the case that ~	相互依存度《そうごいぞんど》	degree of interdependence
ぎくしゃくする	to become strained	一概《いちがい》に言《い》えない	cannot say definitively
耳《みみ》にする	to hear of; to have reach one's ears	歩《あゆ》み寄《よ》る	to compromise; to meet halfway
口《くち》を出《だ》す	to butt in (with one's opinion)	遠慮《えんりょ》する	to refrain from
干渉《かんしょう》する	to interfere; to meddle	特別扱《とくべつあつか》い	special treatment
行《い》き違《ちが》い	misunderstanding	意義《いぎ》	importance; significance
家族観《かぞくかん》	view of family	価値観《かちかん》	(sense of) values
独立性《どくりつせい》	independence	本質《ほんしつ》	essense

(1) この文章は何について書かれたものですか。一番適当と思うものを一つ選びなさい。

a.（　　）日本と外国の家族観の違いについて

b.（　　）ホームステイで起きる問題とそこから学ぶべきことについて

c.（　　）留学生とホームステイ先の母親の歩み寄りについて

d.（　　）問題の解決《かいけつ》の仕方《しかた》について

(2) 留学生とホームステイ先の母親の関係がうまくいかなくなる原因は何ですか。一番適当と思うものを一つ選びなさい。

a.（　　）留学生がホームステイ先の母親が好きではない友だちとつきあっているため

b.（　　）ホームステイ先の母親がお風呂に入る時間まで決めるため

c.（　　）お互いの家族観の違いのため

d.（　　）留学生もホームステイ先の家族も我慢《がまん》する必要がないため

(3) この文章で筆者が言いたいことは何ですか。一番適当と思うものを一つ選びなさい。

a.（　　）ホームステイで起きる問題を解決《かいけつ》することで、お互いの国について深《ふか》く学ぶことができる。

b.（　　）ホームステイ先の家族は留学生にあまり干渉《かんしょう》しないほうがいい。

c.（　　）留学生もホームステイ先の家族も我慢《がまん》したり、遠慮《えんりょ》したりする必要はない。

d.（　　）ホームステイの一番の目的は、日本語が上手になったり、日本の生活習慣を知ったりすることだ。

(4) この文章の筆者はどういう立場《たちば》の人ですか。一番適当と思うものを一つ選びなさい。

a.（　　）ホームステイを受け入れる家族

b.（　　）ホームステイをする留学生

c.（　　）ホームステイのカウンセラー

d.（　　）ホームステイをする留学生の親

練習4

次の文章を読んで、質問に答えなさい。〈5分〉

世界に1億《おく》1000万個《こ》もの地雷《じらい》が埋《う》められていることを、どれだけの人が知っているだろうか。そして、戦争《せんそう》とは何のかかわりもない女性や子供、老人《ろうじん》がその犠牲者《ぎせいしゃ》になっていることを。日本生まれのウサギのサニーちゃんが、世界中の紛争地《ふんそうち》にある地雷で大勢《おおぜい》の人が被害《ひがい》に遭《あ》っているのを知り、地雷を取り除《のぞ》きながら花や木を植《う》えていくという絵本《えほん》が出た。子どものための本ではあるが、ここに込《こ》められた主張《しゅちょう》は、子どもにではなく、世界中の大人たちに向《む》けられている。ボランティアで刊行《かんこう》された絵本の収益《しゅうえき》は地雷の撤去《てっきょ》に充《あ》てられるが、1冊《さつ》でカンボジアなら10平方《へいほう》メートルの土地から地雷を除去《じょきょ》できるという。タイトル『地雷ではなく花をください』、値《ね》段《だん》は1500円で自由国民社《じゆうこくみんしゃ》から。

（読売新聞·1996年11月10日［一部改］）

●重要な単語

- 地雷《じらい》 land mine
- 犠牲者《ぎせいしゃ》 victim; casualty
- 紛争地《ふんそうち》 area of conflict
- 被害《ひがい》 damage
- 主張《しゅちょう》 assertion; insistence
- 刊行《かんこう》する to publish
- 収益《しゅうえき》 profit
- 撤去《てっきょ》 removal
- 除去《じょきょ》する to remove; to eliminate
- 悲劇《ひげき》 tragedy

(1) これはどんなテーマを扱《あつか》った本について書かれた文章ですか。

a.（　　）戦争の悲劇《ひげき》をなくすこと

b.（　　）ウサギのサニーちゃんの絵本

c.（　　）世界の花や木の育《そだ》て方

(2) この本が書かれた背景《はいけい》にはどんなことがありますか。

a.（　　）毎年多くの人が地雷《じらい》で命《いのち》を落《お》としたり怪我《けが》をしているので、みんなで地雷を取り除いた。

b.（　　）毎年多くの人が地雷で命を落としたり怪我をしているが、地雷はそのままで取り除かれていない。

c.（　　）毎年地雷で命を落としたり怪我をしている多くの人を、ボランティアが助けている。

(3) 筆者が言外《げんがい》に主張していることは何ですか。

a.（　　）戦争はとても悪いことだということ。

b.（　　）サニーちゃんはとてもいいウサギだということ。

c.（　　）地雷《じらい》を取り除くために、この本を買ってくださいということ。

練習 5

次の文章を読んで、質問に答えなさい。〈5分〉

<地雷《じらい》が爆発《ばくはつ》し、まき拾《ひろ》いの少女 10 人が死亡《しぼう》　アフガン東部《とうぶ》>

アフガニスタンで 17 日、まきを集めていた少女が地雷の爆発に巻《ま》き込《こ》まれ、10 人が死亡し、２人が負傷《ふしょう》したそうだ。アフガニスタンでは、反体制派《はんたいせいは》や旧《きゅう》ソ連《れん》のアフガン侵攻《しんこう》で埋《う》められた地雷によって、毎年数十人の死者が出ているという。ユニセフによれば、旧ソ連軍《ぐん》がアフガニスタンにおもちゃのような蝶々《ちょうちょう》の形《かたち》をした地雷をばらまいたため、子供たちは好奇心《こうきしん》で拾《ひろ》ってしまい、事故《じこ》に巻き込まれるそうだ。おもちゃも満足《まんぞく》に手に入らない中、地雷の埋まっている場所で燃料《ねんりょう》のまきを集める子供たち。悲劇《ひげき》は起こるべくして起こっている。

●重要な単語

- 爆発《ばくはつ》する　to explode
- まき　firewood
- 巻《ま》き込《こ》まれる　to be caught up in; to be drawn into
- 負傷《ふしょう》する　to be injured
- 反体制派《はんたいせいは》　antiestablishment faction; dissidents
- 旧《きゅう》ソ連《れん》　former Soviet Union

- 侵攻《しんこう》　invasion
- 蝶々《ちょうちょう》　butterfly
- ばらまく　to scatter
- 好奇心《こうきしん》　curiosity
- 手《て》に入《はい》らない　to be unavailable; to not come by
- 燃料《ねんりょう》　fuel
- 悲劇《ひげき》　tragedy

質問：筆者が一番訴《うった》えたいことは何ですか。

a. (　　) アフガンニスタンの子供たちに、おもちゃを送ったほうがいい。

b. (　　) アフガンニスタンの子供たちがまきを集めなくてもいいように、燃料を送ろう。

c. (　　) 一日も早くアフガニスタンの地雷《じらい》を撤去《てっきょ》すべきだ。

d. (　　) おもちゃのような形をした地雷は作るべきではない。

C - スキャニングとスキミングの技術《ぎじゅつ》を同時に使う

Learning to Scan and Skim Simultaneously

練習 1

国語辞典《じてん》の目次《もくじ》です。次のことを調べるには何ページを見ればいいですか。ページ数を書き出しなさい。〈2分〉

The following is a table of contents from a Japanese dictionary. Determine the page numbers where you would look up (1) through (8) in the dictionary and write them in the brackets. <2 minutes>

もくじ

あ	い	う	え	お
11	41	72	87	97
か	き	く	け	こ
123	180	218	236	257
さ	し	す	せ	そ
297	322	404	420	447
た	ち	つ	て	と
464	499	519	532	552
な	に	ぬ	ね	の
585	599	607	609	615
は	ひ	ふ	へ	ほ
622	655	681	708	717
ま	み	む	め	も
736	751	765	773	781
や		ゆ		よ
793		803		812
ら	り	る	れ	ろ
824	828	838	839	845
わ ～	を ～	ん		
849	856	856		

前付け

- ●「かこみ記事」もくじ（とびらのうら）
- 〔口絵〕●色をあらわすことば
  - ●色をあらわすことばと自然《しぜん》の色
  - ●国語の教科書に出てくる生活用品のいろいろ
- ●はじめに ―― 1
- ●この辞典《じてん》の使い方 ―― 3

本　文

あ ～ ん ―― 11 ～ 856

ふろく

(1) 日本語の発音 ―― 858
(2) 文字のなりたち ―― 859
(3) 漢字《かんじ》の筆順《ひつじゅん》 ―― 862
(4) かなづかいのきまり ―― 864
(5) 送りがなのきまり ―― 865
(6) ことばのきまりとはたらき ―― 866
(7) 熟語《じゅくご》のなりたち ―― 869
(8) ものの数え方 ―― 870
(9) 同意語・類義語《るいぎご》 ―― 871
(10) 反対語・対応語《たいおうご》 ―― 872
(11) 認《みと》められているあて字 ―― 873
(12) いろいろな符号《ふごう》 ―― 874
(13) 敬語《けいご》の使い方 ―― 875
(14) 作文の書き方 ―― 876
(15) 手紙の書き方 ―― 879
(16) 部首の名まえ ―― 882
(17) 小学校でおぼえる漢字 ―― 883
(18) 故事《こじ》・ことわざさくいん ―― 884
(19) 短歌・俳句《はいく》さくいん ―― 886
(20) 画引き漢字さくいん ―― 889
●ローマ字のつづり方 ―― うら見返し
●「漢字の使い分け」もくじ ―― うら見返し

（『旺文社小学国語新辞典』(初版) より）

(1) 「た」で始まる言葉　［　　　］ページ
(2) 「め」で始まる言葉　［　　　］ページ
(3) 日本語の発音　［　　　］ページ
(4) 敬語《けいご》　［　　　］ページ
(5) 手紙の書き方　［　　　］ページ
(6) ことわざ　［　　　］ページ
(7) 送りがな　［　　　］ページ
(8) この辞典の使い方　［　　　］ページ

練習 2

国語辞典《じてん》の言葉の意味のページの一部です。必要な情報を書き取りなさい。〈5分〉

The following is a section of a Japanese dictionary. Fill in the requested information below. <5 minutes>

け　いき ― けいさ

けいき【計器】(名)物の重さ・かさ・はやさ・長さなどをはかる道具。メーター。

けいき【景気】(名)①商売のはんじょうのぐあい。例あの店は景気がいい。②世の中の金まわりのぐあい。例ことしは景気がよくなる。③活動のありさま。いせい。元気。例力強いおうえんで景気をつける。

けいきんぞく【軽金属】(名)アルミニウムなどのように、比重《ひじゅう》の小さい軽い金属。例飛行機《ひこうき》の材料《ざいりょう》には軽金属が多く使われる。

けいぐ【敬具】(名)手紙のおわりに書きそえることば。「つつしんで申しあげます」という意味。「敬白」とも書く。参考はじめには「拝啓《はいけい》」「謹啓《きんけい》」などを使う。

けいけん【経験】(名・―する)実際《じっさい》に、見たり、聞いたり、したりすること。また、そうして身につけたこと。例山のぼりはよい経験だった。経験を生かす。＝体験。

けいけん【敬けん】(形動)神やほとけをふかくうやまう気持ちをもっているようす。例敬けんなクリスチャン。

けいげん【軽減】(名・―する)へらして少なくすること。例衣料費《いりょうひ》を軽減する。

けいこ(名・―する)ならって身につけること。練習《れんしゅう》。例バレエのけいこ。

けいご【敬語】(名)目上の人やあいてをうやまう気持ちをあらわすために用いることば。例目上の人には敬語を使って話す。⇩下のかこみ記事

けいご【警護】(名・―する)よくないことが起こらないように用心して守ること。また、その役めの人。例会場の警護にあたる。

けいこう【°傾向】(名)物事や性質《せいしつ》がある方向に向かうこと。例物価《ぶっか》は高くなる傾向がある。

けいこう【°携行】(名・―する)持って行くこと。例遠足に水とうを携行する。＝携帯《けいたい》。

げいごう【°迎合】(名・―する)人に気に入られるように、自分の考えを出さないで、なんでも賛成《さんせい》すること。例かれはすぐ友だちの考えに迎合する。

けいこうぎょう【軽工業】(名)おもにおり物や食べ物など、ふだんのくらしに必要《ひつよう》な品物をつくる工業。↔重工業。

けいこうとう【°蛍光灯】(名)ほそ長いガラスかんの中に光を出すものをぬり、ほたるの光のように熱《ねっ》を出さずに、明るい光を出す電灯。

けいこく【°渓谷】(名)まわりが山にかこまれている谷。たにま。例渓谷を歩く。

けいこく【警告】(名・―する)前もって注意すること。また、その注意。例この池で遊ばないようにと警告を出す。

けいさい【°掲載】(名・―する)新聞や雑誌《ざっし》などに、文章・絵・写真《しゃしん》などをのせること。例ぼくの作文が学校新聞に掲載された。

けいざい【経済】(名)①人間の生活に必要《ひつよう》な、いろいろなものをつくったり、売ったり、買ったりするはたらき。例経済学。②費用《ひよう》が少なくてすむこと。例高くてもよい品のほうがけっきょく経済になる。③金のやりくり。例家の経済が苦しい。

けいざいめん【経済面】(名)①新聞などで、経済のことが書いてあるページ。②経済に関係《かんけい》のある方面。例経済面に明るい人。

けいさつ【警察】(名)国のきまりにしたがって、悪いことの起こるのをふせぎ、人々

(『旺文社小学国語新辞典』(初版)より)

(1)「けいけん」という言葉の漢字と意味（「敬《けい》けん」ではないもの）

[　　　　　　　　　　　　　　　　　　　　]

(2)(1)の「けいけん」と似《に》た言葉

[　　　　　　　　　　　　　　　　　　　　]

(3)「けいさい」という言葉の意味

[　　　　　　　　　　　　　　　　　　　　]

(4)「けいこう」という言葉の漢字（「携行《けいこう》」ではないもの）

[　　　　　　　　　　　　　　　　　　　　]

(5)(4)の「けいこう」という言葉の例文

[　　　　　　　　　　　　　　　　　　　　]

(6)「けいこく」という言葉で「注意をする」という意味の言葉の漢字

[

練習3

『数え方の辞典』という本の目次です。質問に答えなさい。〈3分〉
The following is the table of contents of a dictionary of counters. Answer the questions about it below.
<3 minutes>

CONTENTS

数え方の辞典[目次]

絵で見るものの数え方
1 生き物の数え方
 1-A[動物の数え方]…I
 1-B[魚介の数え方]…II
 1-C[鳥の数え方]…II
 1-D[虫の数え方]…II
2 植物の数え方…III
3 食べ物の数え方
 3-A[野菜・果物の数え方]…III
 3-B[料理や菓子の数え方]…IV
4 乗り物の数え方…IV
5 家具の数え方…V
6 身につけるものの数え方…V
7 知っていると得するものの数え方…VI

はじめに…1
凡例…3
第1章 ものの数え方…9
第2章 助数詞・単位一覧…329
執筆者紹介・協力者一覧…399

コラム目次
❶ なぜイカやカニは「1杯」と数える?…21
❷ ウサギは鳥の一種?名前と数え方の由来の謎…31
❸ 缶ジュースとアスパラガスの缶詰の数え方の違い…67
❹ 人魚は「1人」?それとも「1匹」?…75
❺ 数える物がなくなると、数え方もなくなる?…101
❻ 捕っても豊富! 魚の数え方…117
❼ 助数詞「台」の意味は自動車の出現で大きく変化…131
❽ 樋口一葉のお札は「1葉」「2葉」?…133
❾ 「握り鮨1カン(貫)」で何個食べられる?…155
❿ チョウの数え方…189
⓫ 手の動きで測る調味料の使用量の目安…191
⓬ 「匹」と「頭」の意外なルーツ…211
⓭ 「10羽」は「じっぱ」が正しい?…217
⓮ ペアになるものを数える助数詞…265
⓯ 「仏の顔も三回」と言える?…275
⓰ 商品の見栄えを良くする数え方…285
⓱ 景気付けの「ラーメン1丁!」…313
⓲ 数え方で分かるロボットの身近さ…325

(小学館刊・飯田朝子著『数え方の辞典』より)

(1) 次のa～gについて調べるには、何ページを見ればいいですか。
　a. イスの数え方 [　　] b. 人魚の数え方 [　　] c. エレベーターの数え方 [　　]
　d. ラーメンの数え方 [　　] e. 物の単位 [　　] f. 「匹」と「頭」の違い [　　]
　g. 著者について [　　]
(2) この本では、物の数え方をいくつのカテゴリーに分けていますか。[　　]
(3) 生き物の数え方は何種類に分けていますか。[　　]
(4) コラムはいくつありますか。[　　]

練習 4

インターネットで見つけた和風《わふう》どんぶりの簡単《かんたん》レシピです。質問に答えなさい。〈3分〉

The following is a recipe for a Japanese "*donburi*" rice bowl found on the Internet. Answer the questions below. <3 minutes>

トマト・アボカド・ツナの　和風どんぶり

火を使わず簡単に作る簡単どんぶり。梅やわさびの風味であっさりと。暑い季節の食事にどうぞ
☆2012.7.21話題入り感謝☆　ミッキーアン

材料（2人分）

ご飯		2膳分
アボカド		1個
トマト		中1個
ツナ缶（小）（ツナかん）		1缶
◆ほんだし		小さじ1
◆塩昆布	（しおこんぶ）	ひとつまみ
（または昆布茶　or　塩		少々）
◆酢（今回　純米酢）	（す）	大さじ1
◆練り梅（叩いた梅干し）	（ねりうめ）	小さじ1
◆醤油	（しょうゆ）	少々
温泉卵	（おんせんたまご）	2個
貝割れ大根	（かいわれだいこん）	1/2パック分
刻みのり	（きざみのり）	適量
白炒りごま	（しろいりごま）	適量
わさび		お好みで少々

1

貝割れは洗って3センチ長さにカットする。トマト・アボカドは食べやすい大きさにカットする。

2

ボウルに1のアボカドとトマト、軽く油をきったツナと◆の調味料を入れて優しく混ぜ合わせる。

3

※ツナや梅の味や野菜の大きさにより醤油等で味を調整してください。酸味が好きな方は酢を多めにどうぞ。

4

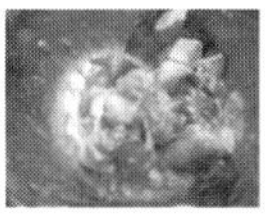

アボカドの角が軽く取れて適度に濃度がつくくらいで結構です。

5

器に一人分ずつご飯を盛り、4の半量を乗せて温泉卵を中央に乗せる。

6

上に貝割れ、刻みのり、胡麻をふってお好みでわさびを添えて出来上がりです。

（「クックパッド」掲載レシピ）

●重要な単語

- 膳《ぜん》　small Japanese dining table
- 適量《てきりょう》　a suitable amount
- 調味料《ちょうみりょう》　seasoning
- 調整《ちょうせい》する　to adjust
- 器《うつわ》　bowl

(1) この料理に使うご飯以外の主な材料《ざいりょう》は何ですか。　[　　　　　　　　]

(2) このレシピでこの料理を作ると、何人の人が食べられますか。　[　　　　　　　　]

(3) この料理に入れる調味料《ちょうみりょう》は何種類《しゅるい》ありますか。　[　　　　　　　　]

(4) この料理に酢《す》はどのぐらい使いますか。醤油《しょうゆ》はどのぐらい使いますか。

酢 [　　　　　　　　]　醤油 [　　　　　　　　]

(5) レシピの5番で、真ん中にのせているものは何ですか。　[　　　　　　　　]

(6) 最後に上にのせるもので、3センチの長さに切ってあるものは何ですか。

[　　　　　　　　]

練習 5

PASMO という IC カードについて説明《せつめい》したウェブサイトです。質問に答えなさい。〈5分〉

The following is a website explaining the “PASMO” IC card. Answer the questions below. <5 minutes>

▸文字サイズについて｜▸English ▸中文繁體字 ▸中文简体字 ▸한국어

PASMO

ご利用可能交通機関　よくあるご質問

トップページ｜PASMOとは?｜ご購入･チャージ(入金)｜ご利用方法｜定期券｜紛失･再発行

▸PASMOとは？　▸PASMOの種類　▸PASMOの特徴　▸ご利用可能交通機関　▸PASMO・Suicaの相互利用　▸ご利用上の注意

トップページ > PASMOとは？

PASMOとは?

PASMO（パスモ）は、きっぷやお財布代わりにいつでも使えて、あなたの暮らしをもっと便利にするICカードです。
1枚のPASMOで、鉄道やバスのきっぷとしてご利用いただけるほか、PASMO電子マネー加盟店では電子マネーとしてお買い物のお支払いにもご利用いただけます。
また、首都圏・仙台・新潟の各Suicaエリアや Suica電子マネー加盟店でもPASMOをご利用いただけます。

100以上の交通機関で使えます

PASMOは、PASMO取扱事業者の私鉄・地下鉄・バス等100以上の交通機関でご利用いただけます。
また、全国10のエリアでもご利用いただけます。

1枚でOK！くり返し使えます

PASMOは、現金をチャージすることでくり返しご利用いただけます。定期券としてご利用の場合も、PASMOの券面を上書きしてご利用いただけます。

自動改札機をタッチするだけで通過できます

定期入れ等に入れたまま、PASMOを改札機の読取り部にタッチするだけで自動改札を通過していただけます。

簡単にチャージできます

PASMOは、PASMO取扱事業者の私鉄・地下鉄・バス車内、各Suicaエリアでチャージしていただけます。
また、PASMO・Suicaがご利用いただける一部店舗でのチャージも可能です。

乗り換え時の精算もらくらく♪

乗り換えの際にも、PASMOを改札機の読取り部にタッチするだけで、自動精算が可能です。

バスの乗り降りもタッチするだけ

定期入れ等に入れたまま、バス車内の運賃機の読取り部分にタッチするだけで運賃をお支払いただけます。

紛失しても簡単に再発行できます

万が一、紛失してしまった場合は、PASMO取扱事業者の私鉄・地下鉄、バス、首都圏・仙台・新潟の各Suicaエリアの駅係員にお申し出ください。PASMOの使用停止・再発行のお手続きをさせていただきます。ただし、無記名PASMOは、使用停止・再発行受付のお手続きはできません。

お買い物もタッチするだけ

PASMOにチャージされた金額は、駅ナカや街ナカのお店や自動販売機等でご利用いただけます。

※画像は 2013 年 3 月現在

(1) 正しい文に○を、正しくない文に×を入れなさい。

a. (　　　) PASMO でいろいろな交通機関《こうつうきかん》に乗ることができる。
b. (　　　) PASMO を使って買い物をすることができる。
c. (　　　) PASMO は使い捨《す》てのカードだ。
d. (　　　) PASMO は日本全国の 100 以上の電車やバスで使える。
e. (　　　) PASMO はバスの車内《しゃない》ではチャージできない。
f. (　　　) PASMO は駅の改札《かいさつ》を通るのが簡単《かんたん》である。
g. (　　　) PASMO をなくした時、名前を届《とど》けていないと、再発行《さいはっこう》してもらえない。
h. (　　　) PASMO について、外国語では英語だけで説明がある。

(2) PASMO の買い方は、どこをクリックしたらわかりますか。

[　　　　　　　　　　　　　　　　　　]

(3) PASMO で乗れる交通機関は、どこをクリックしたらわかりますか。

[　　　　　　　　　　　　　　　　　　]

(4) PASMO と同じような使い方ができる IC カードは何ですか。　[　　　　　　　　　　　　　　]

●重要な単語

(ご)利用可能《りようかのう》　usable
交通機関《こうつうきかん》　public transportation
(お)財布《さいふ》　wallet
加盟店《かめいてん》　affiliated store
(お)支払《しはら》い　payment
首都圏《しゅとけん》　Tokyo area
取扱事業者《とりあつかいじぎょうしゃ》　service station
定期券《ていきけん》　commuter pass
自動改札機《じどうかいさつき》　automated ticket gate
通過《つうか》する　to pass through
一部店舗《いちぶてんぽ》　select stores
乗《の》り換《か》え　to transfer
精算《せいさん》　(amount) adjustment
らくらく　with ease
運賃《うんちん》　fare
紛失《ふんしつ》する　to lose something
再発行《さいはっこう》する　to re-issue
使用停止《しようていし》　ceasing use
(お)手続《てつづ》き　process
金額《きんがく》　money amount
駅《えき》ナカ　in-station shop
街《まち》ナカ　store locations outside station
自動販売機《じどうはんばいき》　vending machine

練習6

東京の観光案内《かんこうあんない》サイトです。質問に答えなさい。〈5分〉

The following is a Tokyo tourist information website. Answer the questions below. <5 minutes>

東京の観光公式サイト

GO TOKYO

ホーム＞エリア紹介＞エリア&MAP

エリア紹介

東京の各エリアの特徴や見どころ、東京近郊のスポットをご紹介します。
イラストマップ上の地名にカーソルを合わせると、そのエリアの概要が表示され、さらに詳細ページへリンクします。
詳細ページには、さらに詳しいイラストマップや散策ルートなどが表示されます。

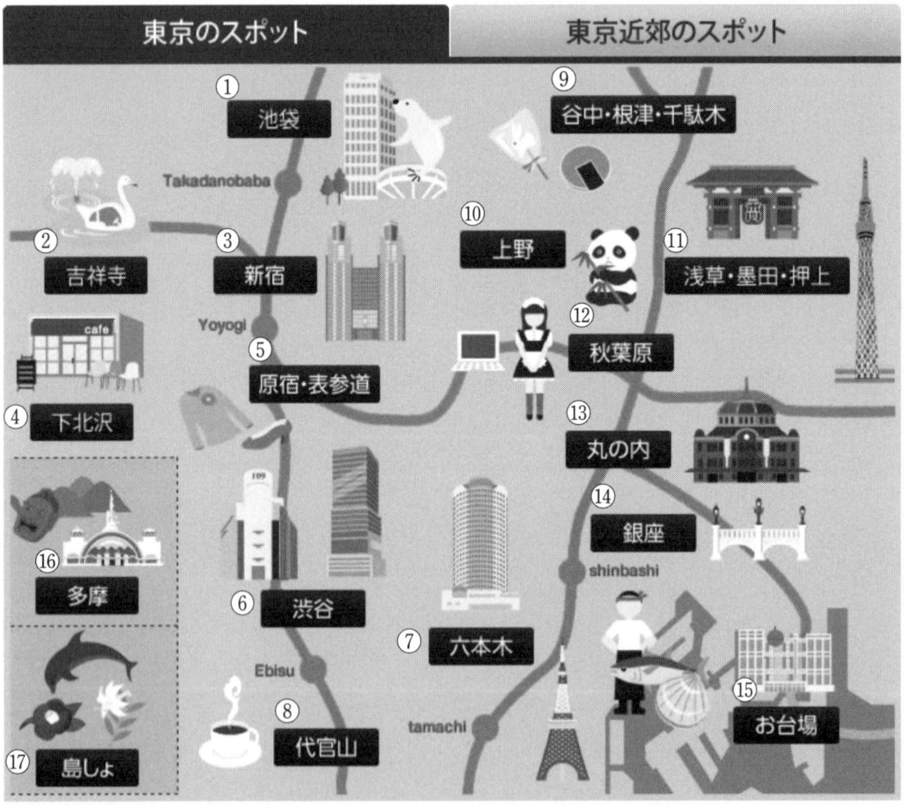

①池袋《いけぶくろ》　②吉祥寺《きちじょうじ》　③新宿《しんじゅく》　④下北沢《しもきたざわ》　⑤原宿《はらじゅく》・表参道《おもてさんどう》　⑥渋谷《しぶや》
⑦六本木《ろっぽんぎ》　⑧代官山《だいかんやま》　⑨谷中《やなか》・根津《ねづ》・千駄木《せんだぎ》　⑩上野《うえの》　⑪浅草《あさくさ》・墨田《すみだ》・押上《おしあげ》
⑫秋葉原《あきはばら》　⑬丸の内《まるのうち》　⑭銀座《ぎんざ》　⑮お台場《おだいば》　⑯多摩《たま》　⑰島《とう》しょ

単語

観光公式《かんこうこうしき》サイト　official tourist information site
特徴《とくちょう》　features
見《み》どころ　main attractions
近郊《きんこう》　(city) outskirts
概要《がいよう》　summary
詳細《しょうさい》　details
詳《くわ》しい　detailed
散策《さんさく》　a stroll

秋葉原

パソコンやインターネット関連のものならお任せのエリア。また、世界のアニメファンが注目するサブカルチャーの街でもあります。

六本木

複合商業施設や飲食店が数多く集まるスタイリッシュなこの街は、観光スポットの定番。外国人も多く、国際的な雰囲気が漂います。

渋谷

日本のkawaii（かわいい）アイテムがいっぱいの若者の街。待ち合わせ場所の定番「ハチ公」や「スクランブル交差点」も名所のひとつ。

原宿・表参道

お洒落なアイテムが手頃に揃う若者文化の発信地・原宿と、ブランド店が並び大人の雰囲気が漂う表参道という、二面性が楽しめるエリアです。

代官山

街の象徴的存在であるヒルサイドテラスをはじめ、ハイセンスで個性的なショップやレストランが点在しているお洒落な街です。

浅草・墨田・押上

世界一の高さを誇る自立式電波塔「東京スカイツリー」や大きな赤い提灯「雷門」をランドマークに、東京の新旧が交錯する今話題のエリアです。

上野

美術館・博物館などが集まる文化の香りが漂うエリアや、アメ横商店街や問屋街などの活気あふれるエリアもある魅力的な地域です。

銀座

ロンドンのオクスフォードストリート、NYの5番街とならぶ世界を代表するショッピングストリート。一流の「食」を満喫できるのも魅力です。

吉祥寺

商店街や横丁などの賑わい感あり、緑あふれる井の頭公園もあり、どこか穏やかな空気が流れるこの街は、老若男女問わず人気のスポットです。

お台場

ウォータフロントに開かれたお台場は、ファミリーやカップルに大人気。今や東京観光に欠かせないスポットとなっています。

（東京の観光公式サイト「GO TOKYO」より）

問題：次の(1)〜(8)に当《あ》てはまるエリアの番号を、左ページの①〜⑰から選びなさい。

(1) 若者が楽しめる文化と、大人が楽しめる文化がどちらもあるエリアは？　[　　]

(2) コンピュータ関係のものやアニメグッズがいろいろと見られるエリアは？　[　　]

(3) 一流《いちりゅう》のレストランもある、世界を代表《だいひょう》するショッピングエリアは？　[　　]

(4) 世界一高いタワーがあって、古い文化もあるエリアは？　[　　]

(5) 「ハチ公《こう》」という犬の像《ぞう》で有名な待ち合わせ場所がある若者の街《まち》は？　[　　]

(6) 海の前にあって、デートをしても家族で行っても楽しめるエリアは？　[　　]

(7) パンダのいる動物園《どうぶつえん》のある場所は？　[　　]

(8) 東京近郊《きんこう》の山があるエリアは？　[　　]

練習7

ある出版社《しゅっぱんしゃ》の文庫本《ぶんこぼん》シリーズの広告《こうこく》です。質問に答えなさい。〈5分〉

The following are advertisements for a series of paperbacks released by a certain publisher. Answer the following questions below. <5 minutes>

恋か。それとも友情か。
あなたはどちらを選びますか？

「こころ」
夏目漱石《なつめそうせき》 1867～1916

鎌倉の海岸で、学生だった私は一人の男性と出会い、〝先生〟と呼んで慕っていた。ある日、私のもとに分厚い手紙が届いたとき、彼は最早この世の人ではなかった。遺された手紙から明らかになる先生の悲劇――それは親友とともに一人の女性に恋をしたときから始まった。

380円　ISBN978-4-10-101013-7
な-1-13

20世紀最大の悲劇が、今もこんなに痛い――これぞ小説の力だ。

「黒い雨」
井伏鱒二《いぶせますじ》 1898～1993

一瞬で広島の街は焼け、放射能のなか人々はさまよう。黒い雨にうたれただけで原爆病に蝕まれてゆく悲劇の実相を直視し、無言のいたわりで包みながら、人間性の問題として鮮やかに描く。被爆という世紀の体験を、日常の暮らしの中に文学として定着させた記念碑的名作。

620円　ISBN978-4-10-103406-5
い-4-6

この主人公は自分だ、と思う人とそうでない人に、日本人は二分される。

「人間失格」
太宰 治《だざいおさむ》 1909～1948

「恥の多い生涯を送って来ました」。そんな身もふたもない告白から男の手記は始まる。男は自分を偽り、人を欺き、取り返しようのない過ちを犯し、「失格」の判定を自らにくだす。人には秘した本当の自分を許せるのか。人が人として、人とともに生きる意味を問う、問題作。

300円　ISBN978-4-10-100605-5
た-2-5

●重要な単語

鎌倉《かまくら》　Kamakura
慕《した》う　to become deeply attached to; to adore
最早《もはや》～ない　no longer
遺《のこ》す　to leave behind (in death)
悲劇《ひげき》　tragedy

一瞬《いっしゅん》　an instant
広島《ひろしま》　Hiroshima
放射能《ほうしゃのう》　radioactivity
さまよう　to wander about (aimlessly)
原爆病《げんばくびょう》　atomic bomb disease
蝕《むしば》む　to undermine; to eat away at
直視《ちょくし》する　to look . . . in the eye; to face up to
被爆《ひばく》　being a victim of an atomic bomb
記念碑的《きねんひてき》　monumental

主人公《しゅじんこう》　main character
恥《はじ》　shame
生涯《しょうがい》　life(time)
告白《こくはく》　confession
手記《しゅき》　private papers
偽《いつわ》る　to lie
欺《あざむ》く　to trick; to deceive
過《あやま》ちを犯《おか》す　to make mistakes
失格《しっかく》　disqualified
判定《はんてい》をくだす　to give a verdict

(1) 原爆《げんばく》の悲劇《ひげき》について書かれた小説《しょうせつ》は？　[　　　　]
(2) お寺に放火《ほうか》をした若い僧《そう》の心理《しんり》について書かれた小説は？　[　　　　]
(3) 太宰治《だざいおさむ》という小説家が書いた小説は？　[　　　　]
(4) 神《かみ》の存在《そんざい》と信仰《しんこう》について考えさせる小説は？　[　　　　]
(5) 少年少女のために書かれた、人間の幸福《こうふく》とは何かを考えさせる作品集は？
[　　　　]

（新潮社「新潮文庫の 100 冊」2011 年版より）

美しいものを汚したい。これを狂気と言いきれますか。

「金閣寺」 三島由紀夫
みしまゆきお 1925 ～ 1970

一九五〇年七月二日、「国宝・金閣寺焼失。放火犯人は寺の青年僧」という衝撃のニュースが世人の耳目を驚かせた。若い学僧の生への呪い、そして金閣の美の魔力に魂を奪われ、ついには幻想と心中するにいたる悲劇……。鬼才三島が告白体の名文に綴った不朽の金字塔。

580 円　ISBN978-4-10-105008-9
み-3-8

神様はいるのか？　その問いを、ここまで突き詰めた人たちがいる。

「沈黙」 遠藤周作
えんどうしゅうさく 1923 ～ 1996

キリシタン禁制の時代、日本に潜入したポルトガル人司祭ロドリゴは、信徒たちに加えられる残忍な拷問と悲惨な殉教に直面して苦悩し、背教の淵に立たされる。神とは、信仰とは、救済とは、背教とは――。キリスト信仰の根源的な主題に、切実な問いを投げかける不朽の長編。

540 円　ISBN978-4-10-112315-8
え-1-15

けっしてふりむいてはいけない、必ず、そんな時がきます……。

「蜘《く》蛛《も》の糸・杜《と》子《し》春《しゅん》」 芥川龍之介
あくたがわりゅうのすけ 1892 ～ 1927

地獄に落ちた男が、つかんだ救いの糸。ところが自分だけが助かりたいという欲のために、再び地獄に落っこちる「蜘蛛の糸」。大金持ちになることに愛想がつき、平凡な人間として自然のなかで生きる幸福をみつけた「杜子春」。人間性豊かな少年少女のために書かれた作品集。

340 円　ISBN978-4-10-102503-2
あ-1-3

●重要な単語

汚《よご》す　to sully; to dirty; to violate
狂気《きょうき》　madness; insanity
国宝《こくほう》　national treasure
金閣寺《きんかくじ》　the Golden Pavilion
焼失《しょうしつ》　burned down
放火犯人《ほうかはんにん》　arsonist
青年僧《せいねんそう》　young monk
衝撃《しょうげき》　shock(ing)
呪《のろ》い　curse
魔力《まりょく》　magic
魂《たましい》を奪《うば》う　to bewitch; to captivate
幻想《げんそう》　fantasy; illusion
心中《しんじゅう》する　to commit suicide together

問《と》い　question
突《つ》き詰《つ》める　to probe into
キリシタン禁制《きんせい》　ban on Christianity
潜入《せんにゅう》する　to sneak into
司祭《しさい》　priest
信徒《しんと》　believers
残忍《ざんにん》な拷問《ごうもん》　brutal torture
悲惨《ひさん》な殉教《じゅんきょう》　pitiable martyrdom
苦悩《くのう》する　to be in anguish
信仰《しんこう》　faith
救済《きゅうさい》　salvation
根源的《こんげんてき》な主題《しゅだい》　root themes
長編《ちょうへん》　full-length (novel)

地獄《じごく》　hell
救《すく》い　help; salvation
糸《いと》　thread; line
欲《よく》　greed
蜘蛛《くも》の糸《いと》　spider's thread
愛想《あいそ》がつく　to lose interest in
平凡《へいぼん》な　ordinary
作品集《さくひんしゅう》　collection (of works)

(6)　この６冊《さつ》の中で、一番安い文庫本は？　[　　　　]
(7)　６人の小説家の中で、亡《な》くなったのが一番遅《おそ》い人は？　[　　　　]
(8)　特別なカバーがついている文庫本のタイトルは？　[　　　　]
(9)　実際《じっさい》に起きた事件《じけん》をもとに書かれた小説は？　[　　　　]
(10)　親友《しんゆう》と同じ女性を好きになり、友情《ゆうじょう》と恋《こい》のどちらを選ぶべきか苦《くる》しむ小説の値段《ねだん》は？
[　　　　]

練習 8

お箸《はし》の使い方の説明《せつめい》です。質問に答えなさい。〈8分〉

The following is an explanation of how to use chopsticks. Answer the questions about it. <8 minutes>

毎日使う箸だから、知っておきたい知識があります。

手に合ったお箸を選ぶから、使い易くなります。

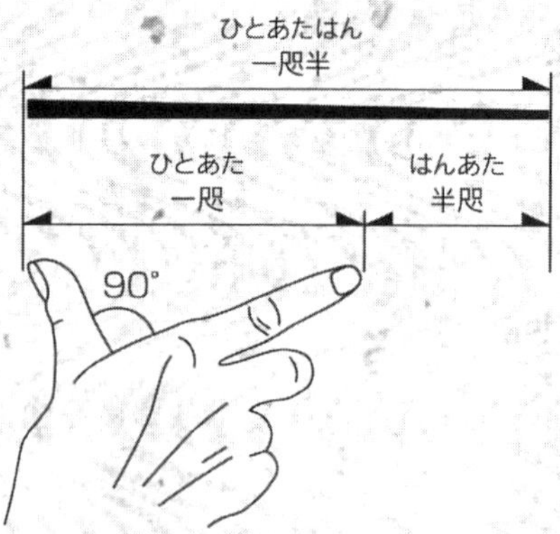

箸のサイズと年齢

●13cm（2歳）●14cm（3歳）●15cm（4歳）●16cm（5歳）●17cm（小学1～2年）
●18cm（小学3～4年）●19cm（小学5～6年）●20cm～（中学1年～）
●成人男性 23cm～24cm ●成人女性 21cm～22cm

※上記の年齢はあくまでも一般的なものです。手の大きさや指の長さは個人差がございます。特にお子さまのお箸をお選びになる際は上図の方法で、手に合った長さのお箸をお選び下さい。

正しく持つから、上手に使えます。

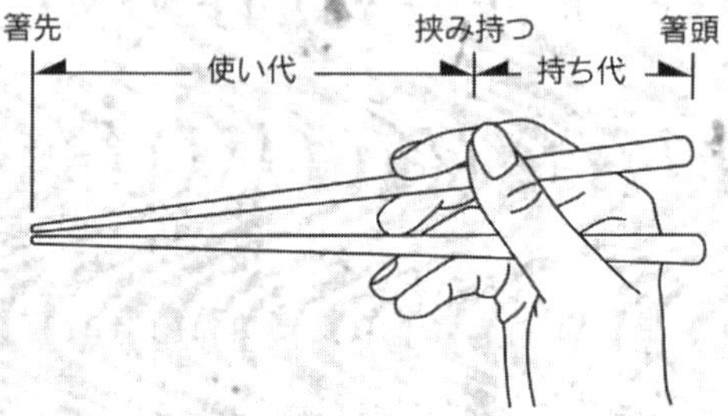

上の箸を親指・人差指・中指の3本で持ちます。下の箸は薬指の先端と親指の付け根でしっかりと固定します。食べ物をつまむ時は上の箸を動かします。ポイントは上の箸を鉛筆と同じ様に持つ事です。

（「銀座夏野」パンフレットより）

●重要な単語

- 知識《ちしき》　knowledge; information
- ～易《やす》い　easy to ~
- 年齢《ねんれい》　age
- 成人《せいじん》　adult
- 指《ゆび》　finger
- 個人差《こじんさ》　personal difference
- ～際《さい》＝～時《とき》
- 箸先《はしさき》　tip of the chopstick
- 親指《おやゆび》　thumb
- 人差《ひとさ》し指《ゆび》　pointer finger
- 中指《なかゆび》　middle finger
- 薬指《くすりゆび》　ring finger
- 先端《せんたん》　the tip
- 付《つ》け根《ね》　base
- 固定《こてい》する　to fix (in place); to hold steady
- つまむ　to pick up
- 鉛筆《えんぴつ》　pencil

<お箸《はし》のマナー>

してはいけないお箸の使い方

箸渡《わた》し：自分の箸から他《ほか》の人の箸に食べ物を移《うつ》すこと。

立て箸：ご飯の中に箸を立てること。

迷《まよ》い箸：どの料理を食べようか迷って、料理の上で箸をあちこち動かすこと。

指《さ》し箸：食事中に箸で人を指すこと。

寄《よ》せ箸：食器《しょっき》を箸で自分の方に寄せること。

なみだ箸：箸の先《さき》から食べ物の汁《しる》をこぼすこと。

叩《たた》き箸：食器や食卓《しょくたく》を箸で叩くこと。

Photo: PIXTA

●重要な単語

迷《まよ》う　to vacillate; to be indecisive

人《ひと》を指《さ》す　to point at a person

食器《しょっき》　tableware; dishes

寄《よ》せる　to move (a thing) closer

汁《しる》　soup; broth

こぼす　to spill

食卓《しょくたく》　the dining table

(1) 正しい説明に○、正しくない説明に×を入れなさい。

a. (　　) 箸《はし》の長さは親指《おやゆび》と人差《ひとさ》し指を 90 度に開いた長さで決めるとよい。

b. (　　) 大人の男性が使う箸の長さは 22 センチぐらいだ。

c. (　　) 小さい子供は箸が使えないので、幼児用《ようじよう》の箸はない。

d. (　　) 箸を持つ指は３本である。

e. (　　) 箸を使う時は、上の箸と下の箸を同時に動かすとよい。

(2) マナーのよくない箸《はし》の使い方について、質問に答えなさい。

a. 箸で音を出すことを何と言いますか。　[　　　　　　　　]

b. 食べたい料理が入った皿《さら》が自分の前にない時、その皿を箸を使って近くに持ってくることを何と言いますか。　[　　　　　　　　]

c. 箸で挟《はさ》んだ食べ物を、一方の人がまた箸で挟んで受け取ることを何と言いますか。　[　　　　　　　　]

d. いろいろな食器《しょっき》の上でいろいろな方向《ほうこう》に箸を動かすことを何と言いますか。　[　　　　　　　　]

練習 9

天気予報《よほう》の記事《きじ》です。質問に答えなさい。〈5分〉

The following is a weather forecast. Answer the questions about it below. <5 minutes>

年末年始の天気
日本海側大荒れ

気象庁は28日、年末年始(29日~来年1月4日)の天気予報を発表した。全国的に曇りや雪、雨の日が多く、30日から元日にかけ、北日本(北海道、東北)の日本海側を中心に大荒れの天気となる見込み。大雪注意報や交通機関の乱れに、同庁は警戒を呼び掛けている。初日の出は太平洋側の平野部で期待できるという。気温は全国的に平年より低く、寒さの厳しい年末年始となりそうだ。

年末年始のお天気(数字は24時間の降水確率)

	29 土	30 日	31 月	1 火	2 水	3 木	4 金
札幌		80	80	60	50	70	60
仙台		60	50	40	50	40	20
新潟		80	80	60	70	70	50
東京		70	20	20	20	20	20
名古屋		70	20	20	30	30	20
大阪		60	30	30	30	30	30
広島		60	30	30	30	30	30
高松		60	30	30	30	30	30
福岡		60	30	50	40	40	40
鹿児島		70	40	30	30	30	30
那覇		70	40	40	40	40	50

晴 曇 雪 晴のち曇 晴のち雨 曇のち晴 曇のち雨 曇のち雪 雨のち曇 晴一時・時々雪 晴一時・時々曇 曇一時・時々晴 曇一時・時々雨 曇一時・時々雪 晴一時・時々雨

初日の出 太平洋側の平野部で期待

同庁によると、低気圧が発達しながら北日本を通過するのに加え、冬型の気圧配置も強まる。日本海側は雨や雪の日が多く、特に北日本の日本海側では暴風雪や大雪への警戒が必要という。

一方、太平洋側は気圧の谷の影響で雲が広がりやすいものの、平野部では31日以降は晴天に恵まれるところもある。海上も荒れ模様で、山も30日から31日にかけて天気が急変しやすいという。

元日の各地の予想最低気温は平年より厳しい冷え込みとなりそう。札幌で平年を3度以上下回るマイナス9度。仙台同1度、東京3度、名古屋同1度、大阪1度、福岡2度と予想している。

(日本経済新聞・2012年12月29日)

●重要な単語

日本海側《にほんかいがわ》 the Sea of Japan side (of the country)
大荒《おおあ》れ severe storms
太平洋側《たいへいようがわ》 the Pacific Ocean side (of the country)
平野部《へいやぶ》 the plains
期待《きたい》 expectations; hopes
降水確率《こうすいかくりつ》 probability of rainfall
気象庁《きしょうちょう》 Japan Meteorological Agency
平年《へいねん》 the average year
予想最低気温《よそうさいていきおん》 predicted low temperature
冷《ひ》え込《こ》み drop in temperature; a freeze
下回《したまわ》る to fall short of

(1) この記事はいつの天気を予報したものか。 [ ]
(2) この時期《じき》の日本海側《がわ》の天気は? [ ]
(3) 「初日《はつひ》の出《で》」とは何だと思うか。 [ ]
(4) 「初日の出」の見られる場所は? [ ]
(5) 1月1日の東京の天気は? [ ]
(6) 天気マークの下の数字(例:80, 50)の意味は? [ ]
(7) 元日《がんじつ》の仙台《せんだい》の予想気温《よそうきおん》は何度? [ ]
(8) 年末年始《ねんまつねんし》の全国的な気温はどうなる? [ ]

練習 10

「手相《てそう》」の図解《ずかい》と説明《せつめい》です。質問に答えなさい。〈5分〉

The following is an illustration depicting the lines on the palm of a hand and a description of the meaning of each line. Answer the questions below. <5 minutes>

(1) 基本的《きほんてき》には手の平《ひら》にある何本の線《せん》で運勢《うんせい》を見ますか。　[　　　　　　　　]

(2) 性格《せいかく》を見る線はどれですか。　[　　　　　　　　]

(3) 成功《せいこう》に恵《めぐ》まれるというラッキー線はどれですか。　[　　　　　　　　]

(4) 頭の良さを表《あらわ》す線はどれですか。　[　　　　　　　　]

(5) 病気かどうかわかる線はどれですか。　[　　　　　　　　]

(6) 体力や健康《けんこう》、寿命《じゅみょう》についてわかる線はどれですか。　[　　　　　　　　]

(7) 金持ちになるかどうかを見る線はどれですか。　[　　　　　　　　]

(8) どんな結婚《けっこん》生活をおくるかわかる線はどれですか。　[　　　　　　　　]

＊友だち同士《どうし》でお互《たが》いの手相《てそう》を見てみましょう。

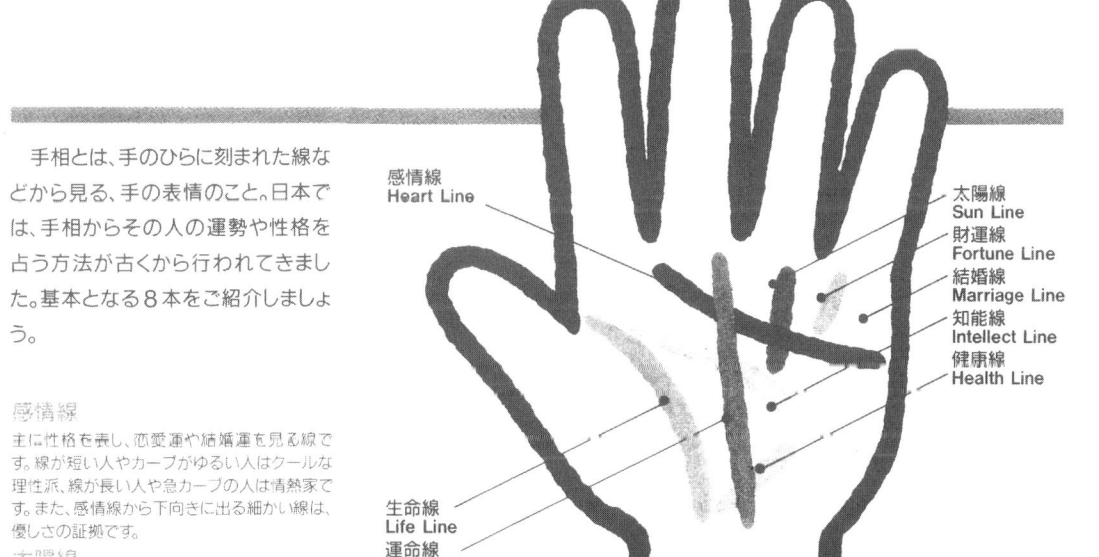

手相とは、手のひらに刻まれた線などから見る、手の表情のこと。日本では、手相からその人の運勢や性格を占う方法が古くから行われてきました。基本となる８本をご紹介しましょう。

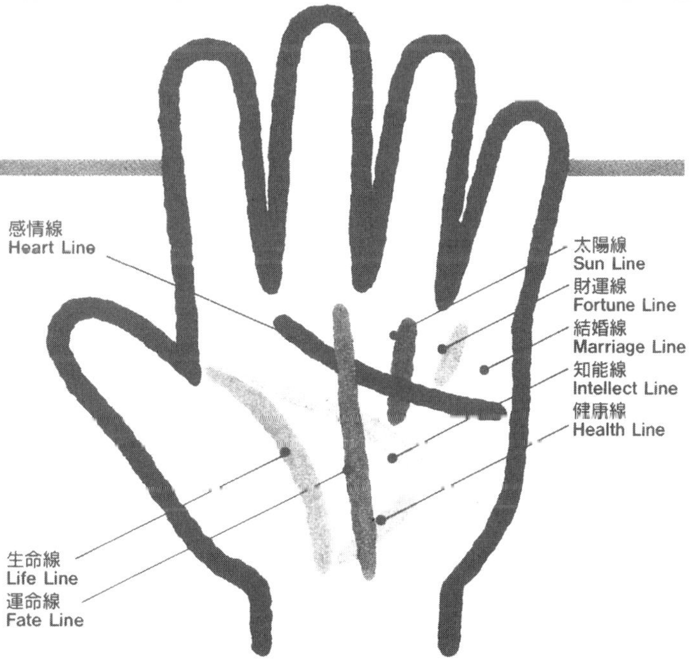

感情線

主に性格を表し、恋愛運や結婚運を見る線です。線が短い人やカーブがゆるい人はクールな理性派、線が長い人や急カーブの人は情熱家です。また、感情線から下向きに出る細かい線は、優しさの証拠です。

太陽線

薬指の付け根あたりに縦に刻まれた線で、誰の手にもある線ではありません。この線がくっきり出ていると、名声、知名度、金運、人気など、成功に恵まれるというラッキーな線です。

財運線

小指の付け根に向かって上る縦の線で、現在の金運や商売運を表します。財運線がまっすぐにはっきりと入っている人は、金運に恵まれ商売も繁盛します。

結婚線

結婚や恋愛の状態を表す線です。ほとんどの場合、2〜4本ありますが、そのなかで特にはっきり刻まれた線が大恋愛や結婚を示します。1本だけくっきり刻まれた結婚線は、愛する人と幸福な家庭を築く印です。

知能線

理解力や判断力、考え方や性格、才能を表す線です。知能線が短い人は行動力、決断力に優れ、長い人は思慮深く、緻密な頭脳を持つといわれます。

生命線

体力、健康、寿命などの生命力をはじめ、人生全体を表す線です。太くはっきりとした、彫りの深い生命線を持つ人は、体力があるといわれています。また、線のカーブが大きいほど理想的です。

運命線

主に社会的な運勢や人生の転換期を表します。まっすぐな1本の線ばかりではなく、ずれていたり、枝分かれしているものも多いのです。これが職業や住居の変化、結婚など人生の転機を示します。

健康線

何らかの体の障害を表す線で、本当に健康な人には出ないといわれています。この線が切れ切れになっている場合、胃腸が弱っていることを示します。健康線は予防や治療によって変化する線でもあります。

（メイク・フレンズ・フォー・ジャパン・キャンペーン事務局刊『Hello Japan 1994・1995年版』より）

第II部

実践編《じっせんへん》

　さあ、いよいよ実際の新聞・雑誌・インターネットなどの記事《きじ》やエッセイを読んで、必要な情報を読み取ってみましょう。それぞれのタスクにいろいろな読み物を用意しましたので、指《し》示《じ》に従《したが》いながら、順番《じゅんばん》に問題を解《と》いていってください。難しい内容のものもありますが、基《き》本《ほん》技《ぎ》術《じゅつ》編《へん》で学んだ速読の技術を使いながら、わからないところは推測《すいそく》して、次に進んでください。基《き》準《じゅん》所要《しょよう》時間を参考に、なるべく速く必要な要素《ようそ》を読み取るようにしましょう。細《こま》かいところばかり気にしていると、全体を正確に見ることができないので、気をつけてください。

Practical Exercises

Now you should be ready to read newspaper and magazine articles as well as essays, and extract from them important information. There are several kinds of texts for each task that follows. Complete them in order. Some of the tests may be difficult, and even if you do not completely understand the text, use strategies learned in Section 1 to make inferences as you read. Pay attention to the suggested reading time for each text. Try to grasp only the main points as quickly as possible. Avoiding too much attention to trivial details that would prevent you from comprehending the text as a whole.

1. 必要な情報を取り出す
Extracting Specific Information

●問題1●

カップ焼《や》きそばのふたです。(　　　) に**必要な情報を書きなさい。〈5分〉**

(画像提供：日清食品ホールディングス(株))

●重要な単語

- 湯切《ゆぎ》り時《じ》に　when draining the water
- はがす　to peel off
- 湯切《ゆぎ》り口《ぐち》　opening for draining water
- 熱湯《ねっとう》　boiling water
- 注《そそ》ぐ　to pour
- フタのふち　edge of lid
- 矢印《やじるし》　arrow symbol
- 点線《てんせん》にそって　along the dotted line
- 目安量《めやすりょう》　recommended amount
- やけど　burn
- 電子《でんし》レンジ　microwave
- ～不可《ふか》　do not use ~
- 移《うつ》り香《が》　an absorbed smell
- 小袋《こぶくろ》　packet
- (お)取《と》り忘《わす》れ　forgetting to remove
- 調理方法《ちょうりほうほう》　preparation instructions
- 内側《うちがわ》の線《せん》　inside line
- 傾《かたむ》ける　to tilt
- 混《ま》ぜ合《あ》わせる　to mix
- 窓口《まどぐち》　customer address
- 現品《げんぴん》　actual item
- 外装《がいそう》フィルム　plastic wrapping
- 保管《ほかん》　save

(1) 容器《ようき》に熱湯《ねっとう》を入れてからかかる時間は？　(　　　　　　　　　　)

(2) お湯《ゆ》を入れる前に容器から取り出す物は？　(　　　　　　　　　　)

(3) 湯切《ゆぎ》り口は何をするためにある？　(　　　　　　　　　　)

(4) ソースを入れてからすることは？　(　　　　　　　　　　)

(5) この焼きそばを作る時に、注意することは？　(　　　　　　　　　　)

(6) この焼きそばを作る時に、使ってはいけないものは？　(　　　　　　　　　　)

(7) この焼きそばについての相談窓口《そうだんまどぐち》のある都市は？　(　　　　　　　　　　)

●問題 2●

記事を読んで（　　　）に情報を書きなさい。〈3分〉

【世界陸上】

ポニーテールでメダル逃す　女子走り幅跳びのイワノワ

2011.9.4 00:56

国際スポーツ記者協会（ＡＩＰＳ）の公式サイトは3日、女子走り幅跳び決勝（8月28日）で4位だったイワノワ（ベラルーシ）が髪形のせいで金メダルを逃していたと伝えた。

イワノワは約6メートル９０の大ジャンプを成功させたかに見えたが、イタリアのテレビ局の映像は着地の際に後ろに垂れた長いポニーテールが砂につく場面を捉えていた。

結果は6メートル７４。優勝したリース（米国）が6メートル８２だっただけに、髪形が原因で金メダルと賞金6万ドル（約４６０万円）を逃した格好になった。（共同）

世界陸上の女子走り幅跳びで４位だったベラルーシのイワノワ＝８月２８日、韓国・大邱（ロイター）

写真：ロイター＝共同

（MSN 産経ニュース·2011 年 9 月 4 日／共同通信配信）

●重要な単語

逃《のが》す　to miss out on	映像《えいぞう》　footage	砂《すな》　sand
走《はし》り幅《はば》跳《と》び　long jump	着地《ちゃくち》　landing	捉《とら》える　to capture
決勝《けっしょう》　the finals	～の際《さい》に　at the time of	優勝《ゆうしょう》する　to win first place
髪形《かみがた》　hairstyle	垂《た》れる　to dangle	賞金《しょうきん》　prize money

(1) イワノワは女子走り幅《はば》跳《と》びで何位だったか　（　　　）位

(2) イワノワが実際に跳《と》んだ距離《きょり》は　（　　　）メートル（　　　）センチ

(3) 優勝《ゆうしょう》したリースが跳んだ距離は　（　　　）メートル（　　　）センチ

(4) イワノワの公式《こうしき》の記録《きろく》は　（　　　）メートル（　　　）センチ

(5) イワノワが失《うしな》ったものは　（　　　　　）と（　　　　　）

(6) イワノワはなぜ優勝できなかったか

（　　　　　　　　　　　　　　　　　　　　　　）

●問題 3●

右のページは、東京の江東区《こうとうく》のごみの出し方を説明したチラシです。(　　　)に必要な情報を書きなさい。〈10 分〉

(1) ごみは、決められた日の朝何時までに出さなければいけないか。(　　　　時　)

(2) それぞれのごみが収集《しゅうしゅう》される回数《かいすう》を書きなさい。

a. 燃《も》やすごみ　(　______週間に______回　)

b. 燃やさないごみ　(　______週間に______回　)

c. プラマークのついたごみ　(　______週間に______回　)

d. 新聞・雑誌・びん・缶《かん》など　(　______週間に______回　)

(3) 燃やすごみは、どんなものに入れなければいけないか。
(　　　　　　　　　　　　　　　　　　　　　　　　　　　　)

(4) プラマークのついたごみには、どんなものがあるか。(3つ)
(　　　　　　　　　)(　　　　　　　　　)(　　　　　　　　　)

(5) びんや缶をごみに出す前に、何をしなくてはいけないか。
(　　　　　　　　　　　　　　　　　　　　　　　　　　　　)

(6) 燃やさないごみの収集日は、どこに書いてあるか。　(　　　　　　　　　　　　)

(7) 割《わ》れた食器《しょっき》や刃物《はもの》などを捨《す》てる時、しなければいけないことは何か。
(　　　　　　　　　　　　　　　　　　　　　　　　　　　　)

(8) 粗大《そだい》ごみになるごみの大きさは、どのぐらいか。　(　　　　　　　　　　　　)

(9) 古くなった冷蔵庫《れいぞうこ》を処分《しょぶん》したい。どこに連絡《れんらく》したらいいか。(　　　　　　　　　　　　)

(10) 江東区《こうとうく》のごみの処理《しょり》について質問したい。何番に電話すればいいか。(　　　　　　　　　　)

●重要な単語

資源《しげん》　recyclables
収集日《しゅうしゅうび》　collection day
容器《ようき》　container
包装《ほうそう》　packaging
中身《なかみ》　contents
袋《ふくろ》　bag
ふたつき　lidded
目印《めじるし》　sign
汚《よご》れ　dirt
油分《ゆぶん》　oil
商標《しょうひょう》ラベル　(commercial) label
値札《ねふだ》シール　price tag
はがす　to peel off
発泡《はっぽう》スチロール　styrofoam
缶《かん》　can
対象《たいしょう》　target
軽《かる》くすすぐ　to rinse lightly
燃《も》やす　burn(able)
皮革製品《ひかくせいひん》　leather product
隔週《かくしゅう》　every other week
裏面《うらめん》　reverse side
金属製品《きんぞくせいひん》　metal products
〜未満《みまん》　less than ~
小型家電《こがたかでん》　small appliance
陶磁器《とうじき》　ceramics
アルミ箔《はく》　aluminum foil
明記《めいき》する　to write clearly
粗大《そだい》ごみ　oversized garbage
受付《うけつけ》センター　reception center
家電《かでん》リサイクル法対象品《ほうたいしょうひん》　products subject to Home Appliance Recycling Act
清掃事務所《せいそうじむしょ》　sanitation department

江東区 資源・ごみの分け方・出し方

収集日の朝8時までに決められた場所に出してください。

容器包装プラスチック
プラマークの日

曜日

週1回、中身の見える袋または、ふたつきの容器にまとめて入れてください。

プラ マークが目印です。

シャンプー、リンス
などボトル類

ペットボトルや
インスタントコーヒーなどの
キャップ（プラスチック製）

ペットボトルのラベル、
弁当の容器など

レジ袋、外袋

※汚れ・油分を落としてください。

※汚れが落ちないものは、燃やすごみに出してください。

※商標ラベルや値札シールは、できるだけはがしてください。

古紙・びん・缶・ペットボトル
発泡トレイ・発泡スチロール

曜日

週1回、各種類ごとに出してください。

発泡トレイ・発泡スチロール

※つまようじが簡単にささるものが対象です。

※コンテナに入らない発泡スチロールは、
中身の見える袋に入れて出してください。

新聞　雑誌・雑がみ　ダンボール

びん　缶　ペットボトル

※軽くすすいで出してください。

燃やすごみ

曜日

曜日

週2回、中身の見える袋または、ふたつきの容器にまとめて入れてください。

生ごみ　貝がら、卵のから　衣類　紙おむつ　木の枝・草花　紙くず（再生できないもの）

※水切りをする。

※汚物は取り除く。

プラ マークのあるもので、
汚れが落ちないもの。

製品プラスチック
（日用品、おもちゃ）など

靴、かばんなど
ゴム、皮革製品

ビニールホース、
ゴム手袋など

燃やさないごみ

地区

隔週

曜日

2週間に1回です。収集日は、裏面をご確認ください。
中身の見える袋または、ふたつきの容器にまとめて入れて出してください。

プラスチックを含む金属製品

ガラス、陶磁器、金属類

スプレー缶、ライター
カセットボンベ

アルミ箔

30センチ未満の小型家電

※紙などに包んで「キケン」と明記してください。

※中身を使い切ってから
出してください。

粗大ごみ受付センター

※おおむね一辺が30cm以上のもの

電話 03-5296-7000

受付時間 月〜土 8:00〜19:00

インターネット受付

http://sodai.tokyokankyo.or.jp

24時間受付

家電リサイクル法対象品

［エアコン・テレビ・冷蔵庫
冷凍庫・洗濯機・衣類乾燥機］

家電リサイクル受付センター

電話 03-5296-7200

受付時間 月〜土 8:00〜17:00

江東区清掃事務所 電話 03-3644-6216 FAX. 03-3699-9520

※記載内容は 2013 年 4 月 1 日現在

●問題4●

記事を読んで、グラフの □ を埋《う》めなさい。また、（　　　）に情報を書きなさい。〈5分〉

「世界に良い影響」日本トップ

BBC・読売 共同世論調査

英BBC放送が読売新聞社などと22か国で共同実施した世論調査によると、日本が「世界に良い影響を与えている」という評価は58％で、「悪い影響を与えている」は21％だった。

調査は、国際社会に影響を及ぼす16か国と欧州連合（EU）の評価を聞いたもので、「良い影響」は日本が最も高く、ドイツ56％、カナダ53％、英国51％などが続いた。

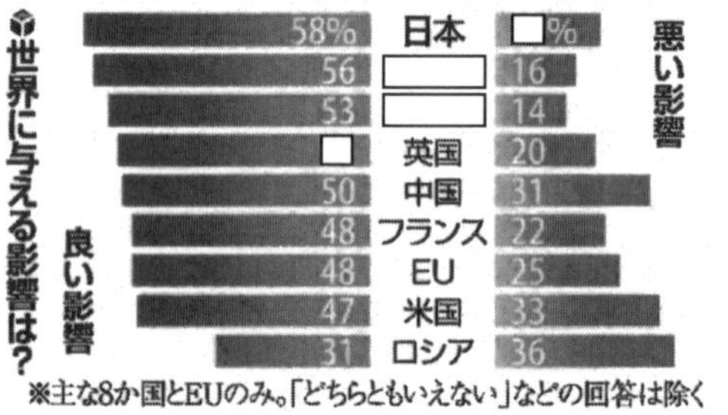

日本が1位になったのは、ドイツと並んでトップだった2008年以来。約1年前の前回調査ではカナダ、EUと同率で3位だった。日本への評価をみると、中国と韓国を除く20か国で「良い影響」が「悪い影響」を上回っている。

「良い影響」で前回1位のドイツが2位、EU48％（前回3位）が6位に後退したのは、欧州での財政・金融危機が影響したとみられる。中国50％は5位（同9位）に上昇した。

「悪い影響」は、イラン55％、パキスタン51％、北朝鮮、イスラエル各50％などの順に高かった。

米国は「良い影響47％―悪い影響33％」だった。

調査は昨年12月から今年2月にかけて面接または電話方式で実施し、計2万4090人から回答を得た。読売新聞社は日本国内分を担当した。

（読売新聞・2012年5月11日）

●重要な単語

影響《えいきょう》　influence	～を除《のぞ》く　excluding ~
実施《じっし》する　to carry out	財政《ざいせい》・金融危機《きんゆうきき》　financial crisis
評価《ひょうか》　evaluation	面接《めんせつ》　interview
～と並《なら》ぶ　along with ~	担当《たんとう》する　to be in charge of
同率《どうりつ》　same percentage	

(1) 日本がトップになったのは、今回と（　　　　）年。

(2) 日本は、前回の調査《ちょうさ》では（　　）位。同じ順位《じゅんい》にはカナダと（　　　　　）。

(3) 日本が世界に良い影響《えいきょう》を与《あた》えていると考えている人より、悪い影響を与えていると考える人の方が多い国は、（　　　　　）と（　　　　　）。

(4) 今回、ドイツやEUの順位が下がった理由は（　　　　　　　　　　）。

(5) この調査に参加した人の数は（　　　　　　）人。

(6) 調査の方法は、（　　　　　）と（　　　　　）。

(7) 日本人の調査を行った会社は（　　　　　　）。

●問題5●

記事を読んで、表《ひょう》の空欄《くうらん》にタイトルを書きなさい。〈5分〉

ビジネスメール 好感度を上げるには

1行を短く、読みやすく

日々の仕事のコミュニケーション手段として、頻繁に使われる電子メール。新入社員にメールの書き方を尋ねられた人も多いだろう。取引先などに好印象を持ってもらうためには、メールでどんな点に気をつければよいか、インターネットで調査した。

1位は「改行と空白をうまく使う」。ビジネスメールに詳しいアイ・コミュニケーション（東京都千代田区）社長の平野友朗さんは「1行が長くなると読みづらい。メールはざっと読んだだけで、内容が分かるほうがいい」という。

レイアウトについては、4位に「箇条書きを多用する」、11位に「【　】や■などのマークを活用」も入った。1日に何通もメールを受け取る人が多い中、読みやすいメールにすることに配慮している人が目立った。「質問に対し、箇条書きで丁寧に説明したら、高評価が得られた」（20代女性）という声もあった。

「受信者が開封するかは、件名と差出人名で決まる」（平野さん）ため、3位の「件名を具体的に書く」は基本だ。「相手にムダな時間を使わせないよう、的確に書く」（30代女性）というように、「結論から書く」（6位）ことに気をつけている人も多かった。

「失敗メールを少なくすれば長期の取引につながる」（50代男性）という意見も。そのために「送信前に読み返す」（3位）、「大事な用件は送信後に電話する」（7位）などに気をつけたい。

メールにはHTMLとテキストの2つの形式がある。HTMLでは重要な箇所に色をつけることができるが、ソフトによっては黒字になってしまうので、テキスト形式の方がよい。

ビジネスマナー研修を請け負うウイズ（東京都港区）代表の西出博子さんは「マナーは決まり事ではなく、相手と状況に応じて変わる。できる限り失礼のないメールを心がけたほうがいい」と話している。

何でもランキング

1	（空欄）	550ポイント	文字がびっしりと詰まったメールは読みづらい。1行20～30文字程度を目安に改行し、2～5行文章が続いたら、空白の行を入れるようにする
2	（空欄）	533	日付や会議の名称など本文の内容がイメージできる件名を付ける。「お知らせ」「こんにちは」では開封を後回しにされることもある
3	（空欄）	402	誤字、脱字、変換ミスがないかチェックする。特に会社名や相手の名前、ファイルが添付されているかは要確認
4	（空欄）	361	大事な用件であっても、長文だと読み飛ばされることもある。特に複数の用件を伝えたり、いくつか質問する場合は箇条書きだと読みやすい
5	冒頭、結びのあいさつを忘れない	226	メールはつい簡略になりがちだが、「お世話になっております」などのあいさつは必要。結びは本文に対応した言葉で締める
6	（空欄）	211	冒頭のあいさつの後はできるだけ簡潔に要点を伝える
7	（空欄）	191	送信ミスや相手が読み忘れることもある。大事なメールは電話でも確認
8	大容量ファイルの送信に注意	188	サイズが大きいファイルは圧縮したり、転送サービスを活用したりする
9	差出人の名前は見落とされないよう漢字に	184	アウトルックはツール→アカウントなどから名前を変更
10	件名に「重要」「至急」などを付ける	166	メールの顔である件名で大事なメールであることを伝える

（日本経済新聞「プラス1」・2011年5月21日）

●問題6●

血液型《けつえきがた》による性格診断《せいかくしんだん》の記事です。下の質問について考えてから記事を読み、右ページの表《ひょう》を完《かん》成《せい》させなさい。〈8分〉（下の質問と右ページの★は時間に含《ふく》みません）

（質問）＊あなたは自分の血液型を知っていますか。（ Yes ・ No ）
＊血液型で性格を判断《はんだん》できると思いますか。（ Yes ・ No ）
＊どうしてそう思いますか。

血液型性格診断は、科学的な根拠のない「エセ科学」と非難されることもしばしばだが……。「免疫学によれば、血液型によってかかりやすい病気とそうでない病気があります。定められた免疫力の違いによって、人類と病気は闘い続けてきました。その結果、4つの血液型の中で最も免疫力が高いO型は、病気を恐れない積極的な性格となり、逆に一番低いAB型は、身を守るために人との距離を保つ、どこかミステリアスな性格に。つまり、血液型による免疫力の差が、性格の違いを生み出していったのです」（藤田さん）。これで堂々と血液型性格診断ができる！

気遣いを忘れない、協調性重視派。
糖尿病や心筋梗塞などの生活習慣病をはじめ、ガンや結核など、とにかくいろいろな病気にかかりやすいのがA型の傾向。伝染病を人にうつさないために周りの人に対してこまやかに気遣い、生活習慣病をストレスで悪化させないために周囲と協調する性格に。A型のルーツ・農耕民族の仕事に、種まきや収穫のタイミング、天候の確認など、几帳面でなければこなせないものが多かったことも見逃せないポイント。

人は人、自分は自分。気ままなB型。
4血液型の中では2番目に免疫力が高いB型。一方で結核や肺炎、サルモネラ菌の食中毒にはかかりやすく、結核にいたってはO型に比べて10％も感染率が高いという結果も。そんなところから、感染を恐れて人の輪に入ろうとせず、人の目よりも自分の価値観を優先する、オタク気質に。枠にとらわれない自由奔放な性格は、インドやウラル地方の遊牧民族から始まったという、B型の起源にも影響されている。

●重要な単語

- 血液型性格診断《けつえきがたせいかくしんだん》 blood type personality test
- 免疫学《めんえきがく》 immunology
- 積極的《せっきょくてき》な proactive
- 距離《きょり》を保《たも》つ to keep one's distance
- 気《き》遣《づか》い consideration
- 協調性《きょうちょうせい》 cooperativeness
- 傾向《けいこう》 tendency
- 伝染病《でんせんびょう》 infectious disease
- 農耕民族《のうこうみんぞく》 agricultural people
- 几《き》帳面《ちょうめん》 meticulous
- 感染率《かんせんりつ》 infection rate
- 価《か》値《ち》観《かん》 values
- 自《じ》由奔放《ゆうほんぽう》な free-spirited
- 遊牧民族《ゆうぼくみんぞく》 nomadic people
- 起《き》源《げん》 origin

体力なら負けない！　開放的な性格。

免疫力が高く病気にかかりにくいため、チャレンジ精神に富んだ性格が特徴。ただし、コレラやペスト、病原性大腸菌など、O型物質を多量に含む菌体には抵抗力が少なく、他の血液型に比べて感染率が高い。自己主張が強く積極的なO型の祖先は、狩りをして獲物の肉を食べる狩猟民族。10万年ほど前にアフリカで誕生したホモ・サピエンスは全員がO型だったといわれ、ハンター気質の人類最古の血液型でもある。

免疫力が低く、人と距離をとる一匹狼。

最も免疫力の低いAB型は、農耕民族（A型）と遊牧民族（B型）との混血から生まれた血液型。この血液型の人はインフルエンザなどの感染症にかかりやすいため、多くの人と会ったり話したりすることを避けてしまいがち。歴史的には、梅毒の流行でAB型人口が減少したこともあり、肉体的な接触にもやや抵抗がある。自らの身を守るため、他人に対して疑い深く、内向的な性格が完成したのだとか。

（「anan」X BRAND 掲載・2010 年 4 月 23 日）

●単語

開放的《かいほうてき》な　open-minded
抵抗力《ていこうりょく》　resistance
狩猟民族《しゅりょうみんぞく》　hunting people
一匹狼《いっぴきおおかみ》　lone wolf
混血《こんけつ》　mixing
感染症《かんせんしょう》　infectious disease
肉体的《にくたいてき》な接触《せっしょく》　physical contact
疑《うたが》い深《ぶか》い　distrustful
内向的《ないこうてき》な　introverted

	性格の特徴《とくちょう》（２つ）	免疫力《めんえきりょく》の強い順《じゅん》	祖先《そせん》は？
A 型	• •		
B 型	• •		
O 型	• •		
AB 型	• •		

★記事に書いてあるあなたの血液型の性格の特徴は、あっていましたか。

（はい）　→　どんなところがあっていましたか。

（いいえ）→　どんなところがあっていませんでしたか。
どの血液型の性格に近いと思いましたか。

●問題７●

記事を読んで、（　　）に答えを書きなさい。〈８分〉

胸打つメッセージ

ミシガン州日本語スピーチコンテスト

リュー・ランコセンさん

ユリア・ハハレヴァさん

三月二十六日（土）に恒例《こうれい》の日本語スピーチコンテストがミシガン州ノバイ市民センターで開催された。このコンテストは毎年デトロイト総領事館主催で行われ、今年で16回目となる。

応募資格は日本滞在経験が１年以下の日本語学習者。当日はミシガン州の高校と大学で日本語を勉強する50名近い応募者の中から、音声と書類《しょるい》選考《せんこう》で選ばれた17名が熱弁をふるった。

今回は、高校の部・大学の部のどちらの優勝者も、一度も日本に行ったことがないとのこと。にも関わらず非常にレベルの高いスピーチを披露し、審査員との質疑応答でも会場を沸《わ》かせた。また、大学の部は１位、２位とも、ミシガン大学の学生が入賞した。

高校の部で１位になったのは、トロイ高校のケルシー・クールさんで、スピーチのタイトルは「変わった私」。ミュージックビデオで日本語と出会い、日本語を通じて多くの友人を得たこと、将来は日本に行ってもっと日本との関わりを持っていきたいという夢を語った。

大学の部で２位に入賞したユリア・ハハレヴァさんは、ロシアで生まれ育ち、子供の時にアメリカに移住して、大学に入ってから日本語を始めた。

スピーチのタイトルは「故郷も国境も越える夢」。「ロシア人特有の憂鬱感《ゆううつかん》」と「日本の恥《はじ》の文化と集団《しゅうだん》意識《いしき》」、「アメリカにおける鬱病《うつびょう》の扱《あつか》い」を比較《ひかく》考察《こうさつ》しながら、心の病の治療《ちりょう》に対する文化面からのアプローチの可能性を述べた。将来は精神科医になる夢を持っているそうだ。

大学の部で優勝したリュー・ランコセンさんのスピーチは「中国語を変えた日本語—和製漢語」。現在の中国語の３割は日本から逆輸入した和製漢語であること。中国語の自然《しぜん》科学《かがく》や社会経済関係の言葉の６割以上が、和製漢語で成り立っていること。また、自分の専門は物理と医療《いりょう》工学だが、和製漢語のおかげで英語よりも日本語で論文を読んだ方が速く理解できることなどを、ユーモアを交えて語った。

和製漢語を中国に紹介した魯迅《ろじん》が仙台《せんだい》で学生生活を送ったことにも触《ふ》れ、「東北が大震災の被害から一日も早く立ち直ることを魯迅《ろじん》先生も祈っているだろう」と述べて、聴衆の胸を打った。スピーチの最後には「漢字は日本と中国にとって深い絆」「日中の共通《きょうつう》文化である漢字の力を借りれば、きっと両国を隔《へだ》てる溝《みぞ》を乗り越えられると信じています」と訴《うった》え、盛大《せいだい》な拍手《はくしゅ》を受けた。

大学の部の優勝者に日米往復の航空券が贈呈されたほか、コンテストの入賞者および参加者全員に、豪華《ごうか》な賞品と楯が贈られた。

(1) いつ　(　　　　　　　　)

(2) どこで　(　　　　　　　　)

(3) 何があったか　(　　　　　　　　　　　　)

(4) 今年は何回目か　(　　　　　　　　)

(5) 全応募者《おうぼしゃ》の人数　(　　　　　　　　)

(6) コンテストに参加した人数　(　　　　　　　　)

(7) 高校の部《ぶ》の優勝者《ゆうしょうしゃ》について：

a. 名前　(　　　　　　　　　　　　)

b. スピーチのタイトル　(　　　　　　　　　　　　)

c. 学校の名前　(　　　　　　　　　　　　)

d. 滞日期間《たいにちきかん》　(　　　　　　　　)

(8) 大学の部の優勝者について：

a. 名前　(　　　　　　　　　　　　)

b. スピーチのタイトル　(　　　　　　　　　　　　)

c. 学校の名前　(　　　　　　　　　　　　)

d. 専門《せんもん》　(　　　　　　　　　　　　)

e. 滞日期間　(　　　　　　　　)

f. 聴衆《ちょうしゅう》の胸《むね》を打《う》ったメッセージで語られた人物の名前

(　　　　　　　　　　　　)

(9) 大学の部の２位入賞者について：

a. 名前　(　　　　　　　　　　　　)

b. スピーチのタイトル　(　　　　　　　　　　　　)

c. 学校の名前　(　　　　　　　　　　　　)

d. 将来《しょうらい》したい仕事　(　　　　　　　　)

(10) 大学の部の優勝者への賞品《しょうひん》　(　　　　　　　　)

●重要な単語

胸《むね》(を)打《う》つ　to be touching
開催《かいさい》する　to hold an event
総領事館《そうりょうじかん》　consulate general
主催《しゅさい》　hosting
応募資格《おうぼしかく》　applicant terms
滞在《たいざい》　stay
熱弁《ねつべん》をふるう　to speak fervently
優勝者《ゆうしょうしゃ》　winner
～にも関《かか》わらず　in spite of ~
披露《ひろう》する　to display

審査員《しんさいん》　judge
質疑応答《しつぎおうとう》　question and answer
入賞《にゅうしょう》する　to win a prize
移住《いじゅう》する　to immigrate to
故郷《こきょう》　hometown
国境《こっきょう》　national border
精神科医《せいしんかい》　psychiatrist
和製漢語《わせいかんご》　coined Chinese word
逆輸入《ぎゃくゆにゅう》する　to reverse-import
魯迅《ろじん》　Lu Xun (Chinese author)

仙台《せんだい》　Sendai (city in Tohoku)
大震災《だいしんさい》　great earthquake
被害《ひがい》　damage
聴衆《ちょうしゅう》　audience
深《ふか》い絆《きずな》　a deep bond
往復航空券《おうふくこうくうけん》　round-trip ticket
贈呈《ぞうてい》する　to present
参加者《さんかしゃ》　participants
賞品《しょうひん》　prize
楯《たて》　shield

●問題 8●

記事を読んで（　　　）に答えを書きなさい。〈10 分〉

ーもある。楽器はギター、ピアノ、トランペットなどがあり、ボーカルがあったりなかったり。CDをかけながら「自分の好きな曲を探してみよう」（EMIミュージック・ジャパンの行方均会長）。気に入った曲が見つかったら、同じ演奏者の別の曲など周辺へ目を向けていけばいい。

聴く時間帯や場所などによって、いいなと感じる曲は違うかもしれない。

「夜のバーでかかっているような曲はありますか」。タワーレコード渋谷店（東京都渋谷区）のジャズ売り場を訪れた30代の男性が店員に相談したところ、すすめられたのがサックス奏者、ジョン・コルトレーン

一方で、「知れば知るほど面白みが増すのがジャズ」と行方さんは言う。

ジャズの100年史は米国の人種・宗教問題やレコードの発展の歴史と重ね合わせることができる。また、なぜか悲劇的で壮絶な人生を送ったジャズミュージシャンが多い。時代背景や演奏時のミュージシャンの境遇など「一歩踏み込むとたくさんのドラマがある」（ジャズ専門誌『ジャズジャパン』の三森隆文編集長）。

流行に左右されにくいので、ゆっくり歴史を学ぶのも楽しみ方の一つだ。

（日本経済新聞「プラス１」・2012 年 12 月 22 日）

A．記事本文について：

(1) ジャズの初心者《しょしんしゃ》にはどんなアルバムがいい？　（　　　　　　　　　　　　　　　　　　）

(2) 気に入った曲《きょく》が見つかったら、次にすることは？
（　　　　　　　　　　　　　　　　　　　　　　　　　　　　　　　　）

(3) 「バラード」というのは誰のアルバム？ 演奏《えんそう》している楽器《がっき》は？
（　　　　　　　　　　　　　　　　　　　　　　　　　　　　　　　　）

(4) 最近増えているアルバムのタイプは？　　　（　　　　　　　　　　　　　　　　　　）

(5) ジャズの CD 売り場には、CD の他にたいてい何が置いてある？
（　　　　　　　　　　　　　　　　　　　　　　　　　　　　　　　　）

(6) ジャズの歴史は何と関係がある？
（　　　　　　　　　　　　　　　　　　　　　　　　　　　　　　　　）

(7) ジャズミュージシャンにはどんな人が多い？
（　　　　　　　　　　　　　　　　　　　　　　　　　　　　　　　　）

名曲を集めたアルバム選ぼう

ミュージシャン名も楽曲も知らない。何から聴けばいい？

　ジャズが米国で生まれて100年あまり。多様な曲があり、楽器もさまざまだ。初心者は何から聴くか迷うところ。おすすめは有名ミュージシャンの代表曲ばかりを1枚に収録したコンピレーションと呼ばれるアルバム。時代を超えて親しまれている名曲や、テレビCMでおなじみの曲などが入っている。

　体が自然に揺れてくるようなリズムもあれば、しっとり哀愁あふれるメロディのアルバム「バラード」。ゆったりとした甘い曲を集めたものだ。

　同店の塩谷邦夫さんは「イメージを店員に伝えて試聴して選ぶとよい」。最近ではクリスマスパーティーやカフェの雰囲気といったシーン別のCDアルバムが増えている。

　売り場にはたいてい名盤の紹介本やジャズの歴史、ミュージシャンなどについての専門書が並ぶ。好きなものを自分の感性で楽しむ

●重要な単語

（記事本文）

名曲《めいきょく》　famous song
収録《しゅうろく》する　to record
演奏者《えんそうしゃ》／奏者《そうしゃ》　musician
試聴《しちょう》する　to preview
雰囲気《ふんいき》　atmosphere
名盤《めいばん》　famous album
人種《じんしゅ》・宗教問題《しゅうきょうもんだい》　issues of race and religion
発展《はってん》　development
悲劇的《ひげきてき》　tragic
壮絶《そうぜつ》な　harsh
境遇《きょうぐう》　circumstances

（図）

開祖《かいそ》　founder
鍵盤《けんばん》をたたきつける　to bang on the keyboard
演奏《えんそう》　musical performance
音色《ねいろ》　timbre

D．左ペ　ジの図について：

(1) きれいで静かなピアノ曲を聞くなら、誰の演奏？ その人の代表的な曲は？

(　　　　　　　　　　　　　　　　　　　　　　　　　　　　　　)

(2) 1930 年代の代表的なジャズの種類、有名なミュージシャンと曲は？

(　　　　　　　　　　　　　　　　　　　　　　　　　　　　　　)

(3) 特に激《はげ》しい演奏をしたミュージシャンは？ その楽器は？

(　　　　　　　　　　　　　　　　　　　　　　　　　　　　　　)

(4) ルイ・アームストロングというミュージシャンが演奏した楽器は？

(　　　　　　　　　　　　　　　　　　　　　　　　　　　　　　)

(5) 様々なタイプの曲を演奏したミュージシャンは？ その楽器は？

(　　　　　　　　　　　　　　　　　　　　　　　　　　　　　　)

(6) チャーリー・パーカーが始めたジャズの種類は？

(　　　　　　　　　　　　　　　　　　　　　　　　　　　　　　)

2. 正《せい》誤《ご》問題

Answering True/False Questions

●問題 9●

正しい文に○、間違っている文に×を入れなさい。〈3分〉

“迷子”インコ、住所しゃべり無事帰宅！

2012.05.02

© あさみ／ PIXTA

神奈川県相模原市のホテルで保護された雄のセキセイインコが、住所を正確に話したのをきっかけに、市内に住む飼い主の女性（64）の元に3日ぶりに戻ったことが2日、分かった。

インコを保護した相模原北署によると、4月29日早朝に自宅を逃げ出し、近くのホテルで利用者の男性の肩にとまった。届け出を受けた同署が鳥かごで保護していると、5月1日深夜に突然、インコが住所を番地まで話し始めた。

同署が話した住所に連絡を取ると、飼い主と分かった。署員は「こんな形で飼い主が判明するなんて」と驚いている。

◇

セキセイインコの飼い主の高橋文江さん（64）＝同市＝が2日、市内で記者会見し「元気そうで安心した。本当に住所を話すなんて」と驚いた表情で話した。

インコは2歳の雄の「ピーコ」。以前飼っていたインコが逃げたことがあり「迷子になっても大丈夫なように」と住所と電話番号を教えていたという。

4月29日に誤って鳥かごを開けたままベランダに出していて飛び去った。再会はあきらめていたという高橋さん。「好物の青葉をたくさん食べさせてあげたい」と顔をほころばせた。

（ZAKZAK･2012年5月2日／共同通信配信）

a.（　　）インコは一週間迷子《まいご》になっていた。
b.（　　）インコを見つけたのは、ホテルに泊まっていた人だ。
c.（　　）インコの飼《か》い主《ぬし》はインコに住所を教えたので、インコが自分の住所を言うことができたのは当然《とうぜん》だと思った。
d.（　　）インコは「ピーコ」という名前で、女の子だ。
e.（　　）「ピーコ」の好きな食べ物は緑《みどり》の野菜《やさい》だ。

● 問題 10 ●

正しい文に○、間違っている文に×を入れなさい。〈3分〉

（47NEWS・2011 年 10 月 6 日／共同通信配信）

ジョブズ氏に「偉大な革新者」　米大統領が哀悼

【ワシントン共同】オバマ米大統領は５日、同日死去した米アップルのスティーブ・ジョブズ前最高経営責任者（ＣＥＯ）を「最も偉大な米国の革新者の一人だった」とたたえ、家族やファンに哀悼の意を表す声明を発表した。

アップルの多機能端末「ｉＰａｄ（アイパッド）」を愛用している大統領はジョブズ氏が「発想を変えることに勇敢で、世界を変えられるとの果敢な信念を持ち、十分な才能があった」とし「世界は先見性のある人物を失った」と称賛。

「地球上で最も成功した会社の一つを築き、米国の創意工夫の精神の好例となった」とし、「人類史上、類いまれな偉業を達成した」と惜しんだ。

a.（　　）オバマ大統領《だいとうりょう》は、ジョブズ氏《し》が死去した次の日に哀悼《あいとう》の意を表《ひょう》した。
b.（　　）オバマ大統領は、ジョブズ氏が米国でたった一人の革新者《かくしんしゃ》だと言った。
c.（　　）オバマ大統領は iPad を持っているが、あまり使ってはいない。
d.（　　）オバマ大統領は、ジョブズ氏には世界を変えられる信念《しんねん》と才能《さいのう》があったと思っている。
e.（　　）オバマ大統領の意見では、アップルは地球《ちきゅう》上で最も成功《せいこう》した会社の一つだ。

● 問題 11 ●

正しい文に○、間違っている文に×を入れなさい。〈3分〉

（ZAKZAK・2012 年 6 月 22 日／共同通信配信）

水星にミッキーマウス！NASAが撮影

2012.06.22

米航空宇宙局（NASA）は22日までに、水星探査機メッセンジャーが撮影した、ミッキーマウスそっくりに見える水星の地形の画像を公開した。NASA提供・共同。

3つのクレーターが重なってできた地形が、大きな顔とミッキーの特徴である丸い2つの耳のように見える。水星の南側にあるマグリットと呼ばれる大きなクレーターの一部で見つかった。

撮影したときは、太陽の光が低い角度から当たっていたため、クレーターのくぼみが際立ち、よりくっきりとミッキーの顔が浮かび上がっていたという。

水星で見つかったミッキーマウスのような地形（NASA提供・共同）

a.（　　）水星《すいせい》にミッキーマウスの顔の形をした地形《ちけい》があった。
b.（　　）この地形を撮影《さつえい》したのは NASA の宇宙飛行士《うちゅうひこうし》だ。
c.（　　）ミッキーマウスの耳の形の部分は、水でできている。
d.（　　）ミッキーマウスの顔の部分のクレーターの名前はマグリットという。
e.（　　）この写真を撮影した時は、太陽《たいよう》はミッキーマウスの真上にあった。

● 問題 12 ●

正しい文に○、間違っている文に×を入れなさい。〈3分〉

（excite ニュース・2012 年 5 月 3 日／共同通信配信）

ＮＹ、ムンクの「叫び」９６億円 絵画落札で史上最高

2012年5月3日 10時59分 (2012年5月3日 11時02分 更新)

【ニューヨーク共同】競売大手サザビーズによると、ノルウェーの画家エドバルト・ムンク（１８６３～１９４４年）の代表作「叫び」の競売が２日夜、ニューヨークで行われ、１億１９９２万２５００ドル（約９６億１千万円、手数料込み）の高値で落札された。同社によると、絵画の競売落札価格としては史上最高という。同社は８千万ドル以上で落札されると予想していた。４点ある「叫び」のうち１８９５年のパステル画。

©interfoto ／アフロ

a. （　　）ムンクの「叫《さけ》び」を競売《きょうばい》した会社はノルウェーにある。
b. （　　）ムンクは 81 歳で亡くなった。
c. （　　）ムンクの「叫び」は、絵画《かいが》としてはこれまでで一番高い値段《ねだん》で買われた。
d. （　　）競売の前に競売会社は、「叫び」は約 96 億円の価格《かかく》になると予想《よそう》していた。
e. （　　）ムンクは「叫び」という絵を１点だけ描《か》いた。

● 問題 13 ●

正しい文に○、間違っている文に×を入れなさい。〈3分〉

（47NEWS・2011 年 12 月 6 日／共同通信配信）

世界一の長寿犬死ぬ　栃木、人間で言えば１２５歳超

世界最長寿の犬としてギネスブックに認定されていた、栃木県さくら市の雄の雑種犬「ぷースケ」が死んだことが６日、分かった。老衰とみられる。２６歳と９カ月だった。

飼い主の主婦篠原由美子さん（４２）によると、人間で言えば１２５歳を超える年齢。ぷースケは最近も朝夕の散歩を欠かさず、餌も元気に食べていた。だが５日朝に体調が急変し、餌を食べず、ぐったりとして息をするにも苦しそうになった。買い物に行った篠原さんが午後１時半ごろ帰宅すると、約５分後に眠るように息を引き取った。

２０１０年１２月、世界最長寿の犬としてギネスブックに認定された「ぷースケ」＝栃木県さくら市

写真：共同通信社

a. （　　）この犬のことは、ギネスブックに載《の》っていた。
b. （　　）この犬はメスだった。
c. （　　）この犬は 125 歳を超《こ》えて死んだ。
d. （　　）この犬は死ぬ前の日まで元気だった。
e. （　　）この犬は誰もいないところで寂《さび》しく死んだ。

● 問題 14 ●

正しい文に○、間違っている文に×を入れなさい。〈5分〉

(web R25·2011 年 11 月 16 日)

高橋さんが同じ職場に二人いたり、名刺フォルダーには佐藤さんの名刺ばかりが目立ったり。そんな経験ありませんか？　他にも田中さん、鈴木さん、山田さんとの遭遇率もかなり高いですよね？

これらのよく見かける名字には、どんな意味やルーツがあるんでしょうか？

「日本で一番多いとされている名字は佐藤さんで、全国に180万人以上。“佐藤”には藤の字が入っているので、藤原氏とのかかわりがあったと考えられます」

名刺交換の際、名字が会話のきっかけになることも。名前に関する豆知識のストックは多いに越したことはない!?

tooru sasaki/PIXTA

（中略）

ほー。それほど古い歴史とかかっているんですね。では佐藤さんの次に多い名字は何で、どのようなルーツが？

「次に多いのは鈴木さんです。こちらは和歌山で生まれた名字で、熊野地方で稲穂をススキと呼んでいたことが関係しているといわれています。この名前が広まったのは、和歌山にある熊野大社を信仰する鈴木氏が布教活動を広く行ったから。今でも和歌山から東日本に鈴木さんが多いのは、北東に向かって信仰を広めていったからです」

確か高橋さんも多い名字だったと思います。こちらはいったいどんなルーツがあるんでしょうか？

「高橋さんはずっと昔に天皇の食膳係として仕えていた一族がルーツではないかという説があります。“高いハシゴ”から変化したもので、天のように高い場所で暮らす人に食膳を届けるという意味かもしれませんね」

なるほど、高い橋ではなく高いハシゴと。それはちょっと想像できなかったです。では田中さん、山田さんは……？

「田中さんや山田さんは、日本全国にまんべんなく多い名字。昔の日本は田んぼと山ばかりでしょうから、様々な地域で派生したんだと思います。ちなみに田中さんと中田さんでは意味合いが少し変わるんですよ。田中さんは広大な田んぼに囲まれた場所を意味しますが、中田さんは“上田・下田”を名乗る里が付近にあったことから生まれたと考えられますので、名字の生まれた地形に違いがあります」

渡辺さん、吉田さん、山本さん…よく見かける名字はまだまだあります。その一つひとつにルーツがあり、さらにトンチのようなひねりのきいた珍しい名字があると思うと、フム、名字の世界はかなり奥が深そうです。

（山葉のぶゆき／effect）

a.（　　）佐藤《さとう》という名字《みょうじ》のルーツは「藤原氏《ふじわらし》」と関係があるようだ。

b.（　　）記事によると、日本で二番目に多い名字は田中だ。

c.（　　）鈴木《すずき》という名字は東日本でよく見られるようだ。

d.（　　）高橋《たかはし》という名字は、高いところにあった橋という意味がルーツだ。

e.（　　）日本には田んぼや山が多いので、田中や山田という名字は日本全国で見られる。

f.（　　）田中と中田の意味は同じだ。

● 問題 15 ●

記事を読んで、正しい答えを選びなさい。〈3分〉

> 漢字の数は
> 何文字あるの
>
> **Q** 常用漢字が200字近く増えて2136字になるそうですが、そもそも世の中に漢字はどのくらいあるものでしょうか。
>
> 教えて!
>
> **A** 中国清代に編まれた康《こう》熙字典や世界最大の大漢和辞典（大修館書店刊）で見出しになっている漢字(親字《おやじ》)は5万字前後。漢字の数はこれがいちおうの目安となりそうです。
>
> ただ、漢字には意味や発音が同じでも字体や細かなデザインが異なるものが膨大にあります。これらを勘定に入れると5万字ではとても済みません。
>
> 世界の文字に「背番号」を付けるユニコードという規格では、すでに7万5000字ほどの漢字が登録されており、今後も追加が予定されています。収載漢字15万以上をうたったパソコン用ソフトウエアも市販されており、5万字を下限として、上限は「?」と言うほかないようです。
>
> 本紙記事で使われた漢字の統計をとったことがあります。2か月で延べ343万字。頻度1位「日」から2000位「釧」までで99・6%を占めていました。日常生活を送っていくうえでは2000字ほどで十分ということでしょう。（校閲部）

（読売新聞・2010 年 8 月 27 日夕刊）

●重要な単語

常用漢字《じょうようかんじ》 general-use kanji	勘定《かんじょう》に入《い》れる to take into account	下限《かげん》 lower limit
見出《みだ》し headline	規格《きかく》 a standard	上限《じょうげん》 upper limit
目安《めやす》 rough estimate	登録《とうろく》する to register	頻度《ひんど》 frequency
膨大《ぼうだい》 huge amount	追加《ついか》 additions	占《し》める to comprise

(1) この記事によると、常用《じょうよう》漢字はもうすぐ何文字になる？

a. 200 字　　b. 2,136 字　　c. 何文字かわからない

(2) 現在ユニコードに登録《とうろく》されている漢字の数は？

a. 150,000 字以上　　b. 約 75,000 字　　c. 何文字かわからない

(3) この記事によると、漢字の数は何文字ある？

a. 50,000 字以下　　b. 50,000 字から 150,000 字　　c. 何文字かわからない

(4) 日本で最も使われている漢字は？

a. 日　　b. 釧　　c. どれかわからない

(5) 日本での日常《にちじょう》生活に必要な漢字の数は？

a. 約 50,000 字　　b. 約 2,000 字　　c. 何文字かわからない

● 問題 16 ●

記事を読んで、下の質問に答えなさい。〈3分〉

ドラえもんで欲しい道具ランキング

ドラえもんで欲しい道具は？

2011.05.16

goo ランキング

ドラえもんで欲しい道具ランキング

1 どこでもドア
2 ［　　　　］
3 ［　　　　］
4 人生やりなおし機
5 もしもボックス
6 タケコプター
7 暗記パン
8 ほんやくコンニャク
9 スモールライト
10 タイムふろしき

大人から子どもまで多くの人に愛されているドラえもん。そんなドラえもんが四次元ポケットから出す道具に憧れたことがある人も多いのではないでしょうか？　そこでドラえもんの道具でみなさんが欲しいと思うのは何か聞いてみました。

1位は皆さんもご存じの《どこでもドア》です。ドアを開けるだけで自分の行きたい場所へ連れて行ってくれる《どこでもドア》は、海外どころか10光年までなら行くことが可能なのだそう。2位にランク・インしたのは《四次元ポケット(スペアポケット)》。ポケットの内側が四次元空間に繋がっており、ここにドラえもんの道具が収納されています。ドラえもんの道具はどれも魅力的で欲しくなるものばかりなので、一つを選ぶよりも《四次元ポケット(スペアポケット)》で全ての道具をゲットしたい！　と思う人が多いのは納得の結果。3位は《タイムマシン》です。のび太くんの勉強机の引き出しの中には時空間が広がっており、そこから《タイムマシン》に乗り込みます。一度でいいから時空を超える旅をしてみたいものですね。

調査方法：NTTドコモ「みんなの声」にて投票を実施
投票数：23959票
投票期間：2011/3/29～2011/4/5

出典：ＮＴＴドコモ iMenu「みんなの声」
（iモードから「iMenu」→「みんなの声」）

(1) ランキングの２位と３位に道具《どうぐ》の名前を入れなさい。

(2)「どこでもドア」で、どこに行けるか。

a. 海外　　b. 自分の行きたい場所　　c. 10光年《こうねん》までならどこでも

(3) この調査はどんな方法で行われたか。

a. NTT ドコモの「みんなの声《こえ》」に投票《とうひょう》をしてもらった。
b. NTT ドコモがアンケートの用紙に書いてもらった。
c. NTT ドコモのサイトにみんなが投票をした。

(4) このランキングの結果は何人の人の意見か。

a. ２万人以下　　b. ２万人以上　　c. 20 万人以上

(5) この調査はどのぐらいの期間《きかん》で実施《じっし》されたか。

a. １週間　　b. 10 日間　　c. ２週間

● 問題 17 ●

記事を読んで、正しい答えを選びなさい。〈3分〉

> ### 鳴り止まぬｉＰｈｏｎｅ　ＮＹフィル演奏妨害に男性平謝り、２日間眠れず
>
> 2012.1.14 16:13
>
> 米名門オーケストラ、ニューヨーク・フィルハーモニックのコンサートで携帯電話のアラーム音を切らず、演奏中断のハプニングを引き起こした男性が「本当にひどいことをしてしまった」と指揮者らに謝罪した。１３日付の米紙ニューヨーク・タイムズが伝えた。男性は後悔の念で２日間眠れなかったという。
>
> 大のクラシック好きという６０～７０歳前後の男性は、２つの会社を経営するビジネスマン。使い始めたばかりのｉＰｈｏｎｅ（アイフォーン）をマナーモードに設定していたが、演奏中に目覚まし時計機能のアラーム音が鳴り始めた。
>
> 指揮者アラン・ギルバート氏は演奏を中断。男性が周囲の聴衆にならい、携帯を触ったところ会場に響いていた音も止まったが、自分の携帯が原因だったことは帰宅時になって分かったという。男性は１２日、ギルバート氏に電話で謝罪し、同氏も受け入れた。（共同）

（MSN 産経ニュース・2012 年 1 月 14 日／共同通信配信）

● 重要な単語

- 演奏《えんそう》　musical performance
- 妨害《ぼうがい》　interference
- 中断《ちゅうだん》　interruption
- 指揮者《しきしゃ》　conductor
- 謝罪《しゃざい》する　to apologize
- 設定《せってい》する　to set
- 聴衆《ちょうしゅう》　audience

(1) 男性はなぜ２日間も眠《ねむ》れなかったのか。

a. 新しい iPhone のマナーモードの設定《せってい》のしかたを知らなかったから。
b. コンサートで引《ひ》き起こした事件《じけん》を非常に申《もう》し訳《わけ》なく思っていたから。
c. iPhone のアラームが２日間も鳴《な》り続けていたから。

(2) 携帯《けいたい》はなぜ鳴ったのか。

a. 男性が携帯をマナーモードに設定《せってい》するのを忘れて、電話がかかってきたから。
b. 男性が携帯をマナーモードに設定するのを忘れて、アラーム音が鳴ったから。
c. 男性が携帯をマナーモードに設定したが、アラーム音が鳴ったから。

(3) 指揮者《しきしゃ》は携帯が鳴った時、何をしたか。

a. 演奏《えんそう》を一時的に止めた。
b. 何もなかったふりをして演奏を続けた。
c. 演奏を中止して聴衆《ちょうしゅう》を帰らせた。

(4) 男性はいつ自分の携帯が原因だったことに気づいたか。

a. アラームが鳴ってすぐ　　b. 家に帰った時　　c. 携帯に触《さわ》った時

● 問題 18 ●

記事を読んで、正しい答えを選びなさい。〈5分〉

義理チョコより有意義　女子社員が始めたバレンタイン募金とは

2011.02.14

「"義理チョコ、あげたつもり・もらったつもり"バレンタイン・チャリティ募金」

共栄火災海上保険(株)(本社・東京都港区、杉山健二社長)では、「"義理チョコ、あげたつもり・もらったつもり"バレンタイン・チャリティ募金」を、今年も実施。集まった募金を、西アフリカ・マリ共和国の難民キャンプへ、支援活動資金として寄付する。

「バレンタイン・チャリティ募金」は、職場で儀礼的に行われていた義理チョコやホワイトデーのお返しに使うお金をもっと有意義な目的に使えないかと1993年、同社の女性社員有志のアイデアでスタート。義理チョコに使う費用の一部を1口500円でチャリティ募金してもらい、NGO「マザーランド・アカデミー・インターナショナル」を通じて寄付を行ってきた。

過去18年間の支援金総額は2441万円を超え、これまで井戸掘り、植林、学校兼医薬品保管庫の建設、昨年はハイチ大地震への支援金としても使われた。

今年は1月31日から今月10日まで、女性社員中心の「ボランティア推進チーム」が募金の呼びかけを行い、砂漠の土地に水田を作る「田んぼを作ろう！　プロジェクト」のための活動資金として贈られる。

(ZAKZAK・2011年2月14日)

(1) 共栄《きょうえい》火災《かさい》海上《かいじょう》保険《ほけん》という会社では、義理《ぎり》チョコを贈《おく》る代わりに毎年何をしているか。

a. チャリティ募金《ぼきん》をしている。

b. バレンタインデーを祝《いわ》っている。

c. ホワイトデーのお返《かえ》しに使うお金を集めている。

(2) この会社では(1)のことをいつからしているか。

a. 2011年から　　b. 1993年から　　c. 1月31日から

(3) (1)のことは、誰が考えたアイデアか。

a. 社長　　b. 女性社員　　c. NGO

(4) 今までにいくらお金が集まったか。

a. 1口《ひとくち》500円　　b. 2,441万円　　c. 2,441万円以上

(5) このお金は何に使われているか。使われていること全部に○をつけなさい。

a. 難民《なんみん》キャンプへの支援《しえん》　　b. チャリティ募金を集めること

c. ハイチ大地震《おおじしん》への支援　　d. 井戸《いど》を掘《ほ》ること

e. 木を植《う》えること　　f. 医薬品《いやくひん》を置いておく建物を建てること

g. 砂漠《さばく》の土地で米《こめ》を作ること　　h. ボランティア推進《すいしん》チームを作ること

● 問題 19 ●

記事を読んで、正しい答えを選びなさい。〈5分〉

ベートーベンの書簡発見＝貧困と病気の苦悩つづる－ドイツ

【ベルリン時事】ドイツ北部のリューベック音楽大学ブラームス研究所は１１日、ドイツ生まれの作曲家ベートーベン（１７７０～１８２７年）の手書きの書簡が発見されたことを明らかにした。貧困や病気で窮状にあった楽聖の苦悩がつづられており、１０万ユーロ（約９８０万円）の価値がある貴重な史料という。

１８２３年７月に滞在先のウィーンからパリ在住の作曲家に宛てた書簡で、この作曲家のひ孫の遺品に含まれていた。黄ばんで一部破損しているものの、保存状態は良好だった。

ベートーベンは書簡で、同年完成した大作「ミサ・ソレムニス」の購入者を探すのを手伝うよう要請。また、自身の目の病気やおいの学費など心配事が重なっていると訴え、「給料が少なく、病気を患っているため、良い運命をつかむには大いに骨を折らなければならない」と嘆いた。一方で、「私宛ての手紙は『ウィーンのＩ・ｖ・ベートーベン』とだけ書けば届く」と記し、自分の名声に自信を示している。（2012/01/12-09:53）

ドイツで発見されたベートーベンの書簡
（リューベック音大ブラームス研究所提供・時事）

●重要な単語

書簡《しょかん》	letter	保存状態《ほぞんじょうたい》	state of preservation
貧困《ひんこん》	poverty	良好《りょうこう》	good
苦悩《くのう》	suffering	購入者《こうにゅうしゃ》	buyer
遺品《いひん》	memento	要請《ようせい》	request
破損《はそん》する	to be damaged		

(時事ドットコム·2012年1月12日／時事通信社提供)

(1) 書簡《しょかん》はどこで発見されたか。

a. リューベック音楽大学ブラームス研究所

b. ペートーベンの滞在先《たいざいさき》のウィーン

c. パリ在住《ざいじゅう》の作曲家《さっきょくか》の子孫《しそん》の遺品《いひん》の中

(2) 書簡はどのような状態《じょうたい》か。

a. 紙が黄《き》ばんでいて、一部破損《はそん》していて、読みにくい状態

b. ベートーベンが書いた時とほとんど変わらない新品状態

c. 紙が黄色くなって一部が傷《いた》んでいるが、かなりいい状態

(3) ベートーベンは書簡で、何をしてくれるように頼《たの》んだか。

a. 給料《きゅうりょう》が少ないので、お金を貸すように頼んだ。

b. 新作を買う人を探すのを手伝うように頼んだ。

c. 目の病気を治《なお》す医者を紹介するように頼んだ。

(4) ベートーベンが悩《なや》んでいないのはどれか。

a. 目の病気　　b. 名声《めいせい》　　c. おいの学費《がくひ》　　d. 給料

● 問題 20 ●

エッセイを読んで、正しい答えを選びなさい。〈3分〉

　当時――つまり、戦争直後は仏蘭西の原書が輸入できるはずはなく、古本屋をさがしても手に入らぬ頃だったから、私は先生の御書斎から原書を拝借するより仕方なかった。読んだ本の印象を先生に申しあげ、先生から次の本を拝借する、先生のお宅が私の大学になった。

　私は本を拝借するだけでなく、自分の人生の悩みや考えをこのお宅で一週に一度、くどくどとお話ししたりしたが、先生は決してイヤな顔はなさらなかった。いつも帰りがけには伺ってよかったという気持だった。

　大学を終えて、先生に就職をしたいのですがとお願いすると、先生は言下にノンとおっしゃった。「君はもの書きになりたいと言っていたじゃないか。就職など必要はない。もの書きになりなさい」

それで私の一生は決った。

（遠藤周作『お茶を飲みながら』（集英社文庫）より）

●重要な単語

当時《とうじ》　at that time
戦争直後《せんそうちょくご》　right after the war
原書《げんしょ》　original publication
輸入《ゆにゅう》　import
古本屋《ふるほんや》　secondhand bookstore
手《て》に入《はい》る　to be able to obtain
頃《ころ》　time
御書斎《ごしょさい》　study
拝借《はいしゃく》する　to borrow
印象《いんしょう》　impression
悩《なや》み　worries
伺《うかが》う　to visit
就職《しゅうしょく》をする　to get a job
言下《げんか》に　promptly
もの書《か》き　writer
一生《いっしょう》　whole life

(1) 筆者は、戦争直後《せんそうちょくご》はどうやって本を手に入れたか。

a. 古本屋で買った。

b. 仏蘭西《フランス》から輸入《ゆにゅう》した。

c. 先生に借りた。

(2) 先生は筆者に何をしてくれたか。してくれたこと全部に◯をつけなさい。

a. 本を貸してくれた。

b. 悩《なや》みや考えを聞いてくれた。

c. 帰りがけに家に来てくれた。

d. 就職先《しゅうしょくさき》を探してくれた。

e. 一生を決めるヒントをくれた。

(3) 「先生のお宅《たく》が私の大学になった」というのはどういう意味か。

a. 先生の家で授業を受けたという意味

b. 先生にいろいろと教えを受けたという意味

c. 先生は家でも大学でも教えていたという意味

4. タイトル・トピック・主題・内容を考える

Creating Titles, Identifying Main Ideas, and Discussing the Content

● 問題 21 ●

(1) **九州《きゅうしゅう》・熊本県《くまもとけん》のPRキャラクター「くまモン」のインタビュー記事です。質問に合うくまモンの答えを下のa～fから選んで（　　）に記号《きごう》を書きなさい。〈3分〉**

くまモン最強《さいきょう》！　ゆるキャラ界に敵《てき》なし？

真っ黒なずんぐりボディーに赤いほっぺ、短い手足を振《ふ》り回《まわ》し子どものようにはしゃぎ回るクマ。九州新幹線《きゅうしゅうしんかんせん》鹿児島《かごしま》ルート全線開業を機《き》に誕生《たんじょう》した熊本県《くまもとけん》のＰＲキャラクター「くまモン」は、関連《かんれん》商品《しょうひん》の年間売り上げが300億円近くに上《のぼ》るなど、県の顔へと大きく成長《せいちょう》した。

ライバルは自分自身《じしん》だモン　くまモンインタビュー

くまモンに、元気の秘密《ひみつ》や今後の目標《もくひょう》などを聞いた。話せないくまモンは、紙に書いて回答《かいとう》してくれた。

Ｑ１：これまでの活動《かつどう》を振《ふ》り返《かえ》ってください。（　　）

Ｑ２：身長《しんちょう》と体重を教えてください。（　　）

Ｑ３：好きな食べ物は。（　　）

Ｑ４：特技《とくぎ》は。（　　）

Ｑ５：くまモン体操《たいそう》や普段《ふだん》の動きがとても機敏《きびん》ですね。こつはありますか。（　　）

Ｑ６：ゆるキャラグランプリで１位になり、全国区《ぜんこくく》の人気者になりました。実感《じっかん》はありますか。（　　）

(MSN産経フォト・2013年3月16日)

くまモンの答え：

a.「ヒミツだモン！」

b.「とってもうれしいモン！熊本《くまもと》だけでなく、福岡《ふくおか》や大阪、東京でもいろんなところから声《こえ》をかけてもらえるようになったモン！感謝《かんしゃ》だモン！」

c.「くまモン体操《たいそう》」

d.「毎日充実《じゅうじつ》しているモン！どんなに疲《つか》れていても、みんなに喜《よろこ》んでもらえたらボクも元気が出るモン！」

e.「いきなり団子《だんご》や馬刺《ばさ》しなどの熊本のうまかモン！」

f.「楽しいことがあると勝手《かって》に体が動くモン！」

(2) ①～④の写真に合うキャプションをａ～ｄから選んで（　　）に記号《きごう》を書きなさい。〈1分〉

①（　　　）

②（　　　）

③（　　　）

④（　　　）

キャプション：

a. 2011年11月、熊本県庁で、ゆるキャラグランプリ優勝《ゆうしょう》の報告《ほうこく》に訪《おとず》れ大勢《おおぜい》の人たちから出迎《でむか》えを受けるくまモン

b. イベントで訪れた公民館《こうみんかん》で、子どもたちと触《ふ》れ合うくまモン

c. ポーズをとる「くまモン」

d.「これからもボクとくまもとけんをよろしくま☆」

● 問題 22 ●

次の記事を読み、質問に答えなさい。〈5分〉

日本で就職活動を行っている留学生1100人を対象としたアンケートによると、日本で就職したい理由に「日本語などの語学力を活かしたいから」と答える留学生が62.0%を占めたという。

日本で何年くらい働きたいかという問いには、「1～3年」（ア%）や「4～6年」（イ%）と期限を切る学生もいたが、一方で「10年以上」（ウ%）「永住したい」（エ%）という留学生も多く、合計すると半数を超えた。

「日本語レベル」苦にする人、わずかオ%

この調査は2012年1月に、パソナグループが「外国人留学生のための合同企業説明会」で実施したもの。就職先の企業を選ぶ基準は「興味のある業界であること」「将来自分のキャリアアップのためのノウハウが学べそうな企業」などが上位で、「給与などの待遇が良い企業」は6位にとどまっている。

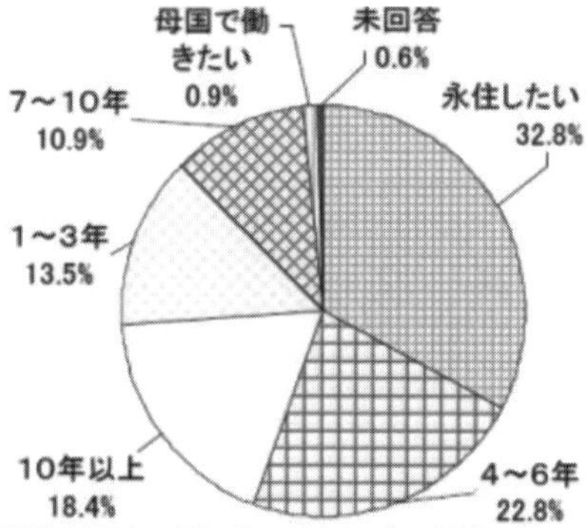

留学生「日本で何年くらい働きたいか」（出典：パソナ）

現在の希望職種は「貿易実務」が48.5%と高く、次いで「通訳・翻訳」「商品・サービス開発」「人事」が続いており、専門性の高い職務への志向が高い。日本で長期間働きたい学生も多く、スキルを身につけたらすぐに母国に帰りたいという留学生ばかりではない。

目を引くのは、就活する上で困っていること（複数回答）について、「企業が求める日本語能力のレベルが高すぎる」と答えた人が、わずか16.7%しかいなかったことだ。母国の文化に詳しい上に、日本語を苦もなく操る留学生は、日本人学生の強力な就活ライバルとなりそうだ。

（J-CAST 会社ウォッチ・2012年4月5日）

● 重要な単語

永住《えいじゅう》する to live permanently	給与《きゅうよ》 salary	目《め》を引《ひ》く to be attractive
苦《く》にする to be troubled over	待遇《たいぐう》 treatment	就活《しゅうかつ》 job hunting
基準《きじゅん》 criteria	希望職種《きぼうしょくしゅ》 desired job field	苦《く》もなく操《あやつ》る to use without difficulty
業界《ぎょうかい》 industry	貿易実務《ぼうえきじつむ》 trading business	

(1) ア～オの［　　］に入る数字を下のA～Fから選びなさい。

A. 32.8%　　B. 22.8%　　C. 18.4%　　D. 13.5%　　E. 16.7%　　F. 10.9%

(2) 本文を読んで、数字を書き取りなさい。

a. アンケートをした留学生の数は？　（　　　　）人

b. 日本語能力《のうりょく》を活《い》かして就職《しゅうしょく》したいと思っている留学生の割合《わりあい》は？　（　　　　）%

c.「貿易実務《ぼうえきじつむ》」の仕事をしたいと思っている留学生の割合は？　（　　　　）%

(3) この記事のタイトルに一番合う文は？

a. パソナグループの「外国人留学生のための合同《ごうどう》企業《きぎょう》説明会」

b. 留学生が日本で働きたい理由と住みたい年数

c. 外国人留学生の就職意識《いしき》のアンケート結果

● 問題 23 ●

次の記事を読み、質問に答えなさい。〈5分〉

2005 年

2013 年

上の2枚の写真は、2005 年と 2013 年にまったく同じアングルから撮られたものです。どちらもローマ法王の就任式。左は 2005 年の前ローマ法王ベネディクト 16 世の就任式で、右は 2013 年の新法王フランシスコ1世の就任式です。群衆の向こうにはバチカンのローマ法王庁があります。

この2枚の写真を見て、どんなことに気がつきますか。右の写真の無数の光は何でしょうか。

この写真は Cult of Mac というアップル情報サイトで公開され、「How Apple Has Changed the World in Just 7 Years」というタイトルがついていました。まさに「百聞は一見にしかず」ですね！アップルの創業者、スティーブ・ジョブズも、あの世でびっくり、にっこりしているでしょう。

(写真：AP/アフロ)

●重要な単語

- ローマ法王《ほうおう》 the Pope
- 就任式《しゅうにんしき》 inauguration ceremony
- ～世《せい》 ~ generation [counter]
- 群衆《ぐんしゅう》 crowd
- 法王庁《ほうおうちょう》 the Vatican
- 無数《むすう》の countless
- 公開《こうかい》する to make public
- 創業者《そうぎょうしゃ》 founder
- あの世《よ》 the afterlife
- 奇跡《きせき》 miracle
- 普及《ふきゅう》する to become widespread
- 短期間《たんきかん》で in a short period

(1) この記事に一番合うと思うタイトルを選びなさい。

a. 二枚の写真から見える アップルが7年で起こした奇跡《きせき》

b. 2005 年と 2013 年 二人のローマ法王《ほうおう》の就任式《しゅうにんしき》の違い

c. アップルが7年間で発売した人気のスマホやタブレット

(2) 「百聞《ひゃくぶん》は一見《いっけん》にしかず」ということわざは、この場合、どういう意味ですか。

a. 写真を見れば、ローマ法王の就任式に多くの人々が集まることがすぐにわかる。

b. 写真を見れば、アップル製品《せいひん》が世界に与えた影響《えいきょう》が大きいことがよくわかる。

c. 写真を見れば、7年間でローマ法王の就任式の写真の撮《と》り方が変わったことがわかる。

(3) この記事が言いたいことは何ですか。

a. アップルは多くの製品を生み出して世界に普及《ふきゅう》させ、短期間《たんきかん》で世界を変えた。

b. アップルのスマホやタブレットでの写真撮影《さつえい》は、簡単で画像《がぞう》もとても美しい。

c. アップル製品が世界中で使われているので、ジョブズがあの世で喜《よろこ》んでいるだろう。

● 問題 24 ●

次の記事を読み、質問に答えなさい。〈5分〉

ことわざに「仏の顔も三度」というものがありますが、この「三度」を「三回」に言い換えて、「仏の顔も三回」と言うことはできるでしょうか？

答えはNOです。なぜなら、「度」と「回」の間には意味の違いがあり、単純に入れ替えることができないからです。「度」は、「回」に比べると度重なる経験や繰り返されることが予測しにくい行為を数える傾向があります。例えば、「太郎には一度会ったことがある」「二度目の優勝」のように、再び太郎に会う保証がない場合、次に優勝することを予測することができない場合には「度」で数えます。一方、「回」は、「三回忌」や「第三回大会」のように、繰り返されることが予測・期待される行為や催しを数えます。

もし、「仏の顔も三回」と言ってしまうと、同じこと（仏の顔をなでる行為）を意図的に繰り返して行うことになり、ことわざとして説得力が無くなってしまいます。わざと計画的に仏を怒らせるわけではありませんので、「三度」を「三回」に置き換えることはできません。

（小学館刊·飯田朝子著『数え方の辞典』より）

重要な単語

- 入《い》れ替《か》える　to replace
- 度重《たびかさ》なる　repeated
- 繰《く》り返《かえ》す　to repeat
- 予測《よそく》する　to predict
- 行為《こうい》　action
- 再《ふたた》び　again
- 意図的《いとてき》に　deliberately
- 置《お》き換《か》える　to substitute

(1)「度」に当てはまる文に「D」、「回」に当てはまる文に「K」を入れなさい。（当《あ》てはまる fit into）

a.（　　　）次に同じことが起きるかどうかわからない時に使う。

b.（　　　）次に同じことが起きることがわかっている時に使う。

c.（　　　）何かを計画的にする時に使う。

d.（　　　）意図《いと》していないことが起きる時に使う。

e.（　　　）予測《よそく》できないことが起きる時に使う。

f.（　　　）決まったことが繰《く》り返《かえ》される時に使う。

(2)「仏《ほとけ》の顔も三度」ということわざは、どういう意味ですか。

a. お寺のやさしそうな仏様《さま》の顔に三度もさわったら、怒《おこ》られる。

b. 仏のようにやさしい人でも、何度も失礼《しつれい》なことをしたら怒る。

c. 仏様はやさしいので、わざと何度も怒らせるのは難しい。

(3) この記事に一番合うと思うタイトルを選びなさい。

a.「仏の顔も三度」と言ったほうがいい。

b.「仏の顔も三回」とは言えない。

c.「仏の顔も三回」と言える？

● 問題 25 ●

次の記事を読み、質問に答えなさい。〈5分〉

　最近、興味深い記事を二つ読んだ。一つは、手で文字を書く方がキーボードで入力するよりも学習効果《こうか》があるという実験《じっけん》の記事だ。紙と手がスクリーンとキーボードに置《お》き換《か》わると、人間の脳《のう》は明らかに働きが落ちるという。実験では、二つのグループに未知《みち》の文字を学習させた。コンピュータを使って記憶《きおく》したグループと紙に文字を書いて覚えたグループで結果を比較《ひかく》したところ、読み書きを通して文字を覚えたグループの方がいい結果が出たという。

　もう一つの記事は、「読みにくい文字」と「読みやすい文字」では、どちらの方が記憶を助けるかを調べた研究に関《かん》するもので、なんと「読みにくい文字」の方が、より情報が定着《ていちゃく》するという結果が出たそうだ。「読みにくさ」が情報を理解し記憶するまでの過程《かてい》を深め、記憶・読解《どっかい》ともに強化《きょうか》させる働きがあるらしい。

　この結果を見ると、電子書籍《しょせき》で読むより紙媒体《ばいたい》で読む方が、より記憶に残り理解も深まるということが推察《すいさつ》できる。なぜなら電子書籍の場合、文字サイズも明るさも調整《ちょうせい》できて読み手にとって非常に読みやすい環境《かんきょう》を作ることができるが、紙の本ではそうはいかない。つまり、紙媒体の方が「読みにくい」からだ。考えてみれば、インターネット上の記事はすぐに探せて楽に読める分、新聞や雑誌で読むより早く内容を忘れてしまうような気もする。

　昨今《さっこん》、学習効率《こうりつ》をあげるために教育現場《きょういくげんば》でのコンピュータ利用が推進《すいしん》されているが、果《は》たして本当に効果があるのだろうか。特に日本語のように文字も含《ふく》めて学ぶ言語の場合には、文字は手で書いて覚え、教科書《きょうかしょ》は電子ブックではなくて紙の本を用いた方が、定着が確実《かくじつ》なように思う。

　学習には多少困難《こんなん》がともなった方が学習効果が上がるのではないだろうか。この二つの記事は、そのことを再認識《さいにんしき》させてくれたような気がする。

(1)　①文中の一つ目の記事に合うタイトルと、②二つ目の記事に合うタイトルを、それぞれ選びなさい。

a. どちらが学習を助ける？「読みにくい文字」と「読みやすい文字」

b. どちらが学習を助ける？「電子書籍《しょせき》」と「紙媒体《ばいたい》」

c.「手書き」と「タイピング」、比《くら》べてみると？

d.「電子ブック」と「紙の教科書《きょうかしょ》」、比べてみると？

(2)　筆者が特に言いたいことは何ですか。

a. 字が下手なことは、文字習得《しゅうとく》が重要《じゅうよう》な言語学習に効果《こうか》がある。

b. インターネットや電子書籍で学習するのは、あまりよくない。

c. 教育現場《きょういくげんば》ではコンピュータを使って学習する方が記憶《きおく》の助けになる。

d. 教育現場におけるコンピュータ利用を再考《さいこう》する必要があるかもしれない。

5. 次に続く内容を予測《よそく》する

Predicting Follow-Up Content

● 問題 26 ●

次に続く内容を予測《よそく》する問題です。基本技術編《きほんぎじゅつへん》で練習したように、なるべく後へ戻《もど》って読まないで、先へ進んでください。〈5分〉

「ペラペラ英語の危険性《きけんせい》」

＊タイトルから、どんなことが書いてあると予想《よそう》できるか。（このタスクは、所要《しょよう》時間には含《ふく》みません。）

久《ひさ》しぶりに日本に帰って、何気なくテレビを見ていたら、あるテレビ局《きょく》で衛星《えいせい》を使ってアメリカの局と討論《とうろん》をする番組をやっていた。その中で、日本側《がわ》の司会者がアメリカ側を相手に、英語でぺらぺらと流暢そうに話を進めているのだが、よく聞いてみると、

（司会者《しかいしゃ》 master of ceremonie (emcee)　流暢《りゅうちょう》そう seems to be fluent）

(1) 次には何が述《の》べられると予測できるか。

a. 日本で英語で討論することについて

b. 日本の司会者の英語の話し方について

c. 日本側の司会者が英語を流暢に話すことについて

（質　quality）

彼はとても下品な言葉使いで話しているのだ。日本人は外国語に弱《よわ》いせいか、ぺらぺらとしゃべれさえすれば、外国語が上手なのだと錯覚する。しかし、これはとんでもない間違いだ。ぎこちない話し方でもきちんと丁寧《ていねい》に話そうとするのと、汚《きたな》い言葉を流暢にしゃべって平気でいるのとでは、

（下品《げひん》な言葉使《ことばづか》い vulgar speech　錯覚《さっかく》する to misunderstand　ぎこちない awkward
きちんと話《はな》す to speak correctly　平気《へいき》：気《き》にしない）

(2) 次にどの文が続くと考えられるか。

a. もちろん、流暢にしゃべるほうがアメリカ人にはよくわかる。

b. ぎこちなく話すのは下手に聞こえて恥《は》ずかしい。

c. 聞いていて、どちらが感じがいいかは言うまでもない。

（感《かん》じがいい agreeable　言《い》うまでもない needless to say）

このことは外国人が日本語をしゃべるときのことを考えればよくわかる。若い外国人が品のない日本語をしゃべって得意そうにしているのはご愛敬と言えなくもないが、ある程度《ていど》年をとっていて、地位もそれなりに見える人が同じことをすれば、

（品《ひん》のない unrefined　得意《とくい》そうに proudly　ご愛敬《あいきょう》 charm　地位《ちい》 status）

(3) 次にどの文が続くと考えられるか。

a. どこでそんな言葉を覚えたのかと人格を疑われるであろう。

b. 元気そうで若さがあっていいと思われるだろう。

c. 英語の上手な人と誤解されるだろう。

(人格《じんかく》 dignity of character　疑《うたが》われる regarded suspiciously　誤解《ごかい》 misunderstanding)

言葉は人間の基本だ。どんな話し方をするかによってその人のイメージが決まることもあれば、言葉そのものがその国の文化を表すことさえある。流暢そうに外国語をしゃべれても、下品な言葉使いでは、コミュニケーションのレベルも知れるし、話の内容の信頼性も下がるというもの。

(基本《きほん》 base　信頼性《しんらいせい》 reliability)

(4) 次にどの文が続くと考えられるか。

a. そのテレビ局の司会者は、コミュニケーションをとるのに失敗《しっぱい》したと言えるだろう。

b. そのテレビ局の司会者は、あまり良くない日本のイメージを与《あた》えてしまっただろう。

c. そのテレビ局の司会者は、流暢な英語のおかげでいい印象を与えただろう。

(印象《いんしょう》 impression)

(5) 筆者が言いたい結論《けつろん》(conclusion) は何だったのか。

a. 言葉は人間の基本なので、外国語が流暢に話せることは大切だ。

b. 言葉は人間の基本なので、どんな話し方をするかで話し手のイメージが決まる。

c. 言葉は人間の基本なので、外国語を話す時は、流暢でなくてもいいから、丁寧《ていねい》な言葉使いできちんと話したほうがいい。

● 問題 27 ●

次に続く内容を予測する問題です。基本技術編で練習したように、なるべく後へ戻って読まないで、先へ進んでください。〈5分〉

(日本経済新聞「春秋」・2011年8月1日)

万の上は億《おく》、億の上は兆《ちょう》、その上は京《けい》。漢字文化圏《けん》では、4ケタごとに数の単位《たんい》が変わる。日常《にちじょう》生活で京を上回《うわまわ》る単位を使うことは、まずない。と思っていたら、最近、澗《かん》という単位をよく目にするようになった。

---

(1) 次にどんな内容が続くと考えられるか。

a. 澗は京と同じ数を表す単位だということ

b. 澗は京よりずっと大きい単位だということ

c. 澗は京よりちょっと小さい単位だということ

京《けい》より 20 ケタ大きい。使い慣《な》れた単位で説明すると、1 澗《かん》は「1 兆《ちょう》の 1 兆倍《ばい》の、そのまた 1 兆倍」。やっぱりピンと来ないが、とても大きい数字には違いない。この単位がよく使われるのは、インターネットの新しい規格について。従来の規格だと、およそ 43 億《おく》しかアドレスを使えないが、

（規格《きかく》 specifications　従来《じゅうらい》の：今までの）

(2) 次にどんな内容が続くと考えられるか。

a. 澗の単位を使うと、アドレスを大幅《おおはば》に増やすことができるということ

b. 澗の単位を使うと、アドレスを無限《むげん》に増やすことができるということ

c. 澗の単位を使うと、アドレスを 1 兆の 1 兆倍に増やすことができるということ

新規格なら 340 澗《かん》も用意できるらしい。背景《はいけい》には「アドレスの枯渇」と呼ばれる問題があるそうだ。既存の規格で使えるアドレスの在庫が、今ではほぼ底をついたという。これまでの規格で使えるアドレスは、もうほとんど残っていないという。インターネットが幅広《はばひろ》く利用されるようになったのは、せいぜい 20 年くらい前からだろう。

（枯渇《こかつ》 depletion　既存《きぞん》の：今までにある　在庫《ざいこ》が底《そこ》をつく be out of stock）

(3) 次にどの文が続くと考えられるか。

a. この間に、40 億《おく》を超《こ》えるアドレスが使い尽《つ》くされたことになる。

b. この間に、インターネットが広く使われるようになったことがわかる。

c. インターネットが利用されるようになってから、20 年たったことになる。

すさまじい普及の勢いだ。幸《さいわ》い、新しい規格で使えるアドレスは枯渇の可能性《かのうせい》がないとみられている。人類《じんるい》の活動能力《かつどうのうりょく》から考えて、無限《むげん》に近い数字なのだそうだ。むしろ心配なのは、インターネットの急速《きゅうそく》な普及にともなうリスクの広がりのようだ。ソニーのシステムから 1 億人分以上の個人情報が流出《りゅうしゅつ》した事件《じけん》のあとも、危険《きけん》を伝える報道《ほうどう》は後を絶《た》たない。

（すさまじい：すごい　普及《ふきゅう》 dissemination　勢《いきお》い momentum　無限《むげん》 lmitless）

(4) この文章で筆者が言いたいことは何か。

a. 今後は使えるアドレスが無限となり、アドレスが流出しても、枯渇を心配する必要はなくなった。

b. インターネットはリスクはあるが、今後は使えるアドレスも心配ないし、社会にとって便利だ。

c. 今後は使えるアドレスがなくなる心配はないが、インターネットの広がりによるリスクが心配だ。

● 問題 28 ●

次に続く内容を予測する問題です。質問に答えなさい。〈3分〉

「十年後」

（グループＳＴ『十年後』(光文社文庫)より）

未来というと、なんでも現在を変える、ないしは変わらなければいけないと思いがちだが、かならずしもそうではない。

（未来《みらい》　future　思《おも》いがち　to be apt to think）

(1) 次には何が述《の》べられると予測できるか。

a. 未来ではたくさんのものが変わってしまうということ

b. 未来でも変わらないものがあるということ

c. 未来は変わらなければならないということ

相も変わらぬことがいくらでもある。この世に男と女がいるかぎり、愛をめぐる葛藤《かっとう》は続き、千年近い昔に書かれた源氏《げんじ》物語や伊勢《いせ》物語を今、読んでも相通じるものがある。こうした情念《じょうねん》の世界は十年先だろうが、百年後だろうが

（相《あい》も変《か》わらぬ　unchanging　葛藤《かっとう》　conflict　相通《あいつう》じる：わかり合える　情念《じょうねん》　passion）

(2) 次にどの文が続くと考えられるか。

a. どんどん変わっている。

b. 少しずつ変わっている。

c. いっこうに変わりがない。

（いっこうに：ぜんぜん）

十年先を予測する場合、とかく何が変わるかという変化のみに着目しがちだが、逆に変わらないことは何か、何がいつまでも残るのかを調べてみることは重要である。

（着目《ちゃくもく》する：気にして見る　逆《ぎゃく》に：反対《はんたい》に）

(3) 次に続く筆者の結論はどれか。

a. 「何も変わりはしないよ」も、一つの立派《りっぱ》な予測だという点を忘れてはならない。

b. その結果、ほとんど何も変わらないという予測はありえない。

c. やはり、多くのものが変わったこと、そして変わっていくことが、予測できるだろう。

● 問題 29 ●

次に続く内容を予測する問題です。質問に答えなさい。〈7分〉

「動物と数」

（矢野健太郎『数学物語』（角川文庫）より［一部改］）

みなさんは、鳥、犬、馬《うま》、さるなどの動物に、数のことがわかるかしらとお考えになったことがありますか。

---

(1) この文章にはどんなことが述《の》べられていると予測できるか。

a. 動物の数え方の種類

b. 動物の数に対する認識力

c. 動物の種類の数

（認識力《にんしきりょく》 ability of comprehension）

それについては、次のようなおもしろい話があります。あるとき、林《はやし》のなかで鳥の巣を見つけた人がありました。鳥のいない留守に近づいてみますと、巣には卵《たまご》が四つありました。そこでその人は、そっと一つの卵を取りさっておきました。しかし巣に帰ってきた親鳥は、四つの卵が三つになっていることにはいっこう気がつかないようすでした。そこでその人はまた、鳥の留守にもう一つの卵を取りさっておきました。するとこんどは、

（鳥《とり》の巣《す》 a bird's nest　留守《るす》に：いない間に　いっこう：ぜんぜん）

(2) 次にどんな内容の文が続くと考えられるか。

a. 鳥が卵の数が少なくなっていることに気がついたこと

b. 鳥は卵が少なくなっていることに、まだ気がつかないこと

c. 鳥が、この人のところへ卵を取り返しに来たこと

巣に帰った親鳥は、卵の数の減っているのに気がついて、これはあぶないと巣を飛びたち、ふたたびその巣には帰ってこなかった、というのです。この話がほんとうだとすれば、

---

(3) 次にどの文が続くと考えられるか。

a. この鳥は、卵の数が減っているのに気がつかず、母性本能がないということになります。

b. この鳥は、卵の数の減っているのに気がつき、とても怒《おこ》ったということになります。

c. この鳥は、四つと三つの区別はできないが、四つと二つの区別ならできるということになります。

（母性本能《ぼせいほんのう》 maternal instinct　区別《くべつ》 distinction）

また外国に次のような話もあります。

---

(4) 次にどんな内容の文が続くと考えられるか。

a. 外国のめずらしい鳥の話

b. 外国にもある、鳥が数がわかるという話の例

c. 外国でもあった鳥の卵を取った人の話

((4)のエピソードは省略《しょうりゃく》)

以上のお話は、ただの伝《つた》え話にすぎませんが、鳥や犬やさるなどに数がわかるかしらという問題はなかなかおもしろい問題ですので、心理学の先生がたがいろいろな実験を行なっています。

(中略)

いろいろな鳥類《ちょうるい》にたいして行われた実験の結果を合わせて考えてみますと、これらの鳥類は、二と一、三と一、三と二、四と一、四と二、四と三ぐらいまでの数の区別ができるようです。いうまでもないことですが、これらの鳥はみなさんがするように

(実験《じっけん》 experiment)

(5) 次にどんな内容の文が続くと考えられるか。

a. 数を数えることができるということ

b. 数を数える鳥がいても珍《めずら》しくないということ

c. 数を数えられるわけではないということ

数を数えることができるのではなく、ただ目で見て、たとえば三と二の区別ができるという意味です。ねずみ、犬、馬などにたいしても、心理学の先生がたはいろいろな実験を行なっています。それらの結果によりますと、これらの動物は、一から三まで、まれには四までの数がわかるといわれています。さらに、さるとチンパンジーにたいして行なわれた実験によりますと、さるは一から三ぐらいまでの数を、チンパンジーは一から五までの数を判断することができたといわれています。

(判断《はんだん》 judgment)

(6) 以上のことから、筆者が言いたい結論は何か。

a. やはりチンパンジーは、動物の中で一番頭がいい。

b. 動物は小さい数字の区別ができるぐらいで、数の概念はないといってよい。

c. 動物はかなり大きい数字まで数えることができることがわかった。

(概念《がいねん》 concept; general idea)

6. 見出しを読む

Reading Headlines

新聞・雑誌・インターネットなどの記事の見出し（ヘッドライン）を見て、記事の内容を推測《すいそく》する練習をします。たくさんある記事の中からどの記事を読むか決める時に、「見出し」は大切な役《やく》割《わり》を果《は》たします。見出しは独特《どくとく》の書き方をするため、何を意味するかを速く正確に理解するには訓《くん》練《れん》が必要です。練習に入る前に、まず日本語の見出しの特徴《とくちょう》について、簡単に学んでおきましょう。

In this section, we practice inferring the content of articles found in newspapers, in magazines and on the Internet from their headlines. When sifting through a large amount of articles, it is headlines that help us decide which to read. Because headlines have a particularized format, learning to quickly and accurately understand what they mean takes practice. Before we begin this practice, let's examine the special characteristics of Japanese headlines and learn a few helpful rules for interpreting them.

（日本経済新聞・2011年3月12日／写真：共同通信社）

この紙面は日本経済新聞の第１面です。どんな特徴が見られますか。話し合ってみましょう。

＜日本語の見出しの特徴《とくちょう》＞ (Special Characteristics of Japanese Headlines)

1. 見出しが大きければ、その記事のニュース価値《かち》が高い。
The bigger the headline, the more newsworthy the article.

2. 横《よこ》書きの見出しの方が縦《たて》書きの見出しよりも重要度《じゅうようど》が高い。
Headlines written horizontally are more important than those written vertically.

3. 新聞の場合、横書きと縦書きの見出しを組み合わせ、読者の目の自然な流れに合わせて記事が配置《はいち》してある。
In newspapers, horizontal and vertical headlines and their articles are arranged together to flow with the natural path of the reader's eye.

4. 黒地に白抜《ぬ》きの文字の見出しは重要度が高い。
Headlines with white text on a black background indicate important articles.

5. 記事の中のキーワードが見出しになることが多い。
Headlines are generally composed of key words from the text of the article.

6. 文を簡潔《かんけつ》にするため、漢語系《けい》の言葉が多い。
Headlines tend to maximize the use kanji compounds in order to be as concise as possible.
(例)「JET プログラム　多くの**親日家《しんにちか》**　**育成《いくせい》**」

7. 助詞《じょし》・助動詞《じょどうし》・述部《じゅつぶ》など、ひらがなで書かれる部分は省略《しょうりゃく》されることが多い。
Particles, auxiliary verbs, predicates of the sentence written in hiragana are often omitted.
(例)「おもしろネコ Youtube 画像《がぞう》　10 万回以上再生《さいせい》」
「津波被害《つなみひがい》　自衛隊救援《じえいたいきゅうえん》　要請《ようせい》」

8. 倒置法《とうちほう》や体言《たいけん》止《ど》め（名詞《めいし》で文を終わらせること）の使用が多い。
Sentences are often inverted, with the predicate first, and headlines ending in nouns are common.
(例)「再び来るか　**大地震《おおじしん》**」「高齢者《こうれいしゃ》使えぬ　**最新スマホ**」
「震災《しんさい》から２年　いまだ 32 万人が**避難《ひなん》生活**」

9. 決まり文句《もんく》や比喩的《ひゆてき》な表現の使用が見られる。
Set phrases and metaphoric language are frequently used.
(例)「米大統領《べいだいとうりょう》　銃規制《じゅうきせい》に**意欲《いよく》**」「首都《しゅと》の**水瓶《みずがめ》**　大**ピンチ**」「夏期《かき》オリンピック**開幕《かいまく》**」
「**ストップ・ザ**・セクハラ」「老舗《しにせ》の観光旅館《かんこうりょかん》　百年の歴史に**幕《まく》**」

10. 記事の内容が未来や過去《かこ》のことであっても、見出しは現在形《げんざいけい》で書かれることが多い。未来や過去の出来事だということを表すためには、言葉を補《おぎな》う。

Regardless of the actual timing of the article's content, the headline is generally written in the present tense; supplemental time words are used to indicate that something happened in the past or will happen in the future.

- 未来のこと：「〜へ」「いよいよ」「近く」「もうすぐ」など

  (例)「選手団《せんしゅだん》　**いよいよ**オリンピック開催地《かいさいち》**へ**」「本格的《ほんかくてき》な寒さ**近く**」

- 過去のこと：「ようやく」「ついに」、過去の時を表す言葉、など

  (例)「テロとの戦争**ついに**終結《しゅうけつ》」「オリンピック開会式《かいかいしき》　現地《げんち》時間**昨夜**《さくや》六時に始まる」

11. 状態《じょうたい》や状況《じょうきょう》を表す言葉が使われているときは、現在を示《しめ》していることが多い。

Words indicating a state or a change of state generally signal that the article is talking about the present.

(例)「**深刻**《しんこく》　地球温暖化《ちきゅうおんだんか》」「出生率《りつ》　ますます**減少**《げんしょう》」「避難《ひなん》生活　**続く**」

12. インターネットの記事の見出しは、言葉の途中《とちゅう》で改行《かいぎょう》されることがある。

The headlines of Internet articles sometimes contain line breaks in the middle of words.

流《なが》れ着いたネコ、対岸《たいがん》から２キロ泳 ぐ？	「失《うしな》った友の分も…」「前へ進んでいる気持ちが大 切」被災地《ひさいち》の新成人《せいじん》

＜見出しによく使われる比喩《ひゆ》表現の練習＞

記事の見出しは短い表現で多くの意味を表そうとするために、「比喩《ひゆ》表現（メタファー）」の使用が多く見られます。比喩表現（メタファー）というのは、何かを何かにたとえる、あることを他の言葉に置《お》き換《か》えて表現するものです。日英共通《きょうつう》のものも多く、英語の意味がそのまま日本語で通じる例は少なくありません。ここでは、比喩表現（メタファー）を理解する練習をしてみましょう。

Because article headlines try to say as much as possible using short expressions, you'll often see figurative expressions being used. Figurative expressions (such as metaphors) compare one thing to something else, such as by replacing one word with another. Japanese and English share many figurative expressions, and oftentimes the English meaning can be directly translated into Japanese. In this section, we'll practice decoding the meaning of figurative expressions.

● 問題 30 ●

見出しに使われる比喩《ひゆ》を練習してみましょう。次の質問に答えなさい。

(1) ①〜⑥の英語の比喩《ひゆ》表現は、日本語でも同じような言い方をします。下の a 〜 f の見出しの下線部《かせんぶ》が①〜⑥のどれにあたるか考えて、(　　) に番号を入れなさい。

① vicious circle	② deep-rooted
③ transparency	④ fetter
⑤ a chill runs down one's spine	⑥ the dark clouds on the horizon

a. (　　) **背筋《せすじ》が凍《こお》った**NY テロ

b. (　　) 電気料金値上《ねあ》げ 景気回復《けいきかいふく》の**足かせ**に

c. (　　) いじめの**悪循環《あくじゅんかん》**断《た》ち切るには

d. (　　) 新薬実験《しんやくじっけん》の**透明性《とうめいせい》**重要

e. (　　) 領土《りょうど》問題の**根深《ねぶか》い**対立表面化《たいりつひょうめんか》

f. (　　) 急激《きゅうげき》な経済悪化《あっか》で新政権《しんせいけん》に**暗雲《あんうん》**

(2) 次の見出しには、日英共通《きょうつう》の比喩表現が入っています。その部分に下線を引《ひ》いてから、見出し全体の意味を英語にしてみましょう。

① 新事業《しんじぎょう》の赤字　数億円

② アフリカからの留学生　遠い祖国《そこく》との架《か》け橋《はし》に

③ アニメコンベンション　好評《こうひょう》のうちに閉幕《へいまく》

④ 自爆《じばく》テロと報復《ほうふく》の連鎖《れんさ》　止《や》まず

⑤ 少子化《しょうしか》原因の一つに核《かく》家族

⑥ 遅《おく》れる賠償《ばいしょう》　原子力《げんしりょく》発電に重い十字《じゅうじ》架

(3) 次の見出しの下線部の比喩表現には、英語に同じような表現はありません。まずはじめに比喩の部分の意味を、それから、見出し全体の意味を、日本語で説明してみましょう。

① 南極《なんきょく》の氷《こおり》溶《と》け出す　地球温暖化《ちきゅうおんだんか》に**警鐘《けいしょう》**

② ケータイ語、**花開く**

③ 友情《ゆうじょう》、言葉の**壁《かべ》**を超《こ》える

④ **受験戦争《じゅけんせんそう》**回避《かいひ》で幼稚園《ようちえん》から私立へ

⑤ 就職活動《しゅうしょくかつどう》中の大学生　**荒波《あらなみ》**に**苦戦《くせん》**

● 問題 31 ●

問題 31 は 3 つのパートに分かれています。それぞれの指示《しじ》に従《したが》って、順番《じゅんばん》に進んでください。

パート 1 **新聞の見出し（ヘッドライン）だけ取り出したものです。ペアあるいはグループで、それぞれの見出しはどんなことを意味しているのか話し合ってみましょう。**

①

山中教授ノーベル賞

iPS細胞を作製

②

「わ」と読むのに「は」

③

「私は日本という女性と結婚」　ドナルド・キーン氏、永住へ帰化手続き

④

警官装った8人組、ダイヤ46億円相当を強奪　史上最悪！　ブリュッセル国際空港

⑤

20代75%「現状満足」

⑥

銃撃された少女　意識を回復

パキスタン　教育の権利訴え被害

⑦

モヒカン世界一に渡辺さん　113センチ、ギネス収録

パート２　**パート１の見出し①〜⑦のそれぞれについて、正しい意味を表している文をa・bから選びなさい。〈５分〉**

見出し①　a. 山中教授《きょうじゅ》が受賞《じゅしょう》したノーベル賞は、iPS 細胞《さいぼう》の作製《さくせい》だ。
　　b. iPS 細胞を作製した山中教授がノーベル賞を受賞した。

見出し②　a. 「は」は、どうして「わ」と発音することがあるのだろうか。
　　b. 「は」と「わ」は、どうして同じ読み方をするのだろうか。

見出し③　a. ドナルド・キーン氏《し》が日本人の女性と結婚して、日本に永住《えいじゅう》するための帰化手《きかて》続《つづ》きを始めた。
　　b. ドナルド・キーン氏は日本と結婚するような気持ちで、日本に永住するための帰化手続きを始めた。

見出し④　a. ブリュッセル国際空港《こくさいくうこう》で、警官《けいかん》に化《ば》けた８人組《ぐみ》が 46 億円分のダイヤを盗《ぬす》んだが、それは史上最高《しじょうさいこう》の被害額《ひがいがく》だった。
　　b. ブリュッセル国際空港で、警官に化けた８人組が、46 億円のダイヤを盗もうとした史上最悪《さいあく》の犯人《はんにん》を捕《つか》まえた。

見出し⑤　a. 20 代の若者の 75％が、今の状態《じょうたい》に満足《まんぞく》していると答えた。
　　b. 現状《げんじょう》に満足していると答えた人たちの 75％が、20 代の若者だった。

見出し⑥　a. パキスタンで女子教育《きょういく》の権利《けんり》を訴《うった》えていた少女が銃撃《じゅうげき》を受け意識不明《いしきふめい》となっていたが、意識を回復《かいふく》した。
　　b. 銃撃を受けて意識不明だった少女が意識を回復して、パキスタンで女子教育の権利を訴える被害《ひがい》を受けている。

見出し⑦　a. 渡辺《わたなべ》さんはギネスに行ってモヒカンの高さが 113 センチになったので、世界一だと言われている。
　　b. 渡辺さんという人のモヒカンのヘアスタイルが世界一の高さになったので、ギネスブックに載《の》った。

●重要な単語

- iPS 細胞《さいぼう》　iPS cells
- 永住《えいじゅう》　permanent residence
- 帰化手続《きかてつづ》き　naturalization procedure
- 警官《けいかん》　police officer
- 装《よそお》う　to pretend
- 強奪《ごうだつ》　heist
- 現状満足《げんじょうまんぞく》　satisfied with status quo
- 銃撃《じゅうげき》　shooting
- 意識《いしき》　consciousness
- 回復《かいふく》　recovery
- 権利《けんり》　rights
- 訴《うった》え　an appeal
- 被害《ひがい》　damage

パート３ A～Gの記事に合うパート１の見出しの番号を（　　）に入れなさい。〈１分〉

A.（　　）

「世界からの支援に感謝」

女性の教育の権利を訴え、武装勢力に銃撃されて意識不明となっていたパキスタンの中学生マララ・ユスフザイさん(15)が意識を取り戻し、立ち上がれるまでに回復した。支援に対する感謝の意を表したという。

搬送された英国中部バーミンガムの病院が19日、記者会見で明らかにした。英ＰＡ通信によると、マララさんは16日に昏睡《こんすい》状態から目覚め、自分がどこの国にいるかをたずねたという。

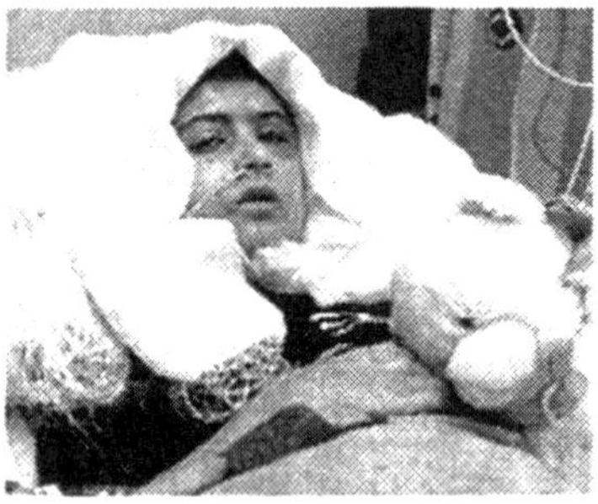

英国で治療を受けるマララ・ユスフザイさん＝ＡＰ

デーブ・ロッサー医長は「危険な状態を脱していないが、経過は順調だ。今朝は支えられながら立ち上がった」と説明。のどに気管切開チューブが入っているが、字を書くことができるようになった。マララさんは容体を公表することに同意し、「支援してくれた世界中の人への感謝」を表明した。

弾丸は、左目の上付近から首を貫き、肩まで達した。脳をかすっており、「あと少しずれていたら助からなかった」（ロッサー医長）という。

女性が学校に通うのを禁じ、学校を破壊する武装勢力におびえながら登校する日々をブログにつづっていたマララさんは今月9日、スクールバスで下校中に乗り込んできた男たちに撃たれた。犯行声明を出した反政府武装勢力パキスタン・タリバーン運動（ＴＴＰ）は、生きていたら再び襲うと警告している。

（ロンドン＝伊東和貴）

（朝日新聞・2012年10月20日）

B.（　　）

日本文学研究で知られる米コロンビア大名誉教授のドナルド・キーンさん（８８）が日本に永住する意思を固め、日本に帰化する手続きを始めたことが１５日分かった。関係者が明らかにした。関係者は「東日本大震災で大変心を痛め、被災者との連帯を示すために永住への思いが固くなったようだ」と話している。

キーンさんは１９２２年、ニューヨーク生まれ。学生時代に「源氏物語」の英訳を読み、日本文化に興味を抱いた。日米開戦後は海軍情報士官として、玉砕した日本兵の遺書を翻訳したり捕虜を尋問。復員後、英ケンブリッジ大、米コロンビア大、京都大で日本文学を学んだ。「日本文学の歴史」「百代の過客」「明治天皇」などの著作で知られる。

２００９年７月、東京都北区の自宅でインタビューに応じるキーン氏

（MSN産経ニュース・2011年4月17日）

C.（　　　）

再生医療実現に道

医学生理学賞　英教授と共同受賞

スウェーデンのカロリンスカ医科大は8日、今年のノーベル医学生理学賞を、京都大の山中伸弥《しんや》教授(50)らに贈ると発表した。皮膚などの体細胞から、様々な細胞になりうる能力をもったｉＰＳ細胞（人工多能性幹細胞）=🔑=を作り出すことに成功した。難病の仕組み解明や新薬開発、再生医療の実現に向けて新しい道を開いた。

日本の受賞は19人目で２０１０年以来。医学生理学賞は利根川進さんに次ぎ25年ぶり2人目。共同で受賞するのは英ケンブリッジ大のジョン・ガードン教授(79)。授賞理由は「成熟細胞が初期化され多能性をもつことの発見」。経済危機の影響で今回から2割減額された賞金８００万スウェーデンクローナ(約９４００万円)は2人で分ける。授賞式は12月10日、ストックホルムである。

皮膚など様々な細胞は１個の受精卵から分かれてできる。受精の直後は体のあらゆる細胞になる「万能性」をもつが、特定の役割を持つようになると、元の状態に戻る「初期化」はしないと考えられていた。

山中さんらはこの生物学の常識を覆した。突破口を開いたのが、ガードンさん。１９６０年代に脊椎《せきつい》動物で初めて体細胞からクローンを作製。オタマジャクシの体細胞から核を取り出し、核を除いた未受精卵に入れると初期化されることを突き止めた。

山中さんは、難しい核移植をしなくても、初期化できることを発見した。06年8月、マウスのしっぽから採った体細胞に四つの遺伝子を導入することで、様々な細胞になりうる能力をもつｉＰＳ細胞を作ったと発表した。07年11月にはヒトの皮膚の細胞でも成功したと発表。すでに特定の役割を持った体細胞を再び受精卵のような万能の細胞に戻す常識破りの成果だった。

それまで「万能細胞」の主役だった胚《はい》性幹細胞（ＥＳ細胞）は、受精卵を壊して作る必要があり、受精卵を生命とみる立場から慎重論もあった。ヒトｉＰＳ細胞はこうした倫理的な問題を回避できる。

ｉＰＳ細胞は、新薬開発への応用が期待されている。様々な病気の患者の細胞からｉＰＳ細胞を作り、神経や肝臓などの細胞に分化させ、薬の候補になる薬剤をふりかければ、効果があるのか、毒性がないのか、調べることができる。

また、ｉＰＳ細胞から神経幹細胞を作って脊髄損傷の患者に移植したり、心筋細胞を心不全の患者に移植したりして、病気を治す再生医療の実現に向けて世界中で研究が進んでいる。

（朝日新聞・2012年10月9日）

D. (　　　)

なぜなに日本語 ⑥

昼間にかわすあいさつの言葉「こんにちは」。電子メールや手紙で使うとき、「こんにちわ」と最後《さいご》の字を「わ」と書いていませんか。

「わ」と発音する言葉は、ふつうはもちろん、そのまま「わ」と書きます。ただし、「趣味《しゅみ》はサッカーです」のように、ほかの言葉に付けて、何について述《の》べているのかを示《しめ》す「は」は例外《れいがい》です。口では「趣味わ…」と言っても、文字では「趣味は…」と書くのが決まりになっています。

「こんにちは」は、「今日《こんにち》はよいお天気ですね」といったあいさつの後半を省略《しょうりゃく》して生まれたとされます。もともとは「今日」という言葉に付けて使われたものなので、「は」と書くわけです。

「こんにちは」だけで使われるようになったため、「わ」と書く方が自然《しぜん》な気がしてしまうのかもしれません。少しくだけて、コンチワと短くしたりコンニチワーとのばしたりして書くときはかまいませんが、正式には「こんにちは」であることを覚《おぼ》えておきましょう。

（用語委員会・関根健一）

イラスト・大高尚子

（読売新聞・2010年5月7日）

E. (　　　)

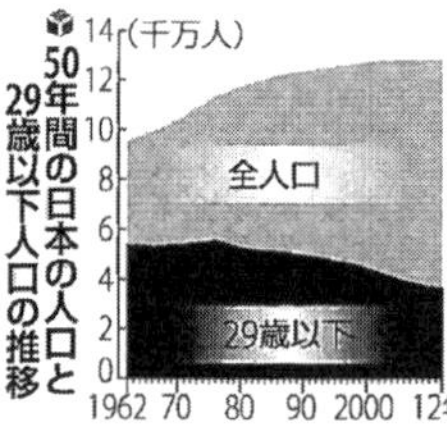

将来に過度な期待せず

今の若者は幸せなのか。内閣府が2012年に行った国民生活に関する世論調査では、20代の75%（男性71%、女性79%）が今の生活に満足していると回答。この割合は、各年代の中で最も高い。10年前の02年の調査で、満足と答えた20代の男性は63%、女性は71%。満足度は上昇している。

東京大学に在籍し、若者論を研究する古市憲寿《のりとし》氏(27)は若者の満足度が高い理由について、「デフレ経済で物価は低迷しており、親との同居を続ければ、経済的な負担は少なく何とか生きて行くことができる。将来に過度な期待はせず、現状に満足しようとする傾向が強いのでは」と分析する。

古市氏によると、幸せの条件として、30代は家庭、40代以上は健康を重視するが、今の20代は「他に頼れるものがない」として、仲間や友人との関係を重視するという。

一方、放送大学の宮本みち子教授(65)（青年社会学）は「満足度は高くても、実際には厳しい状況に置かれ、周囲から見ると幸せではない若者は増えている」と指摘する。

理由については、「情報技術の発達で、仕事の速度が上がり量も増えたが、ミスは許されない。この流れに乗れなければ、他に優れた能力を持っていても就職は難しい。家庭を持てるかどうかも含め、社会による若者の選別化に拍車がかかっている」と説明する。

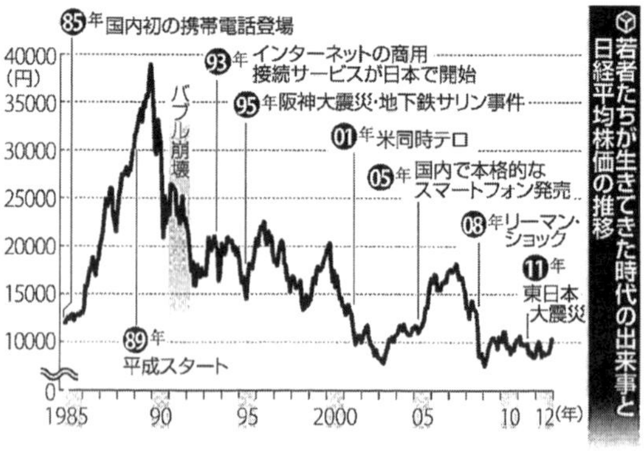

失われた20年に育つ

今の若者（29歳以下）の人口は約3600万人。少子高齢化の影響で、50年前に比べ1750万人減った。生まれたのはバブル景気（1986年～90年代初め）の時代やその前後。バブル崩壊後の「失われた20年」と呼ばれる時期に育った。追い打ちをかけるように大災害やテロも相次いだ。

大学の数が増え、安定志向の高まりも受けて大学進学率は2009年に50%を突破。しかし長引く不況を反映して就職難が続き、11年春の大卒者就職率は過去最低を更新した。

11年の総務省調査では、働く若者のうち、正社員になれない非正規雇用者は約3割。平均給与は20～24歳が247万円、25～29歳が336万円で、20年前に比べ30万円前後減った。

（読売新聞・2013年1月3日）

F. (　　　)

【ニューヨーク共同】さまざまな世界一の記録を集める「ギネス世界記録」は１２日、ファッションデザイナーの渡辺一祐さん（４０）を「世界一高いモヒカン刈り」に認定したと発表した。髪の高さは３フィート８・６インチ（約１１３センチ）。１３日に米国などで出版される２０１３年版ギネスに収録される。

渡辺さんはニューヨークで開いた記者会見で、１５年かけて伸ばした自慢のモヒカンを披露し「（伸ばし続けるのが）大変だったけど、世界一になれて幸せです」と喜びを語った。

髪を固めて立てるのに３人のスタイリスト、ヘアスプレー３本、ジェル１本が必要という。

１２日、ニューヨーク・マンハッタンの公園で、「世界一のモヒカン刈り」を披露する渡辺一祐さん（共同）

(47NEWS･2012 年 9 月 13 日／共同通信配信／写真：共同)

G. (　　　)

ルパンも脱帽の強奪劇だ。ベルギーの国際空港を舞台に警官を装ったとみられる犯人が、航空機に積み込もうとしていたダイヤの荷物を奪って逃走する事件が起きた。被害総額は46億円相当にのぼり、手口と犯行時間の短さから捜査当局は「プロの犯行だ」と絶句している。

事件は18日夜（日本時間19日未明）、ベルギーのブリュッセル国際空港で発生した。捜査当局などによると、警官の服装をしたとみられる8人の男が2台の車に分乗し、空港のフェンスを突破して滑走路近くまで侵入。警備会社の車両から航空機に積み込み作業中だったダイヤなどが入った120の荷物を奪い、車に乗って逃走した。

映画顔負けの大胆ダイヤ強奪事件が起きたブリュッセル国際空港（AP）

その間、わずか5分の手際よさで、被害総額は5000万ドル（約46億8000万円）相当。関係者は「過去最大規模の被害」としている。

盗まれたのはベルギーのアントワープからスイスに搬送されていた多数のダイヤモンドの原石とカット済みの製品。

空港のフェンスの一部が事前に破損され、車が通過できるようになっていたことから、ブリュッセル国際空港の安全管理体制に問題があったとの見方も出ている。

宝石の巨額強盗事件では2008年、フランスのパリにある宝飾店「ハリー・ウィンストン」に4人組の強盗が押し入り、宝石類94億円相当が盗まれる事件が起きている。

(ZAKZAK･2013 年 2 月 20 日／写真：AP･アフロ)

7. 身《み》の上相談《うえそうだん》の記事を読む
Reading the Personal-Advice Column

● 問題 32 ●

パート 1　新聞の身《み》の上相談《うえそうだん》の記事です。①〜④の相談を読んで、それぞれ a〜d の情報を書きなさい。〈各５分〉また、回答者《かいとうしゃ》としてどんなアドバイスをするか考えてください。

①

告白するため、やせたい

高校2年の女子。好きな人ができて、今の体形を変えたいと思っています。でも、食欲が邪魔をして、減量がうまく進みません。

私の身長は150センチ、体重49キロ・グラムで、目標は42〜45キロ・グラムです。減量を決意して1年半ですが、変化は1・5キロ・グラム程度。気持ちばかりで効果なしです。

原因は食べ過ぎ。摂取カロリーは消費する分を下回るべきなのに、腹8分目以上食べてしまいます。自分に言い訳をして我慢が続きません。体重測定をしたり鏡の前に立ったりするたびに落ち込みます。

筋トレや食事記録、ハードなスポーツの部活動は続けています。勉強や部活、趣味などは努力もいとわない性格で成果を出してきたのに、なぜやせられないのか悩みます。

保健の先生はこのままで良いと言いますが、やせて遅くとも2年生のうちに告白したい。やせたら必ず恋を前進させます。どうすれば食欲をコントロールできますか。

（三重・T美）

（読売新聞・2012 年 12 月 24 日）

a. 相談者《そうだんしゃ》の職業《しょくぎょう》

b. 性別《せいべつ》

c. 住んでいる場所

d. 抱《かか》えている問題

♥あなたのアドバイス

重要な単語

- 告白《こくはく》する　to confess (i.e. one's love)
- 食欲《しょくよく》　appetite
- 減量《げんりょう》　weight loss
- 効果《こうか》なし　no effect
- 体重測定《たいじゅうそくてい》　weight measurement
- 部活《ぶかつ》(動《どう》)　extracurricular activity
- 成果《せいか》を出す　to produce results
- 悩《なや》む　to be anxious about

②

占いに惑わされる30代男性

30代の自営業男性。占いが気になって、四六時中頭から離れません。

占いなんて当たるわけないと、軽く受け流せれば良いのですが、どうしても興味を引きます。先日、書店で占い本を立ち読みしたら、過去の人生を振り返って「的中」していたことが多々ありました。その占いによると、私の今年初めの運勢は「最悪」だそうです。正月早々占いが当たり、病気で1週間仕事を休む羽目になりました。

メディアが発達した今、占いを目にしない日はありません。朝に「何月生まれは運勢が悪い」と言われて気分がいい人はいません。占いを社会に公開すること自体控えてほしいのです。

自分の人生は自分の努力次第であり、他人に運勢の良しあしを言われる筋合いはありません。でも、的中までされると心が不安定になり、占い師の予言に惑わされてノイローゼになりそうです。占いなんてなぜこの世に存在するのでしょう。

（群馬・A男）

（読売新聞・2013 年 2 月 9 日）

a. 相談者の職業

b. 年齢・性別

c. 住んでいる場所

d. 抱えている問題

♥あなたのアドバイス

重要な単語

- 占《うらな》い　fortunetelling
- 惑《まど》わされる　to be obsessed with
- 四六時中《しろくじちゅう》　around the clock
- 的中《てきちゅう》する　to hit the nail on the head
- 運勢《うんせい》　one's fortune
- 公開《こうかい》する　to disclose
- 控《ひか》える　to refrain from
- 努力次第《どりょくしだい》　depends on one's efforts
- 予言《よげん》　prediction
- ノイローゼ　nervous breakdown

③

祖母置き逃げた自分呪う

大学生の女子。何をしていてもあのことばかりを思い出してしまいます。

あの日、私は祖母と一緒に逃げました。でも祖母は坂道の途中で、「これ以上走れない」と言って座り込みました。私は祖母を背負おうとしましたが、祖母は頑として私の背中に乗ろうとせず、怒りながら私に「行け、行け」と言いました。私は祖母に謝りながら一人で逃げました。

祖母は3日後、別れた場所からずっと離れたところで、遺体で発見されました。気品があって優しい祖母は私の憧れでした。でもその最期は、体育館で魚市場の魚のように転がされ、人間としての尊厳などどこにもない姿だったのです。

助けられたはずの祖母を見殺しにし、自分だけ逃げてしまった。そんな自分を一生呪って生きていくしかないのでしょうか。どうすれば償えますか。毎日とても苦しくて涙が出ます。助けて下さい。

（A子）

（読売新聞・2011年5月23日）

a. 相談者の職業

b. 性別

c. 住んでいる場所

d. 抱えている問題

♥あなたのアドバイス

●重要な単語

祖母《そぼ》　grandmother
置《お》く　to place
逃《に》げる　to escape
呪《のろ》う　to curse
坂道《さかみち》　hill
座《すわ》り込《こ》む　to sit in
背負《せお》う　to carry on one's back
頑《がん》として～ない　too stubborn to ~
遺体《いたい》　corpse
気品《きひん》がある　to be elegant
憧《あこが》れ　adoration
最期《さいご》：死《し》ぬ時《とき》　one's dying breath
体育館《たいいくかん》　gymnasium
尊厳《そんげん》　dignity
姿《すがた》　appearance
見殺《みごろ》しにする　to leave someone to die
償《つぐな》う　to make up for

④

「休学して海外」望む息子

40代の自営業女性。東京の大学に通う2年生の息子が来年1年間休学すると言い出しました。4か月ほど語学留学し、後はインドや近隣を旅すると言います。

息子は1年生の時、バックパッカーとしてインドを1か月余り旅をしました。その時に語学力不足を痛感して使える英語を学びに行くそうです。外資が乗り込んでくる時代、企業はアクティブに旅した学生を求めるはずとも力説します。

でも、春夏の長期休みに海外に行き、国内で語学勉強や資格を取った方が、就職にはいいと思うのです。うちで雇うなら、ふらふら遊んだ学生より地道に勉強した学生を採用します。息子はそれを田舎者の昔の考えといい、海外さえ旅すれば人間が大きくなると信じています。

息子は考えが甘いと思うのですが、何度話し合っても平行線。もう息子とどう話をすればいいかわかりません。

（K美）

（読売新聞・2012年11月21日）

a. 相談者の職業

b. 年齢・性別

c. 住んでいる場所

d. 抱えている問題

♥あなたのアドバイス

●重要な単語

近隣《きんりん》　neighborhood
痛感《つうかん》する　to be acutely aware of
外資《がいし》　foreign investment
企業《きぎょう》　corporation
力説《りきせつ》　emphasis
資格《しかく》　qualifications
雇《やと》う　to hire
採用《さいよう》する　to employ
考《かんが》えが甘《あま》い　to be naive
平行線《へいこうせん》　parallel line (lack of agreement)

パート2　次のA～Dは、パート1の相談に対する実際の回答者《かいとうしゃ》のアドバイスです。それぞれ、どの相談に寄《よ》せられたものですか。（　　　）に相談記事の番号を入れなさい。また、aには答えを、bとcには簡単に意見を書きなさい。

A.（　　　）

人生案内

海原　純子（心療内科医）

お手紙を読みながら涙が止まらなくなりました。こんなに重い苦しみの中でどんなにつらい毎日かと思うとたまりません。ただあなたは祖母を見殺しにしたと思っていらっしゃいますが、私にはそうとは思えません。

おばあさまはご自分の意志であなたを一人で行かせたのです。一緒に逃げたら2人とも助からないかもしれない、でもあなた一人なら絶対に助かる。そう判断したからこそ、あなたの背中に乗ることを頑として拒否したのでしょう。

おばあさまは瞬時の判断力をお持ちでした。その判断力は正しくあなたは生き抜いた。おばあさまの意志の反映です。人はどんな姿になろうとも外見で尊厳が損なわれることは決してありません。たとえ体育館で転がされるように横たわっていても、おばあさまは凜《りん》とした誇りを持って生を全うされたと思います。

おばあさまの素晴らしさはあなたの中に受け継がれていることを忘れないで下さい。

おばあさまが生きていたらかけたい言葉、してあげたいことを、周りに居る人たちにかけたり、してあげたりして下さい。そのようにして生き抜くことが憧れだったおばあさまの心を生かす道に思えます。

a. 回答者の職業

b. 回答者のアドバイスに賛成《さんせい》すること

c. 回答者のアドバイスに反対《はんたい》すること

●単語

- 意志《いし》　will
- 判断《はんだん》する　to judge
- 拒否《きょひ》する　to decline
- 生《い》き抜《ぬ》く　to survive
- 反映《はんえい》　reflection
- 横《よこ》たわる　to lie down
- 誇《ほこ》りを持《も》つ　to have pride
- 生《せい》を全《まっと》うする　to live out one's days
- 受《う》け継《つ》がれる　to be inherited

B.（　　　）

人生案内

野村　総一郎（精神科医）

どうやったらやせられるかというご相談ですが、お手紙にある体重や身長などのデータを見ると、まったく肥満ということになりません。それに、よく食べてよく運動する健康的な生活ですから、保健の先生と同じく、「このままで良い」と言いたいです。

でもあなたは、ダイエットに挑戦せねばならぬと確信している。頑張り屋であるだけに、食べる度に敗北感を感じ、さらに頑張らねばと思ってしまうのですね。そもそも激しい運動をすれば、その分お腹が減るのは当たり前。これでダイエットしたら栄養状態に問題が出かねませんよ。

あなたの場合、やせ願望と恋を成就させたい女心が一体化しているようです。しかし、体重減少と恋の重さは比例するものなんですか？　これ以上、やせにこだわり過ぎると、不健康そうな感じになって、むしろ後退モードに入るのでは？　私はこの恋を応援したい。だから歯がゆいのです。もっと作戦を練るべきだ、と。

幸いあなたの生活は、部活、勉強、趣味と多彩です。こういう生産的な面をさらに磨くことの方が、ひたすらダイエットにこだわる作戦より成功率は高いと思いますよ。

a. 回答者の職業

b. 回答者のアドバイスに賛成すること

c. 回答者のアドバイスに反対すること

●重要な単語

- 肥満《ひまん》　obesity
- 頑張《がんば》り屋《や》　hard worker
- ～度《たび》に　whenever ~
- 敗北感《はいぼくかん》　sense of defeat
- 栄養状態《えいようじょうたい》　nourishment
- 成就《じょうじゅ》させる　to fulfill
- 一体化《いったいか》する　to unify
- 比例《ひれい》する　to be proportional
- こだわる　to dwell on
- 作戦《さくせん》を練《ね》る　to form a plan
- 多彩《たさい》な　varied
- 磨《みが》く　to refine

C. (　　　)

人生案内

最相　葉月（ライター）

海外を旅する学生が減っている昨今、たくましい息子さんだと思います。時間とお金と意志があれば、ぜひ送り出してあげたいところです。ただ、休学してまでとなると、たしかに心穏やかではいられませんね。

本人の意志は固いようですが、経済面はどうなっていますか。自分で稼いだお金で行くんですよね。旅先でも働くつもりですよね。違いますか。とても大事なことが手紙には書かれていませんね。

もし親のお金に頼るのであれば、条件を課すことが必要でしょう。休学によって発生する費用や旅費は本人の借金とし、返済方法や期限を定めてください。安全上、定期的に連絡を入れさせることも大切です。

息子さんがいうように、海外経験を重視する企業は増えています。ただそんな会社には経験者が殺到します。数か月の語学留学などざらで、世界を旅したという事実より、そこで何を身につけたかが問われます。

息子さんはなぜ今、1年間の猶予を必要とするのでしょう。何を目的に旅に出るのでしょう。それを本人が自覚しているかどうかで旅の価値は左右されるでしょう。実利的な面ばかりに目を奪われることなく、息子さんの内面に目を凝らして判断なさってください。

a. 回答者の職業

b. 回答者のアドバイスに賛成すること

c. 回答者のアドバイスに反対すること

●重要な単語

- 昨今《さっこん》：このごろ　nowadays
- お金《かね》を稼《かせ》ぐ　to earn money
- 条件《じょうけん》を課《か》す　to impose conditions
- 返済方法《へんさいほうほう》　payment method
- 期限《きげん》を定《さだ》める　to set a deadline
- 定期的《ていきてき》に　periodically
- 重視《じゅうし》する　to emphasize
- 殺到《さっとう》する　to be inundated in
- 身《み》につける　to learn
- 問《と》われる　to be questioned
- 猶予《ゆうよ》　postponement
- 自覚《じかく》する　to become aware of
- 左右《さゆう》される　to be influenced
- 実利的《じつりてき》な　pragmatic
- 目《め》を奪《うば》われる　to be preoccupied with
- 目《め》を凝《こ》らす　to look closely

D. (　　　)

人生案内

野村　総一郎（精神科医）

これはなかなか鋭い指摘が含まれているお手紙です。まず「占いはなぜこの世に存在するのか」というご質問ですが、「占いを信じる人のために存在する」と答えられると思います。占いを全く信じない人は関心がないので、それがどこに出ようと関係ない。したがって、憤りも感じない。

一方、占いを信じる人は、それが気になるわけです。そして、あなたは明らかに占いを信じている。その結果は重大関心事で、そんなものがメディアに大手を振って出ては迷惑だ、と考えるのも理解できます。これはどこか、サッカーが大好きなファンが、「サッカーがテレビに出るとつい見てしまうから迷惑だ」と言っているのに似ています。

そうなると解決法ですが、二つあると思います。

一つはあなたが見事に指摘しているように、「人生は自分の努力次第」と喝破して、占いを信じるのをやめること。そうすると、どこに占いが出ようと無敵です。二つ目は占いを信じ続けるのですが、絶対それを見ないこと。占いはあなたのためにあっても、見なければ、これも無敵です。

このどちらかでやってみましょう。グッド・ラック！

a. 回答者の職業

b. 回答者のアドバイスに賛成すること

c. 回答者のアドバイスに反対すること

●重要な単語

- 鋭《するど》い指摘《してき》　a sharp observation
- 関心《かんしん》がない　not interested
- 憤《いきどお》りを感《かん》じる　to feel indignant
- 重大関心事《じゅうだいかんしんじ》　a grave matter
- 大手《おおて》を振《ふ》る　to be rampant
- 無敵《むてき》　invincible

8. 記事を読んでディスカッションする

Having a Discussion

● 問題 33 ●

新聞記事「縦《たて》書き？横《よこ》書き？」を読んで、ディスカッションします。

＊記事を読む前に

(1) 記事を読む前に、次のことについて話し合ってみましょう。

— 日本語を書くとき、「縦《たて》書き」の方が好きか、「横《よこ》書き」の方が好きか。

— どちらの方をよく使うか。どちらが書きやすいか。理由は？

— 日本人は、どんな文を書くときは「縦書き」、どんな文を書くときは「横書き」をすると思うか。

— 「縦書き」「横書き」は読む人にそれぞれどんな印象《いんしょう》を与《あた》えると思うか。

(2) 記事の**見出しや太字《ふとじ》で書かれた部分だけ**を読んで、どんなことが書いてあるか予想《よそう》してみましょう。

＊記事を読んで

(3) 記事の中にどんな意見があったか、話し合ってまとめてみましょう。

a.「縦書きがいい」と答えた人　＝（　　　　）人

代表的な意見：

b.「横書きがいい」と答えた人　＝（　　　　）人

代表的な意見：

c.「どちらもいい」と答えた人　＝（　　　　）人

代表的な意見：

(4) 記者（この記事を書いた人）の意見をまとめましょう。

a.「縦書き」について：

b.「横書き」について：

縦書き？ 横書き？

首を縦に振り、横道にそれ、縦の物を横にもしない——。縦か、横かの問題は含蓄が深い。今回のテーマの「縦書き？ 横書き？」には約百四十通もの投書が寄せられた。どちらかにこだわる人は案外少なく、使い分け派が多かった。年配の人も横書きを上手に取り入れているようだ。

◀読みやすくて 一目りょう然

数字・カタカナ 暮らしにマッチ▶

「縦書きでこそ日本語の美しさが表現できる」という人は少なくない。

埼玉県所沢市の **Aさん**（七三）は「漢字と平仮名が混然一体となって美しいハーモニーを醸し出す」。横書きは考えられないそうだ。同人誌の仲間と手紙の交換をしている栃木県国分寺町の **Bさん**（五二）は「縦書きの流れるような文体に魅力を感じます」。年配の人は縦書きへの愛着が強いようだ。

一方、横書きがいいという人は、「読みやすくて一目りょう然。書くのもスピーディー」（神奈川県厚木市、**Cさん** 39）、「数字やカタカナに合っているし、読みやすい。今の暮らしにマッチしている気がする」（東京都東村山市、**Dさん** 72）。「実用的」だし「現代的」ということか。

投書を寄せてくれた人の七割以上は、縦横を使い分けていた。しかし、意識しないでやっているようだ。

静岡県竜洋町の **Eさん**（四二）は「高校で国語を教えているが、横書きで古文や漢文のノートを取る生徒がいる」と世代差を感じつつ、自分も気がつくと手紙は横書きに。

流れるような文体が魅力
手紙、「横」だと失礼な感じ

東京都江戸川区の **Fさん**（三二）は「横書きはカジュアル、縦書きはフォーマル」。ふだんは横書きだが、日本語を意識したり、年上の人に正式な手紙を書く時は縦だという。茨城県竜ヶ崎市の **Gさん**（四二）も「手紙だけは縦書き。横書きだと相手に失礼な気がするから」と考える。

縦書き、横書きにこだわらず自由に楽しめる便せんが数多く出ている

こだわりより使い分け

山口県岩国市の **Hさん**（四五）は「いろいろなことが積もり積もって、長く書きたい時は縦書き。簡潔明りょうに近況を知らせる時は横」。札幌市の **Iさん**（三八）は「『キャー、ドキッ』と、感情をそのまま表現するのが横、『とても驚いた』と説明的なのが縦」と、気分が違う。

東京都東大和市の **Jさん**（三七）は読み書きで分けていた。「文章を読み返しながら書くのは、横の方が書きやすい。逆に読むのは縦。本棚を見たら、横書きはワープロのガイドブックと電話帳だけだった」という。

千葉市の **Kさん**（六三）は「縦書きが一番と思っていたが、横書きではがきをくれる同級生を見ると心身ともに若くて頭も柔らかい。私も意識しないで横書きができれば」と言う。

場面や気分、相手に応じて使い分けられるのが日本語の面白さ。岐阜県坂祝町の **Lさん**（四六）は「新聞は縦書きだが、見出しは自由自在。欧米の横書きの言葉に比べて、日本語のなんと便利なことか。私の場合は、真っ白い官製はがきだけは自然に縦になってしまう」そうだ。

記者も一言

苦手 縦書き原稿用紙

小学六年の時に書いた「私の生い立ち」という作文が手元にある。この紙の黒い汚れを見ると、「原稿用紙は何で縦書きなんだ！」と腹を立てていたのを思い出す。

筆圧が強く、濃い字しか書けない。縦書きだと必然的にいま書いたばかりの文字の上で右手を動かすことになる。小指と紙が鉛筆の黒鉛で真っ黒になるのが嫌だった。

万年筆の時も同じだ。うっかりインクが乾き切る前に書き進めると、紙を汚してしまい、一からやり直す。そんなことがしょっちゅうだ。

しかし、読む時は別。お知らせなどは横の方がすんなり頭に入るが、新聞記事を含め長い文章は縦がいい。ただし、記事を書く場合はワープロで横書き入力する。たまに縦書きにすると、体がねじれるような錯覚にとらわれる。

（宰 靖治）

（読売新聞・1996年9月26日）

● 問題 34 ●

新聞記事「問題英語まかり通る」を読んで、ディスカッションします。

＊記事を読む前に

(1) 記事を読む前に、次のことについて話し合ってみましょう。

— 日本で生活をしていて、変な英語や失礼な英語で書かれた広告《こうこく》やＴシャツなどのロゴを見たことがあるか。それを見てどんな感じがしたか。

— アジアの他の国々にも、そういう例はあるか。

— 自分の国でそういう言葉を見たり聞いたりした場合、人々はどんな反応《はんのう》をするか。

— 日本人がそういう「問題英語」を使うのはどうしてだろうか。

(2) 記事の**見出しや太字《ふとじ》で書かれた部分だけ**を読んで、どんなことが書いてあるか予想《よそう》してみましょう。

＊記事を読んで

(3)「問題英語」として、どんな例が取り上げてありましたか。

(4) アメリカでは映画などをテレビで見せる時、その中で使われている「問題英語」や「俗語《ぞくご》(slang)」をどのように扱《あつか》っていますか。日本ではどうですか。

(5) 日本で「問題英語」がクローズアップされたきっかけ（a start）は何ですか。

(6) 日本人が海外で「問題英語」を使ったり、書かれたものを身《み》につけたりすることで、どんなことが心配されますか。

(7) 英語の俗語が書かれたものを着ていた日本人が、アメリカでどんな経験《けいけん》をしましたか。例を二つあげなさい。

(8) 日本人が国内で「問題英語」を使うことで、どんなことが心配されますか。

(9) 文部省《もんぶしょう》（現在は文部科学省《もんぶかがくしょう》）は「問題英語」の問題を解決《かいけつ》するために、どんなことをしていますか。

(10) 放送《ほうそう》プロデューサーのスペクター氏《し》は、日本での問題英語についてどんな意見を持っていますか。

(11) あなたは、具体的《ぐたいてき》にどんな解決法《かいけつほう》が提案《ていあん》できますか。みんなで話し合ってみましょう。

生活家庭

問題英語まかり通る

シャツや帽子に大書
海外旅行で危険

「あばずれ女」を意味する英語「ｂｉｔｃｈ」をロゴにした商品が日本国内に出回り、「あまりにも不見識」と市民団体から批判された。品位を疑われるような"問題英語"は、ほかにもまかり通っている。英語の俗語をロゴにしたシャツや帽子は若者に人気だが「一歩間違えば、海外旅行先で命を落とす原因にもなりかねない」との警告も。文部省も啓発活動に乗り出した。

米では放送規制

日本で野放しになっている問題英語はｂｉｔｃｈ以外にも、実はたくさんある。「性交」を意味する「ｆｕｃｋ」もその一つ。ｆｕｃｋのロゴの服も出回っているという。

こうした言葉はテレビの英語放送を通じても輸入されている。米国製の劇場用映画を吹き替えなしで見ていると、ｆｕｃｋ、ｂｉｔｃｈに加え、「クソ」を意味する「ｓｈｉｔ」、あるいは「すごく」「とても」といった意味の強意語「ｆｕｃｋｉｎｇ」、「野郎」を意味する下品な言葉である「ｓｏｎ　ｏｆ　ａ　ｂｉｔｃｈ」などが飛び交う。

下品な俗語は子供に人気のエディー・マーフィーやアーノルド・シュワルツェネッガー主演の映画などでも頻繁に使われるが、輸出元の米国を例にとると、地上波放送でこうした言葉を放送することは昔から厳しく規制されてきた。各テレビ局は、劇場用映画を放映する場合、問題個所は音を消して対処している。ところが、日本ではそうした措置をとる放送局はない。

フジテレビの山形淳二映画部副部長は「日本語に訳す場合は、日本の風俗、常識にあった訳にするよう配慮するが、英語は何もいじらない。英語は判断がつきにくい」と、英語のニュアンスを理解することが日本人にとって難しい作業であることを指摘する。

中高生が集まる東京・原宿で売られていた文房具

文部省が注意喚起

一方、文部省は十月末から、中学・高校で英語を教える日本人教師と外国人の指導助手との合同研修の場で、初めて俗語の問題を取り上げている。生徒が意味を知らない英語を、見た目がかっこいいという理由だけで安易に使わないよう、先生たちに「注意喚起する」のが狙いだ。

同省は、留学生など海外に行く日本人が問題英語を知らずに使った場合、相手を不用意に刺激し「犯罪に巻き込まれる可能性がある」（高等学校課）と懸念。留学生の事前研修でも指導を徹底させる意向だ。

お堅い文部省が、俗語の問題を取り上げるきっかけとなったのは、ｂｉｔｃｈのロゴが入った中高生向けの文房具類や衣類が、何の規制もなく市販されていることに対する、在日外国人らの抗議行動。

「ｂｉｔｃｈとか書いてある服を着て外国の街を歩くと非常に危険。命を落とす可能性もある。それを日本人がわかっていないのが最大の問題」。こう話すのは、米国出身で在日二十年になる大分県別府市の川畑リンダさん（45）。今回の抗議行動のリーダー役だ。

川畑さんと抗議行動を共にした別府市議の加藤久美子さんも「今回の運動を通して、意味を知らずに英語を使っている日本人が多いことに気付いた。横文字に対する啓発活動が必要だと痛感した」と自省を込めて話す。

実際、英字新聞「ジャパンタイムズ」四月十四日付には、米国のバス停で、ｂｉｔｃｈと書かれたトレーナーを着た日本人の高校生が、現地の人に激しく怒鳴られているのを目撃した、という投書が掲載された。ハワイでは、ｂｉｔｃｈのシャツを着た日本人が博物館への入場を拒否されたという。

また、川畑さんの友人は最近、シカゴの空港でｂｉｔｃｈとプリントされたバッグを提げた日本人ビジネスマンを見かけた。「三菱自動車のセクハラ事件があったばかりなのに、日本人は全然反省していないと見られかねない」と川畑さんは心配する。

ｂｉｔｃｈの版権を持つ企業の担当者は「女性をべっ視するつもりはない。販売をやめることは考えていない」と話しており、この騒動は当分続きそうだ。

イメージダウン招く

もちろんｆｕｃｋも危険度大だ。「女性がそんな服を着て外国を歩いたら、セックスしたいというメッセージと受け取られ、レイプされる恐れもある」（川畑さん）。

使用が問題となるのは海外だけではない。日本を訪れる外国人の数が増えるなか、問題英語を野放しにしておくのは、日本のイメージダウンにつながる、と指摘する人も多い。

フリーの放送プロデューサー、デーブ・スペクター氏は「ナンセンスな英語が日本にはんらんしているのは、日本人が英語ができないから。根本は英語教育のあり方に問題がある。しかし、だからといって、人を挑発するような英語やわいせつな英語を使っていいという言い訳にはならない。恥をかかないよう最低限の知識は身につけてほしい」と話している。

（日本経済新聞・1996年11月8日）

● 問題 35 ●

インターネットの記事「＜特集《とくしゅう》＞ KANJI is COOL!?」を読んで、ディスカッションをします。

＊記事を読む前に、次のことについて話し合ってみましょう。

(1) Ｔシャツやタトゥーに変な漢字が書いてあるのを見たことがありますか。それはどんな漢字でしたか。

(2) 一番好きな漢字は何ですか。なぜその漢字が好きですか。

(3) 自分の名前を漢字にするとしたら、どんな漢字を使いたいですか。

＊記事全体を読んで、次のことについて話し合ってみましょう。

(4) ６つの記事の中で、どの「変な漢字」の例に一番笑《わら》ってしまいましたか。

(5) 記事１にある iPhone アプリで、自分の名前を漢字に変換《へんかん》したことがありますか。どんな漢字が出てきましたか。その例を採用《さいよう》しましたか。

(6) 記事２の「字が左右反転《はんてん》する」（２行目）とはどういう意味ですか。

(7) 記事３の「言葉の壁《かべ》は高い」（８行目）とはどういう意味ですか。

(8) 記事４に、東南アジアの女の子が「神《かみ》」の漢字の書き方を日本人に聞いたら、「矢沢《やざわ》」と教えられてそのタトゥーを入れたという記述《きじゅつ》があります。この話は何がおもしろいと思いますか。ちなみに「矢沢《やざわ》」というのは、日本の有名なロックシンガーです。

(9) 記事５に出てきた漢字を下の□に並《なら》べました。

尿	森	萌	豚	狂	呆	不	轟	爽

a. どの漢字が一番好きですか。意味を考えないで、形を見て答えてください。

b. その漢字の意味は何ですか。それでも、その漢字が好きですか。

(10) 記事６の漢字に関《かん》するコメントの中で、どれが一番いいと思いましたか。

＜特集＞ KANJI is COOL!?　海外［漢字ブーム］の凄《すご》いバカっぷり

(ZAK SPA!·2010 年 6 月 30 日)

【記事１】

フンドシに“過労死”

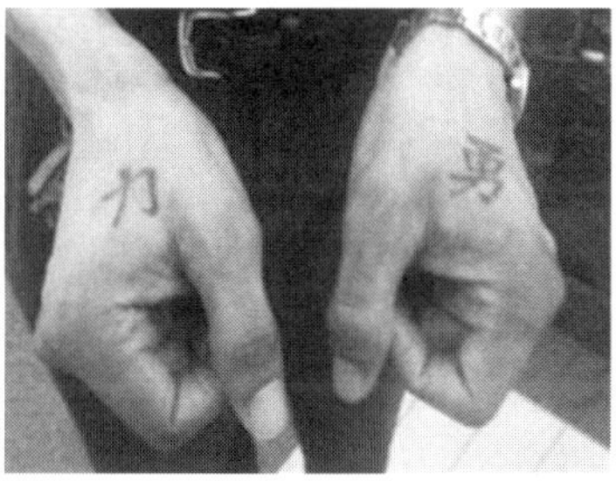

タトゥーに「不景気」フンドシに「過労死」！　いったい誰が教えたんだか……。

海外で依然として続いている、KANJIブーム。

「5月末にモスクワで開催された世界卓球の中継を見ていたら、スロバキアの監督が『人生卓球』と書かれたジャージを着ていてびっくり」（32歳・女）、「原宿で『日本海軍兵』と書かれたTシャツを着ている金髪女性を目撃した」（35歳・男）と、漢字がデザインされた洋服に身を包んだ外国人を目にすることは多いし、また、最近では、名前を漢字表記に変換してくれるiPhoneアプリが人気を集めている。

海外出張の多い、カメラマン・長見拓郎さんもこう語る。

「表に漢字、裏にローマ字が入った僕の名刺が妙に喜ばれたり、カードで買い物をしてサインのために名前を漢字で書いただけで、褒められたり（笑）。みんな、漢字はクールだ、って言いますね」

【記事２】

ああ勘違い…ブリちゃんの腰に「変」のタトゥー

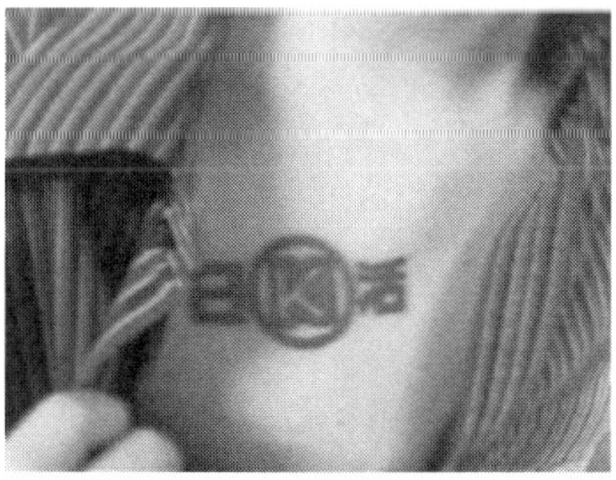

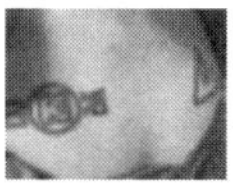

まず多いのが漢字自体の間違い。タトゥーの場合、字が左右反転してしまったりするのはよくあるが、

「サンフランシスコですれ違ったおじさん。肩に何かタトゥーを入れていたが、一画一画がグチャグチャでかろうじて『愛』だとわかった」（25歳・女）と漢字のバランスはやはり難しいよう。また、「カナダで会った、肩に『自田』と彫ってある細マッチョな白人。『自由』と書きたかったんだろうけど、『由』の真ん中が出ずに『田』に」（32歳・男）なんて話も。

ま、雰囲気が合ってれば、問題なし！？　しかし、正しく書けていても、意味を取り違えるとビミョーさはアップ。ブリトニー・スピアーズが「ミステリアス」の意味で腰に「変」を、NBAの選手が、「魔鳥楠」（マトリックス）とか「血腸」とか、「勉族」といったタトゥーを入れている話は有名だが、それぱかりではない。

【記事3】

キアヌ似イケメンが「鰻」Tシャツ、もちろんあだ名は…

DREAM BIGの一言が意味深くもある。このサイトはほかにも、「農民魂」「自営業」といったTシャツを販売（参考ホームページ http:／／www. anything. ne. jp／shop／）

「腕に『狸女』とタトゥーを入れた女性。フォックスレディ（＝美しい女性）と入れたかったのかもしれないが……だったら、せめて『狐女』では？」（34歳・女）、「シドニーで、漢字のシルバーアクセサリーをたくさん見た。でも『幸』『愛』などに交じって、『酷』という字があってビックリ。意味を尋ねると、『COOLって意味でしょ？』と言われた。冷酷→冷たい→COOL？」など、苦笑せずにおれない目撃談も聞かれ、言葉の壁はやはり高いよう。

それを思えば、「会社に『鰻』というTシャツを着てきたキアヌ・リーヴス似のイケメン。その日から、陰で『うなぎ』と呼ばれている」（41歳・女）のはご愛嬌。しかし、周囲は大爆笑ながら、本人は笑うどころか、泣くにも泣けない意味の取り違えもある。

「スペイン人の友達が、『見た目がかっこいいから』と腕に漢字のタトゥーを入れた。でも中国に旅行中、クスクス笑われるので理由を聞いたら、『Pig』と言われたんだとか。そう、彼が入れたのは『豚』の1文字」（32歳・男）

【記事4】

「過労死」に「婿養子」…「神」と彫りたかった女性には

これを身につければ緊褌一番、頑張れる？ 誰が教えたのか？ フンドシに「過労死」というマッチング（参考ホームページ http:／／www. cafepress. com／）

誰か教えてやれよ！ と思うが、誰が教えたんだよ！とツッコみたくなるのが、KANJIアイテムを多く扱うショッピングサイト「CAFE PRESS」で出品されている「過労死」のフンドシ。ちなみに、このサイトでは「婿養子」の缶バッジも販売中。そのほか、「プーケットで、右腕に『刺青』、左腕に『痛い』というタトゥーを入れた人を目撃した」（30歳・男）、「渋谷の道玄坂で信号待ちをしていたとき。隣に立った外国人を見るとその腕には、『不景気』の3文字」（38歳・女）なんて、KANJIにまつわるジョークのようなホントの話は少なくないのだ。

で、最後に、YouTubeにアップされている「Japanese Kanji Tattoo Joke」をご紹介。

東南アジアの小さな島の女のコが、島に遊びに来た日本人に「神」って漢字でどう書くの？ と聞いた。彼女は宗教心が強く「神」とタトゥーを入れたかったのだ。そして、教えてもらったとおりにタトゥーを入れ……彼女の体に彫られた文字は……「矢沢」だった。いくらKANJIブームとはいえ、このジョークがわかる外国人、いるのだろうか？

【記事５】

いっぱい×があるのにいい意味なのか？　その漢字とは

PR会社に勤めるフランス人のダフネさん（右）は「森」を、アンロールさんは「風」をそれぞれセレクト。共に、形も意味も含めて好きと爽やかな回答だったが、「『爽』の字はイヤ！」（アンロールさん）なんだとか

なぜか、外国人を魅了する漢字ーー。そこでズバリ、「好きなKANJIとは？」と、主に欧米系外国人に、都内各所で尋ねてみた。まずは日本語の話せない旅行者を中心に、「尿」「森」「萌」「豚」「狂」など、いくつかの漢字を書いたシートを見せたところ、「形がいいね」（ドイツ人）、「なんとなく」（スペイン人）、「ハッピーでナイスな意味に違いない！」（オーストラリア人）と一番人気を集めた漢字は、なんと「呆」。「意味はFoolです」と説明したときは、呆れられるかと思いきや、皆さん笑ってくれて一安心。

どうやらシンメトリーな字が好ましいらしく、ほかにも「不」「轟」「爽」などが挙げられた。ただ、「いっぱい×があるのに、『爽』はポジティブな言葉なのか！？」（フランス人）という、日本人なら思いつきもしない疑問を投げかけられて、こちらも、ディスカバーKANJIな気分に。

【記事６】

さすがドイツ「縦に＋、ー、＝、ー、＋と並べると…」

JR大塚駅前のバー「SPEAK　EASY」（豊島区北大塚2－14－1　3F　http：／／speakeasyーtokyo. com）に集うみなさんに調査。「支えあう形がいいから『人』」（カナダ人）、「ゲームで覚えた『天』！」（フランス人）、「好きなものを書きました。だから『酒』（笑）」（アメリカ人）

一方、在日年数が長い人たちは、漢字の持つ意味をわかっているので、コメントも味わい深い。

「お金は人生を生きやすく、円満に進めてくれるからね。『円』かな」（オーストリア人）、「縦にプラス・マイナス・イコール・マイナス・プラスと並べると『幸』。深い！」（ドイツ人）と、哲学的ですらある。

「口という字はドア＝出口をイメージして、上は棒よりabove（上）と覚えた」（オーストラリア人）なんて証言もあり、どうやら、外国人は漢字を学習するときに、漢字のビジュアル的な印象と意味を一緒に覚えるよう。

そうしていつしか、「『酒』という漢字は、飲みニケーション、幸せな気分を連想させるから好き。本国ではお酒に対して厳しいので、毎日、飲んでも何も言われない日本はすごい」（スウェーデン人）というように、日本贔屓になっていただけるわけで……このKANJIブーム、バカにしたもんじゃないかも。

第Ⅲ部

挑戦編《ちょうせんへん》

ついに仕上げの段階《だんかい》に来ました。どうですか。正確に理解しながら速く読めるようになりましたか。最後に星新一《ほししんいち》のショートショートに挑戦《ちょうせん》してみましょう。

星新一《ほししんいち》の物語は寓話的《ぐうわてき》で、地域《ちいき》・環境《かんきょう》・時代などの背景知識《はいけいちしき》をあまり必要としません。また、内容にサスペンスの要素《ようそ》が含《ふく》まれるものが多く、次にどんなことが起こるかを予測《よそく》するおもしろさもあります。

練習問題の形式《けいしき》は、先を予測しながら自分の力だけで読んでいけるように設定《せってい》してありますので、指示《しじ》に従《したが》って順番に進めてください。

この本で速く読む練習を始めた時と比《くら》べると、最後の物語を読み終えた時には、読む力は格段《かくだん》に進歩《しんぽ》しているはずです。がんばってください。

Challenging Texts

We have arrived at the final section. How have you done so far? Has it gotten easier to read quickly while accurately comprehending the text? In this section, you will read a selection of short stories by Shin'ichi Hoshi.

Shin'ichi Hoshi's works are often allegorical in nature, and background knowledge about specific regions, environments, or periods is usually not required to understand them. Many of his stories are full of suspense, keeping readers on the edge of their seats as they wonder what happens next.

The questions are designed to test whether you can read with little assistance while accurately predicting what will happen next, so make sure to follow the order and the instructions given.

You should feel you have improved your reading skills tremendously by the time you finish the final piece. Ganbatte kudasai!

1. ショートショート「誘拐《ゆうかい》」(Abduction)

星新一著「誘拐」(新潮文庫刊『ボッコちゃん』所収)

まずはじめに星新一《ほししんいち》のショートショート「誘拐《ゆうかい》」を読んでみましょう。本文は４つのパートに分けてあります。読み始める前に、＜重要な単語＞の意味をチェックし、＜内容質問＞を読んで、本文にどんなことが書いてあるか予想《よそう》してください。１つのパートを終えるごとに読むのにかかった時間を書き入れ、質問の答えをみんなで話し合いましょう。

The first reading is a short story entitled *Yuukai* [Abduction] by Shin'ichi Hoshi. The text is presented in four parts. Prior to reading, check each word in the vocabulary list and go through the content questions in order to anticipate what you are about to read. Then read the story, recording how long it took you to read each part. Answers to the content questions should be discussed with the rest of the class.

●重要な単語

- 誘拐《ゆうかい》　abduction
- 用件《ようけん》　business
- 連《つ》れ去《さ》る　to take away
- ねらう　to target
- うらみ　a grudge
- 警察《けいさつ》に届《とど》ける　to report to the police
- 傷《きず》つける　to hurt
- 大丈夫《だいじょうぶ》　all right
- 取《とり》引《ひ》き　a deal
- 設計図《せっけいず》　design drawing
- 世《よ》の悪《あく》をこらす　to fight against the evil in the world
- 生《い》かしておけぬ　cannot allow to live
- 取《とり》引《ひ》きに応《おう》じる　to agree with a deal
- 坊《ぼう》や　boy
- しゃべる　to speak
- 無事《ぶじ》な　safe
- 引《ひ》っぱる　to pull
- 敏感《びんかん》　sensitive
- 証拠《しょうこ》を示《しめ》す　to show evidence
- 受話器《じゅわき》　a phone receiver
- 爆発音《ばくはつおん》　sound of an explosion
- 引《ひ》き金《がね》　trigger

＜内容質問＞

(1) エストレラ博士《はかせ》のところにだれから電話があったか。

(2) エストレラ博士の子供はいつ連れ去られたか。

(3) エストレラ博士は警察《けいさつ》に届《とど》けたか。

(4) 電話の相手は何を要求《ようきゅう》しているか。

(5) それはだれが作ったものか。

(6) エストレラ博士と電話の相手はどんな取り引きをしたか。

(7) 坊《ぼう》やの様子《ようす》はどんなふうか。

(8) エストレラ博士は坊やが無事《ぶじ》なことを確《たし》かめるために、坊やに何をしてくれと頼んだか。

(9) エストレラ博士はどうしてドアに鍵《かぎ》をかけておいてもいいと言ったのか。

(10) この坊やはどういう坊やだったのか。

PART 1

（　　　　）分

〈5分〉

誘《ゆう》拐《かい》

電話のベルが、待ちかねていた博士の前で鳴った。

彼は、それに手をのばした。受話器の奥の漆黒から、低い声が伝わってきた。

「もしもし、ご主人はおいでですか」

「ああ、わたしだが」

「有名なエストレラ博士に、まちがいありませんか」

「まちがいないが、いったい、どなたです」

「それは申しあげられませんが、用件については、およそ、お察し下さったのではないでしょうかね」

声の終りは、冷たい笑いに変った。

「あっ、ではおまえが……」

と博士は声をとぎらせた。相手は平然とした声。

「その通り。博士のお子さんは、ちゃんとここでおやすみになっていらっしゃいます」

博士は声をふるわせた。

「わたしの大切な子供を連れ去るとは、どういうつもりだ。まだ、生まれて一年にもならない子を……」

「そんなに大切なお子さんなら、自動車のなかにおいて、用たしなんかに行かないことですな」

「あ、やはり、あの時につれ出したのか。ちょっと雑誌を買いに下りただけだったのに。さては、前からねらっていたのだな」

「まあまあ、博士。じたばたしないで、科学者らしく現実を認めたらどうです」

(1) エストレラ博士のところにだれから電話があったか。

(2) エストレラ博士の子供はいつ連れ去られたか。

PART 2　（　　　　）分

〈5分〉

「いったい、なんで、そんなことをしたのか。わたしにうらみでもあるなら、わたしに対して行なったらどうなのだ。卑怯《ひきょう》な……」

「いや、わたしには博士へのうらみなどありません。むしろ、尊敬しているぐらいです」

「では、どういうつもりなんだ。妻も悲しみのあまり、ねこんでしまった」

　この時、相手の声は気がかりらしい響きをおびた。

「まさか博士、警察に届けたのではないでしょうね」

「いや、まだ届けてはない。万一の場合を考えて、もうしばらく電話のかかるのを待つことにしていたところだ。だから、子供だけは傷つけないでくれ」

「さすがは博士、それだけお話がわかれば、ご心配はおかけしません。お子さんのことは大丈夫。では、さっそく取引きにうつりましょう」

「取引きだと。しかし、子供をさらって金を要求する罪の重いことは、知っての上だろうな」

「それは知っての上ですよ。だが、へんなことをなさったら、お子さんがどうなっても知りませんぜ」

「ま、まってくれ。いくら欲しいんだ」

「ざっくばらんに申しましょう。博士が完成されて秘密にしておられるといううわさの、ロボットの設計図」

「えっ。いや、それは困る」

「お困りになるのは、勝手ですがね」

「あれは、わたしが世の悪をこらすために作ったものだ。おまえのような者の手に、渡すわけにはゆかぬ。額は望み通りにするから、なんとか金ですましてくれ」

---

(3)　エストレラ博士は警察に届けたか。

(4)　電話の相手は何を要求しているか。

(5)　それはだれが作ったものか。

PART 3 （　　）分

〈5分〉

「でも、博士がいつもおっしゃるように、研究は金で買えませんのでね。それに、その設計図を金にするのは、きっと、わたしのほうが博士よりうまいでしょうよ」

「ああ、なんというやつだ。おまえは、それでも人間か」

「その通り。ロボットでない証拠には、ちゃんとこの通り欲があります」

「おまえのようなやつは、生かしておけぬ」

「どうか、興奮なさらぬよう。お子さんをおあずかりしていることを、お忘れなく」

「うむ、やむを得ない。取引きに応じよう」

「そうですよ。それでこそ賢明な博士です」

「しかし、わたしの坊やは、たしかにおまえのところにいるのだな」

「そのことは、ご心配なく。そばの長椅子の上で、さっきからずっと、おとなしくおやすみですよ」

「そうか、それでほっとした。しかし、念のために声を聞かせてくれ」

「まだ、なにもしゃべれないでしょうに」

「いや、泣き声でいいのだ。泣き声さえ聞かせてくれれば、わたしも安心して取引きに応じよう」

「いいんですかい、泣かせても」

「わたしは坊やの無事なことを、たしかめたいのだ。ひとつ耳を引っぱってみてくれ。坊やはどういうわけか、耳の神経が敏感で、おとなしく寝ている時でも、耳を引っぱればすぐに泣き出す」

「変な癖ですね。まあいいでしょう。やってあげましょう。だけど、泣き声を聞きつけて、ひとが来るとうるさい。窓をしめきってからにしますぜ」

「それは勝手だ。気になるなら、ドアにもカギをかけておいていい」

「なんですって」

「なんでもいい。早く泣き声を聞かせてくれ。無事な証拠を示してくれ」

「お待ちなさい。いま、やってあげます。それがすんだら、取引きの方法に移りましょう」

---

(6) エストレラ博士と電話の相手はどんな取り引きをしたか。

(7) 坊やの様子はどんなふうか。

(8) エストレラ博士は坊やが無事なことを確かめるために、坊やに何をしてくれと頼んだか。

PART 4

（　　　　）分

〈3分〉

相手の声はしばらくとぎれ、窓をしめているらしい音がした。そして、小さな声が聞こえた。

「坊や、おとうさんが泣き声を聞きたいとさ。痛くても、ちょっとがまんしな」

博士は受話器を耳に押しつける手に力を加えて待った。はげしい爆発音が響いてきた。

受話器をもとにもどした博士は、うれしそうに笑った。

「耳が引き金になっていたとは、気がつくまい。悪人がまた一人へった」

(9) エストレラ博士はどうしてドアに鍵をかけておいてもいいと言ったのか。

(10) この坊やはどういう坊やだったのか。

2. ショートショート「ボッコちゃん」*(Little Bokko)*

星新一著「ボッコちゃん」（新潮文庫刊『ボッコちゃん』所収）

星新一《ほししんいち》の「ボッコちゃん」です。今度ははじめに＜重要な単語＞だけチェックして、本文を読み始めてください。**内容質問を先に読んではいけません**。本文は４つのパートに分けてあります。パートが終わるごとに読むのにかかった時間を書き入れ、その部分の選択《せんたく》問題にすぐ答えてください。それから、**次に話がどんなふうに進んでいくか**をみんなで話し合いましょう。

Next, read *Bokko-chan* [My Sweet Bokko] by Shin'ichi Hoshi. This time, prior to reading, study the vocabulary list without looking at the content questions. The text is presented in four parts. After reading each part, record how long it took you to read it, and then answer the content questions. Before moving on to the next part, try to anticipate how the story will develop.

●重要な単語

人工的《じんこうてき》な　artificial
美人《びじん》　a beautiful woman
つんとしている　haughty
道楽《どうらく》　pastime; hobby
商売道具《しょうばいどうぐ》　tools for one's business
酔《よ》っぱらい　a drunk
趣味《しゅみ》　hobby
精巧《せいこう》な　exquisite
本物《ほんもの》そっくり　very realistic
からっぽ　empty
ぼろを出《だ》す　to reveal a defect
酔《よ》う　to get drunk
そっけない　curt
信号《しんごう》が伝《つた》わる　a signal is transmitted
とんでくる　to come quickly
からかう　to tease
つじつまがあう　to make sense
にが笑《わら》いする　to give a wry smile
しゃがむ　to squat
プラスチック管《かん》　plastic tube
回収《かいしゅう》する　to collect
しっかりした　steady; solid; stable
おせじ　flattery
乱《みだ》れない　not to lose control of oneself
青年《せいねん》　young man
熱《ねつ》をあげる　to be infatuated with
勘定《かんじょう》がたまる　his bills have piled up
支払《しはら》い　payment
こっぴどく怒《おこ》られる：強くしかられる
殺《ころ》す　to kill
薬《くすり》の包《つつ》み　packet of medicine
おごる　to treat
乾杯《かんぱい》する　to drink a toast to
(グラスを)ほす　to drink up
灯《ひ》がついている　lights are on
人声《ひとごえ》が絶《た》える：人の声《こえ》が聞こえなくなる
つぶやく　to mutter

PART 1

(　　　　)分

〈5分〉

ボッコちゃん

そのロボットは、うまくできていた。女のロボットだった。人工的なものだから、いくらでも美人につくれた。あらゆる美人の要素をとり入れたので、完全な美人ができあがった。もっとも、少しつんとしていた。だが、つんとしていることは、美人の条件なのだった。

ほかにはロボットを作ろうなんて、だれも考えなかった。人間と同じに働くロボットを作るのは、むだな話だ。そんなものを作る費用があれば、もっと能率のいい機械ができたし、やとわれたがっている人間は、いくらもいたのだから。

それは道楽で作られた。作ったのは、バーのマスターだった。バーのマスターというものは、家に帰れば酒など飲む気にならない。彼にとっては、酒なんかは商売道具で、自分で飲むものとは思えなかった。金は酔っぱらいたちがもうけさせてくれるし、時間もあるし、それでロボットを作ったのだ。まったくの趣味だった。

趣味だったからこそ、精巧な美人ができたのだ。本物そっくりの肌ざわりで、見わけがつかなかった。むしろ、見たところでは、そのへんの本物以上にちがいない。

しかし、頭はからっぽに近かった。彼もそこまでは、手がまわらない。簡単なうけ答えができるだけだし、動作のほうも、酒を飲むことだけだった。

彼は、それが出来あがると、バーにおいた。そのバーにはテーブルの席もあったけれど、ロボットはカウンターのなかにおかれた。ぼろを出しては困るからだった。

お客は新しい女の子が入ったので、いちおう声をかけた。名前と年齢を聞かれた時だけはちゃんと答えたが、あとはだめだった。それでも、ロボットと気がつくものはいなかった。

(1) 「ボッコちゃん」は何か。

a. 美人《びじん》　b. 女の人　c. ロボット

(2) ボッコちゃんはだれによって作られたか。

a. 道楽《どうらく》　b. バーのマスター　c. 酔《よ》っぱらい

(3) ボッコちゃんの特徴《とくちょう》は？

a. 精巧《せいこう》な（exquisite）美人　b. 頭がいい　c. 酒を飲む

(4) ボッコちゃんの弱《よわ》い点は？

a. 本物そっくり　b. 頭が悪い　c. つんとしている

(5) ボッコちゃんはどこにいるか。

a. バーのテーブル　b. バーのカウンターの外　c. バーのカウンターの中

＊次にどんな話が続くでしょうか。

PART 2　（　　　）分

〈5分〉

「名前は」

「ボッコちゃん」

「としは」

「まだ若いのよ」

「いくつなんだい」

「まだ若いのよ」

「だからさ……」

「まだ若いのよ」

この店のお客は上品なのが多いので、だれも、これ以上は聞かなかった。

「きれいな服だね」

「きれいな服でしょ」

「なにが好きなんだい」

「なにが好きかしら」

「ジンフィーズ飲むかい」

「ジンフィーズ飲むわ」

酒はいくらでも飲んだ。そのうえ、酔わなかった。

美人で若くて、つんとしていて、答えがそっけない。お客は聞き伝えてこの店に集った。ボッコちゃんを相手に話をし、酒を飲み、ボッコちゃんにも飲ませた。

「お客のなかで、だれが好きだい」

「だれが好きかしら」

「ぼくを好きかい」

「あなたが好きだわ」

「こんど映画へでも行こう」

「映画へでも行きましょうか」

「いつにしよう」

答えられない時には信号が伝わって、マスターがとんでくる。

「お客さん、あんまりからかっちゃあ、いけませんよ」

と言えば、たいていつじつまがあって、お客はにが笑いして話をやめる。

(6) ボッコちゃんの返事の仕方はどんなふうか。

a. まだ若い　　b. そっけない　　c. 上品

(7) ボッコちゃんはお客と何を飲んだか。

a. ジュース　　b. コーヒー　　c. 酒

(8) それを飲んだ時のボッコちゃんの様子は？

a. ぜんぜん変わらない　　b. おもしろくなる　　c. 話し相手を好きになる

(9) ボッコちゃんがお客の質問にうまく答えられないときはどうなるか。

a. マスターが飛んでくる　　b. お客がからかう　　c. お客はにが笑いをする

＊次にどんな話が続くでしょうか。

PART 3

（　　　　）分

〈5分〉

マスターは時どきしゃがんで、足の方のプラスチック管から酒を回収し、お客に飲ませた。

だが、お客は気がつかなかった。若いのにしっかりした子だ。べたべたおせじを言わないし、飲んでも乱れない。そんなわけで、ますます人気が出て、立ち寄る者がふえていった。

そのなかに、ひとりの青年がいた。ボッコちゃんに熱をあげ、通いつめていたが、いつも、もう少しという感じで、恋心はかえって高まっていった。そのため、勘定がたまって支払いに困り、とうとう家の金を持ち出そうとして、父親にこっぴどく怒られてしまったのだ。

「もう二度と行くな。この金で払ってこい。だが、これで終りだぞ」

彼は、その支払いにバーに来た。今晩で終りと思って、自分でも飲んだし、お別れのしるしといって、ボッコちゃんにもたくさん飲ませた。

「もう来られないんだ」

「もう来られないの」

「悲しいかい」

「悲しいわ」

「本当はそうじゃないんだろう」

「本当はそうじゃないの」

「きみぐらい冷たい人はいないね」

「あたしぐらい冷たい人はいないの」

「殺してやろうか」

「殺してちょうだい」

彼はポケットから薬の包みを出して、グラスに入れ、ボッコちゃんの前に押しやった。

「飲むかい」

「飲むわ」

彼の見つめている前で、ボッコちゃんは飲んだ。

彼は「勝手に死んだらいいさ」と言い、「勝手に死ぬわ」の声を背に、マスターに金を渡して、そとに出た。夜はふけていた。

(10) マスターはお客に気づかれないように何をしたか。

a. ときどきしゃがんで、ボッコちゃんの飲んだ酒を自分で飲んだ。

b. ボッコちゃんの飲んだ酒を集めて、またお客に飲ませた。

c. ボッコちゃんの足のプラスチックに酒を入れた。

(11) ボッコちゃんに恋《こい》した青年は？

a. バーの支払《しはら》いに困り、家の金を持ち出そうとして、父親に見つかった。

b. バーの支払いに困り、家の金を持ち出して、ボッコちゃんに会い続けた。

c. お金がなくなったので、もう二度とバーには行かなかった。

(12) 青年はボッコちゃんに何をしたか。

a. 今晩で終《おわ》りと思って、バーに支払いをした。

b. もう来られないと思って、悲しくなった。

c. ボッコちゃんを殺《ころ》そうと思って、薬《くすり》を飲ませた。

＊次にどんな話が続くでしょうか。

PART 4 （　　　）分

〈3分〉

マスターは青年がドアから出ると、残ったお客に声をかけた。

「これから、わたしがおごりますから、みなさん大いに飲んで下さい」

おごりますといっても、プラスチックの管から出した酒を飲ませるお客が、もう来そうもないからだった。

「わーい」

「いいぞ、いいぞ」

お客も店の子も、乾杯しあった。マスターもカウンターのなかで、グラスをちょっと上げてほした。

その夜、バーはおそくまで灯《ひ》がついていた。ラジオは音楽を流しつづけていた。しかし、だれひとり帰りもしないのに、人声だけは絶えていた。

そのうち、ラジオも「おやすみなさい」と言って、音を出すのをやめた。ボッコちゃんは「おやすみなさい」とつぶやいて、つぎはだれが話しかけてくるかしらと、つんとした顔で待っていた。

---

(13) 青年が帰ってからマスターは何をしたか。

a. ボッコちゃんから回収《かいしゅう》した酒を残ったお客にごちそうして、自分も飲んだ。

b. もうお客が来そうもないので、ボッコちゃんから回収した酒を自分で飲んだ。

c. 残ったお客がたくさんいたので、バーを閉めないで、遅くまで開けていた。

(14) バーに遅くまで灯《ひ》がつき、だれ一人帰ろうとしなかったのはどうしてか。

a. 皆《みな》が乾杯《かんぱい》をしあって、たくさん酒を飲んで楽しくて、帰りたくなかったから。

b. 皆がボッコちゃんから回収した酒を飲んで、とても酔《よ》ってしまったから。

c. 皆が薬の入った酒を飲んで、死んでしまったから。

(15) ボッコちゃんはどうしていたか。

a. ボッコちゃんも、皆と一緒に酔ってしまった。

b. ボッコちゃんも、皆と一緒に死んでしまった。

c. つんとして、次の人が話しかけてくるのを待っていた。

(16) 青年は何をして、それによってどんなことが起こったのですか。話し合ってみましょう。

3. ショートショート「愛用《あいよう》の時計」*[My Favorite Watch]*

星新一著「愛用の時計」（新潮文庫刊『ボッコちゃん』所収）

星新一《ほししんいち》の「愛用《あいよう》の時計」を読みます。＜重要な単語＞を参考にしながら、最初から最後まで一気に読み、読み終わったらすぐに p. 166 の質問に答えてください。質問を先に読んではいけません。

〈8分〉

The next reading is *Aiyoo no Tokei* [My Favorite Watch] by Shin'ichi Hoshi. Refer to the vocabulary list as you read the text. Answer the content questions only after completing the reading. <8 minutes>

その時、ラジオが時報の音をたてた。K氏は首をかしげた。

「おかしいぞ。時報が狂うとは」

彼にとって、時計のほうを疑うのは、考えられないことだった。だが、ダイヤルをまわし、ほかの局を調べ、時報が正しいのを知って、あわてた。

もはや、切符を買っておいたバスの、発車時刻にまにあわなくなっている。彼は時計に文句を言った。

「おい。なんということをしてくれたのだ。これだけ大切に扱ってやっているのに」

しかし、どうしようもなかった。K氏は旅行を中止し、散歩にでかけた。そして、ついでに時計店に立ち寄った。

「変なんだ。おくれはじめた。せっかくの週末が、ふいになってしまった」

「しかし、このあいだ検査をしたばかりですが……」

と、時計店の主人は受けとり、機械をのぞきこんでいたが、ふしぎそうな声で答えた。

「変ですね。どこにも故障なんかないようです」

「そんなはずはない」

そのとき、ポケットに入れっぱなしになっていたラジオが、ニュースをしゃべった。

〈観光シーズンです。S山へ行くバスが……〉

それを聞きながら、K氏は主張した。

「おかげで、このバスに乗りそこなったのだ。たしかに、この時計はどうかしている」

しかし、ニュースはそのさきをこう告げていた。

〈……事故のため、谷へ転落して……〉

●重要な単語

愛用《あいよう》：いつも使っていて、とても大切にしていること
用意《ようい》をととのえる：準備《じゅんび》をする
腕時計《うでどけい》：手首《てくび》にする時計　a wrist watch
ぬぐう：ふいてきれいにする　to wipe
癖《くせ》：気がつかないでよくすること　habit
あたし：私のこと
ささやきかける　to whisper to
金貨《きんか》　gold coin
文字盤《もじばん》　a dial face
ともにいる：一緒《いっしょ》にいる
扱《あつか》う　to treat
定期的《ていきてき》な　regular
検査《けんさ》：調《しら》べること　checkup
別なのを使う：他《ほか》の時計を使う
(時計の時間が)狂《くる》う　(the clock is) wrong
正確《せいかく》な時刻《じこく》　the exact time
忠実《ちゅうじつ》に　faithfully
時報《じほう》の音《おと》：時間を知らせる音　a time signal
疑《うたが》う　to doubt
ダイヤルをまわす：電話をかける
発車時刻《はっしゃじこく》：(バスが)出発する時間
まにあわない：遅《おく》れる
中止《ちゅうし》する：やめる
ふいになる：予定《よてい》していたことができなくなる
故障《こしょう》　defect
乗《の》りそこなう：乗る予定なのに乗れない
どうかしている：変《へん》だ
谷《たに》へ転落《てんらく》する　to fall down into the valley

愛用の時計

K氏は週末の旅行に出かけるため、用意をととのえていた。服のポケットのなかでは、ラジオが天気予報を告げていた。

〈あすは、よいお天気でしょう……〉

楽しげに口笛を吹きながら、K氏はハンケチを出し、腕時計を軽くぬぐった。これは彼のいつもの癖だった。

癖とはいうものの、頭をかくとか耳をつまむとかいう、意味もない動作とはちがっていた。彼はその時計を大切にしていたのだ。大げさな形容をすれば、愛していたともいえる。

K氏がこれを買ってから、五年ほどになる。デパートの時計売場のそばを通ったとき、ガラスのケースのなかに並べられた、たくさんの時計の一つがキラリと光った。ちょうど、女の子にウインクされたような気がした。また、

「あたしを買ってくれない……」

と、やさしく、ささやきかけられたようにも思えた。古代の異国の金貨が、文字盤になっている。たまたま、入社してはじめてのボーナスをもらった日だった。

「よし。買うことにしよう」

彼は思わずこうつぶやいた。それ以来、時計はずっと、K氏とともにいる。

K氏は、からだの一部ででもあるかのように扱った。彼はまだ若く、自分では定期的な健康診断などを受ける気にはならなかったが、時計のほうは定期的に検査に出した。別なのを使うその数日は、彼にとって、たまらなくさびしい日だった。

しかし、そのため、狂ったりすることはまったくなかった。進みすぎもせず、おくれもせず、正確な時刻を、忠実に知らせつづけてきたのだ。

＜質問＞ それぞれ a, b, c から正しい答えを一つ選びなさい。

(1) K氏の「時計を軽《かる》くぬぐう」という癖《くせ》には、どんな意味がありますか。

a. 頭をかくとか、耳をつまむというような動作と同じような意味を持っている。

b. 時計を大切にして、とても愛しているということを表している。

c. いつも時間を気にしているという気持ちを表している。

(2) K氏はどうしてこの時計を買ったのですか。

a. ボーナスをもらってお金があったし、時計売り場の女の子にウインクされたから。

b. 以前から金貨《きんか》が文字盤《もじばん》になった時計をほしいと思っていたから。

c. 時計が自分を買ってほしがっているように見えて、お金もあったから。

(3) この時計はK氏にとってどのような存在《そんざい》ですか。

a. 正確な時刻《じこく》を知らせるもの

b. とても大切な存在で、なくてはならないもの

c. 定期的《ていきてき》に検査《けんさ》に出すもの

(4) この時計はどうして遅れたのですか。

a. K氏に旅行を中止させるため。

b. 故障《こしょう》してしまったため。

c. バスが転落《てんらく》したため。

(5) この時計はどんな時計でしょうか。

a. ときどき時間が遅れて、K氏を心配させたり予定を中止させたりする時計

b. ラジオを聞いて、そのニュースをしゃべる不思議《ふしぎ》な時計

c. 自分の主人の命《いのち》を助けることができるような不思議な時計

4. ショートショート「不眠症《ふみんしょう》」*(Insomnia)*

星新一著「不眠症」（新潮文庫刊『ボッコちゃん』所収）

星新一《ほししんいち》の「不眠症《ふみんしょう》」を読みます。本文は２つのパートに分けてあります。まず、<重要な単語>を参考にしながら、パート１を最初から最後まで一気に読んでしまいます。読み終わったらすぐに内容質問に答えてください。答えは要点《ようてん》だけを書くこと。答えを全部書き終わったら、パート２へ進んでください。

The reading that follows is *Fuminshoo* [Insomnia] by Shin'ichi Hoshi. The text is divided into two parts. Refer to the vocabulary list as you read Part 1; after you have completed reading, answer the content questions. Your answers should be simple and cover only the important points. Move on to Part 2 only after completing the questions to Part 1.

●重要な単語

- 不眠症《ふみんしょう》　insomnia
- 悩《なや》み　worry
- 事故《じこ》　accident
- 努力《どりょく》する　to make an effort
- 便所《べんじょ》　restroom
- 頭《あたま》がさえる　to be wide awake
- 一睡《いっすい》もできない　to be unable to sleep at all
- 疲《つか》れない　not to get tired
- やとう　to employ
- 事情《じじょう》　circumstance
- 自宅《じたく》　one's own home
- 夜警《やけい》　a night guard
- 採用《さいよう》する　to employ
- 居眠《いねむ》り　doze
- 勤務《きんむ》　service/work
- おろそかになる　to be neglected
- 同僚《どうりょう》　colleagues
- 不要《ふよう》な　unnecessary
- 帰宅《きたく》する　to go home
- 貸《か》す　to lend
- 金銭的《きんせんてき》な　financial
- 住居費《じゅうきょひ》　housing expense
- 家賃《やちん》　rent
- 通勤費《つうきんひ》　commuting expense
- 一杯《いっぱい》　a glass of liquor
- むだな出費《しゅっぴ》　wasteful spending
- 月給《げっきゅう》　monghly salary
- 遅刻《ちこく》する　to be tardy
- 貯《たくわ》える　to save
- いっこうに　at all
- 全快《ぜんかい》する　to recover completely
- 押《お》さえきれない　cannot control
- 治療《ちりょう》　treatment
- 効果《こうか》をあげる　to work effectively
- 頑固《がんこ》きわまる　very stubborn
- 絶望《ぜつぼう》　hopeless
- とっておき　last resort
- 輸入《ゆにゅう》する　to import
- 高価《こうか》な　expensive
- 保証《ほしょう》する　to guarantee
- 代金《だいきん》　payment
- 費用《ひよう》　cost
- 貯《たくわ》えた金額《きんがく》　saved money
- 匹敵《ひってき》する　to be equal to
- 注射《ちゅうしゃ》する　to give an injection
- 逆転《ぎゃくてん》する　to turn upside down

PART 1

〈12 分〉

すぐにケイ氏は、自宅の不要なことに気がついた。帰宅することがないのだから。彼は自宅を他人に貸すことにした。

金銭的な点に関しては、よいことずくめといえる形だった。住居費がいらないどころか、家賃まで入ってくる。通勤費もいらないし、だいいち満員の車内で、長時間がまんすることもないではないか。また帰りがけに一杯、というむだな出費もなかった。

しかも、月給は他人の二倍である。いや、二倍以上だった。遅刻することもなければ、昼夜における仕事ぶりが群を抜いている。ボーナスの際に、それらが考慮されるからだった。

しかし、悩みがないわけでもなかった。たまった金を、使うひまのないことだ。まあ、いずれ不眠症もなおり、普通の生活に戻れるだろう。その時のために、貯《たくわ》えておくつもりだった。

ケイ氏はひたすら、それを待ちのぞんだ。だが、いっこうに全快しそうになかった。眠りの楽しさを失ってから、ずいぶんになる。そのため、あこがれはますます高まってきた。

あきらめたつもりの眠りが、たとえようもなく、すばらしく思えてきた。いまや、押えきれない気持ちだった。

ケイ氏はついに、会社の休日の時を選び、まえから行きつけの医者を訪れ、治療をたのんだ。

各種の薬や方法が試みられた。しかし、どれも効果をあげなかった。頑固きわまる不眠症らしい。ケイ氏は、悲しそうな声で言った。

「先生。だめなのでしょうか」

「いや、絶望ではありません。まだ、とっておきの方法が残っています」

「どんなことですか」

「新しく輸入された、高価な薬です。これを使えば、全快は保証します。なおらなければ、代金はおかえししますよ」

「ぜひ、それをお願いします」

費用を聞くと、たしかに高価だった。いままで貯えた金額に匹敵する。だが、ケイ氏はそれをたのむことにした。ここまできて、いまさら、やめることはない。それに、不成功なら、代金はかえしてくれる。彼は金を払い、医者は注射した。

やがて、薬がきいてきたのか、頭がぼんやりとし、一瞬、なにかが逆転するような気分になった……。

＜パート１・内容質問＞

(1) ケイ氏はどうして不眠症《ふみんしょう》になったのか。

(2) ケイ氏の不眠症と普通の不眠症はどこが違うか。

(3) ケイ氏は社長に何を頼んだか。

(4) ケイ氏はどうして優秀《ゆうしゅう》な夜警《やけい》になったのか。

(5) ケイ氏の一日はどんなふうか。

(6) ケイ氏の経済状態はどうか。

（　　　）分

不眠症

眠れないことが、ケイ氏の悩みだった。しばらく前に、ちょっとした事故で、頭をうってからのことだった。

不眠症の苦しさは、経験者でないとわからない。眠ろうと努力すればするほど、頭がさえてくる。数をかぞえたり、まくらをとりかえてみたり、寝がえりをうったり、便所へ立ったり、ありとあらゆることを試みる。だが、ほとんど役に立たない。

あげくのはて、眠ろうとするからいけないのだ、とも考えてみる。しかし、いじの悪いことに、頭はさらにさえてきて、やがて夜がしらじらと明けてくる。

もっとも、大部分の不眠症は、このように「眠れない」と言いながらも、けっこう眠っているものだそうだ。しかし、ケイ氏の場合は、完全に一睡もできないのだった。

ラジオの深夜放送を聞きながら、その曲目とコマーシャルの品名を、全部メモに取ることもできた。それを十日ばかりつづけたが、なんの役にも立たないことを知り、やめてしまった。

どうしても眠れないのだが、それでいて、少しも疲れないことに気がついた。

いろいろ考えたあげく、ついにケイ氏は、つまらない努力はしないほうがいいと、決心した。彼はある日、つとめ先の会社の社長に申し出た。

「社長。わたしをやとってくれませんか」

「これはまた、妙な申し出だな。すでに、きみはわが社の社員だ。それをいまさら、やとうとは……」

と、ふしぎがる社長に、ケイ氏は事情を説明したあと、

「というわけです。自宅に帰り、ぼんやりとしているより、仕事をしていたほうがいいのです。どうでしょう。夜警として、採用して下さい。ほかの会社でアルバイトするより、このほうが気が楽です」

「なるほど。前例のない話だが、たまたま、夜警の欠員が一人ある。きみならば、あらためて身もとを調査する必要もない。採用することにしよう。しっかりたのむ」

かくして、ケイ氏は採用になり、優秀な夜警としての働きを示した。ふつうの者なら、時たま居眠りぐらいはする。だが、彼には、そんなことがないのだった。

夜警の勤務が終わって朝になると、洗面所でヒゲをそり、昼間の社員としての仕事に移る。それがおろそかになることも、なかった。なにしろ、眠れないのだ。むしろ、ほかの同僚たちのほうが、よく居眠りをする。

(7) ケイ氏の悩《なや》みは何か。

(8) ケイ氏はどんな気持ちが押《お》さえられなくなったか。

(9) ケイ氏は医者に何を頼んだか。

(10) 医者はケイ氏に何をしたか。

(11) そのあとケイ氏はどんな気持ちになったか。

(12) ケイ氏はこれからどうなると思うか。

PART 2

（　　　　）分

〈3分〉

目をあけると、医者がのぞきこみながら、声をかけてきた。

「うまくいったようですね」

ケイ氏は文句を言った。

「ちっとも、きかないじゃありませんか」

「ききましたよ」

「なぜです。まだ、この通り目がさめているでは……」

「それでいいわけです。あなたは事故以来、ずっと眠りつづけだったのですよ」

「あ。すると、いままでのは、なにもかも夢だったのか……」

と驚くケイ氏に、医者は説明してくれた。なんとか目をさまさせようとして、あらゆる方法を試みたが、すべてだめ。最後の手段として、高価な輸入薬を使ったのだそうだ。

その値段を聞き、ケイ氏はがっかりした。これから当分、眠らずに昼夜ぶっ通しで働かなければ払えない金額ではないか。

●重要な単語

- 文句《もんく》　complaint
- ちっとも：ぜんぜん
- (薬《くすり》が)きく／きかない　(the medicine) works / does not work
- 目《め》がさめている　to be awaking
- ～以来《いらい》　since ~
- 輸入薬《ゆにゅうやく》　imported medicine
- 値段《ねだん》　price
- がっかりする　to be disappointed
- 当分《とうぶん》　for quite a while
- ぶっ通《とお》し　without a break

＜パート２・内容質問＞

(13) ケイ氏には本当は何が起こっていたのか。

(14) ケイ氏はこれから何をしなくてはならないか。それはどうしてか。

著者略歴

岡　まゆみ（おか　まゆみ）

ミドルベリー日本語学校日本語大学院プログラム講師。ニューヨーク州ロチェスター大学大学院教育学修士課程修了。同大学および上智大学非常勤講師，コロンビア大学およびプリンストン大学専任講師を歴任。2000年よりミシガン大学アジア言語文化学科日本語学科長および夏期日本語教授法コース主任講師を20年以上にわたり務める。2007年～2010年，全米日本語教師会（現・全米日本語教育学会）理事。2019年，ミシガン大学 Matthews Underclass Teaching Award を受賞。

主な著書に，『マルチメディア日本語基本文法ワークブック』（共著／ジャパンタイムズ出版），『上級へのとびら』『きたえよう漢字力』『中級日本語を教える 教師の手引き』『これで身につく文法力』『日英共通メタファー辞典』『初級日本語 とびらⅠ』『同ワークブック１・２』『初級日本語 とびらⅡ』『同ワークブック１』（以上，共著／くろしお出版）などがある。

Mayumi Oka is currently a faculty of the M.A. Japanese Program at Middlebury School of Japanese in Vermont. She obtained her M.A. in Education from the University of Rochester in New York. She was a part-time lecturer at the University of Rochester and Sophia University in Japan, and a full-time lecturer at Columbia University and Princeton University. In 2000, she transferred to the University of Michigan and served there for more than 20 years as the director of the Japanese Language Program in the Asian Languages and Cultures Department and the head lecturer of the Japanese pedagogy course at the Summer Language Institute. From 2007 to 2010, she served on the board of the American Association of Teachers of Japanese. In 2019, she received the Matthews Underclass Teaching Award from the University of Michigan.

Her publications include *Mutimedia Exercises for Basic Japanese Grammar* (co-authored, The Japan Times Publishing); *A Bilingual Dictionary of English and Japanese Metaphors; TOBIRA: Gateway to Advanced Japanese Learning through Contents and Multimedia; Power Up Your KANJI; Grammar Power: Exercise for Mastery; Teacher's Guide: Teaching Intermediate Japanese; TOBIRA I: Beginning Japanese; TOBIRA I Workbook 1 & 2; TOBIRA II: Beginning Japanese; TOBIRA II Workbook 1* (co-authored, Kurosio Publishers).

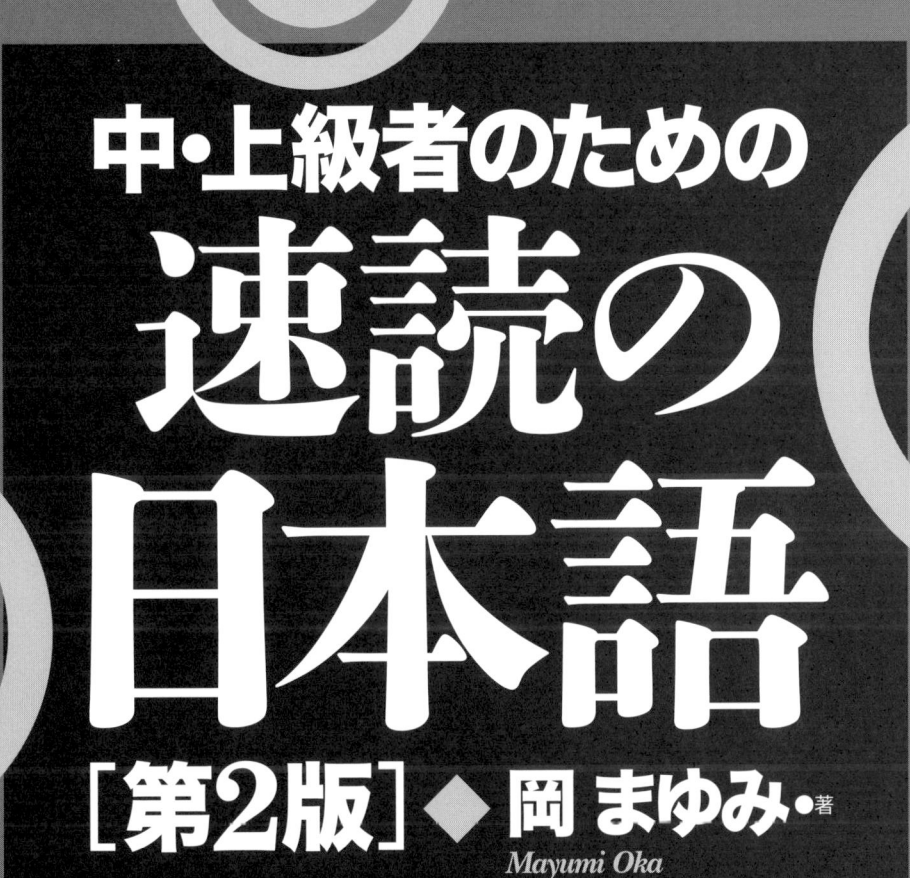

中・上級者のための
速読の日本語

［第2版］◆ 岡 まゆみ・著

Mayumi Oka

Rapid Reading Japanese [Second Edition]

Improving Reading Skills of Intermediate and Advanced Students

別冊

the japan times PUBLISHING

解　答

第Ⅰ部　基本技術編

A. スキャニングの技術を使う

STEP 1

練習２ (p. 21)

(1) 1, 4　(2) 5　(3) 1　(4) 5　(5) 7　(6) 2　(7) 6　(8) 7　(9) 4　(10) 3

STEP 2

練習１ (p. 22)

(1) 飲み物　(2)（アジアの）国　(3) 乗り物　(4) 専攻　(5) 病院　(6) 感情　(7) 内蔵

練習２ (p. 23)

(1) グループ A：a, c, e, i（ペットにできる動物・家で飼うことができる動物）

グループB：b, d, f, g, h, j(ペットにできない動物・家で飼うことができない動物)

(2) グループ A：a, c, e, f, i（電化［電気］製品）

グループ B：b, d, g, h, j（家具）

(3) グループ A：a, c, e, g（「ぶつ」のつく言葉）

グループ B：b, d, f, h, i, j（「もの」のつく言葉）

(4) グループ A：c, d, e, f, g, h（作曲家）

グループ B：a, b, i, j（画家）

練習３ (p. 24)

(1) ソックス　(2) 山　(3) 切符　(4) 子供　(5) 図書館　(6) フェイスブック　(7) 校長　(8) シドニー

STEP 3

練習 (p. 25)

(1) ピクニックのお知らせ（本文：来週の日曜日に上野公園でピクニックを行います。朝９時に地下鉄の上野駅の前に集まってください。）

(2) 日本語スピーチコンテストの募集要項と賞品内容（本文：10月１日（土曜日）に学生ホールにおいて日本語スピーチコンテストを行います。時間は午後1:00～3:30まで。出場者は初級10名、中・上級15名。賞品は、一位は日本往復航空券、二位はiPad、三位は図書券がもらえます。応募締切りは８月31日。興味のある人は留学生オフィスに連絡してください。）

(3) 明日の天気予報（本文：東京地方の明日の天気予報は午前中は晴れ、午後から小雨が降るでしょう。九州南部に台風が近づいているため、低気圧の影響で夜間に雨が激しくなる恐れがあります。海上は波が高くなるので、船舶は十分ご注意ください。）

(4) 市立図書館の改装工事のお知らせ（本文：市立図書館の一部改装工事のため、子供図書部門を移動します。期間は１月10日から20日まで。場所は隣の教育会館３階の予備会議室です。貸し出しは従来通り、図書館の受け付けで行います。また、受け付け横の新聞閲覧室は一時閉鎖致しますので、ご了承ください。）

STEP 4

練習１ (p. 26)

(1) ピザーラ エビマヨ　(2) ツナマヨ（特製クリーミーソース）　(3) ハワイアンデライト　(4) (5) (6)（自由解答）

練習２ (p. 27)

(1) おむすび，いなり　(2) かつ丼セット，ねぎトロ丼セット　(3) 小さなうどん　(4) (5)（自由解答）

練習３ (p. 28)

(1) ５階，８軒　(2) そば　(3) ４　(4) ５　(5) ４，５　(6) １　(7) １，３　(8) ４　(9) 全部

練習４ (p. 29)

(1) Number　(2) 550円　(3) 2012年８月17日　(4) スポーツ誌　(5) ロンドンオリンピック　(6) 女子サッカー

練習５ (p. 30)

(1) a. ３　b. ２　c. ８　d. １　e. ５　(2) a. ハリナックス　b. エアロフィット　c. エアロビーム　d. ドットライナーノック　e. フレーヌ

練習６ (p. 32)

①b　②e　③a　④i　⑤h　⑥c　⑦j　⑧d　⑨g　⑩f

練習７ (p. 33)

(1) のぞみ11（号），７（時）30（分）　(2) 15番線　(3) ３つ　(4) 博多，12時43分

練習８ (p. 34)

(1) ⑥　(2) ⑦ ⑧　(3) ⑩　(4) ⑫　(5) ②　(6) ⑪ ⑳　(7) ⑬　(8) ⑭　(9) ⑮　(10) ⑲　(11) ⑯　(12) ⑱

練習 9 (p. 36)

(1) 9 時 30 分～ 17 時　(2) 16 時　(3) 水曜日　(4) 翌日が休みになる　(5) 1400 円　(6) 小学生以下，都内在住・在学の中学生，障害者手帳・愛の手帳・療育手帳を持っている人とその付添者１名　(7) 来年の６月 14 日まで　(8) 65 歳以上　(9)「イベント情報」をクリックする　(10) 20 人以上

練習 10 (p. 38)

(1) １月 15 日から１月 22 日まで　(2) 10 種類（中国語・ドイツ語・英語・アラビア語・フランス語・ロシア語・スペイン語・日本語・ハングル・イタリア語）　(3) 英語　(4) ２回　(5) 火曜日の午後 10 時・金曜日の午前６時　(6) 英語，ジャズ　(7) 英語，木曜日の午前６時と午後 10 時　(8) できる　(9)「スーパープレゼンテーション」，1 月 21 日午前（1 月 20 日深夜）0:45　(10)「情報屋ジョニー」「恋敵」「女の友情」「希望」

練習 11 (p. 40)

(1) a.「舟を編む」　b.「作品詳細を見る」をクリックする　c. 本屋大賞　(2) a. ×　b. ×　c. ○　d. ○　e. ○　(3) a. 水曜日　b. １日　c. 1000 円　d. 4500 円　e. 2000 円　f. 1400 円

練習 12 (p. 42)

(1)『現代用語の基礎知識』，自由国民社　(2) 15　(3) 経営・産業　(4) 各国事情　(5) 環境　(6) 1452 ページ　(7) 854 ページ　(8) ５つ　(9) 趣味　(10) 1595 ページ

練習 13 (p. 44)

（自由解答）

練習 14 (p. 46)

(1) 210　(2) 386　(3) 84　(4) 164　(5) 310　(6) 369　(7) 522　(8) 386　(9) 520　(10) 474　(11) 264　(12) 128

練習 15 (p. 47)

(1) 明（るい），462　(2) 熱（い），572　(3) 頭，817　(4) 暑（い），467　(5) 圧，219　(6) 愛，400 ／哀，202

B. スキミングの技術を使う

STEP 5-1

練習 1 (p. 49)

(1) f　(2) b　(3) c　(4) f’　(5) f　(6) b　(7) d　(8) e　(9) a　(10) b　(11) b　(12) a　(13) b　(14) c　(15) c　(16) c　(17) c　(18) d　(19) d　(20) b

練習 2 (p. 49)

(1) b　(2) b　(3) b　(4) e　(5) f　(6) b　(7) b　(8) f　(9) c　(10) f’　(11) c　(12) a　(13) d　(14) f　(15) f’

STEP 5-2　（※練習１～３の解答は一例）

練習 1 (p. 51)

(1) あそこでめがねを探している，私の隣の部屋に住んでいる　(2) 料理がおいしくて、安くて、きれいな庭がある　(3) 日本の俳句のことについて書かれたとてもおもしろい　(4) 日本滞在中に私が最も感激した，東日本大震災で暴動や強盗が起きなかった　(5) お風呂に入っている，お風呂に入っているところに電話がかかってきたので、電話に出られなかったという

練習 2 (p. 51)

(1)（c）長年マラソンを続けてきた友だち，フルマラソンを３時間以内で走るという記録

(2)（e）友だちが探しているインド料理に関する本

(3)（a）空気中の二酸化炭素が増えたこと

(4)（b）ギターを弾きながら日本のポップスを歌うの

(5)（c）昔と未来が同時に存在する不思議な街，東京は昔と未来が同時に存在する不思議な街だという印象

(6)（f）私が日本に留学したい理由の一つ，日本の家でホームステイをしてみたいということ

(7)（b）私と一緒に日本語の授業を取っているトムさん，中国や日本の古典も理解すること

(8)（e’）図書館の前の５階建ての白い建物の３階

(9)（d）文章を一言一句読まなければならないという考え

(10)（f’）家に帰る電車の中，10 年も会っていなかった友だち，10 年も会っていなかった友だちに会うといううれしい出来事

練習 3 (p. 52)

(1) 神道や仏教に関係したもの，強い宗教心を持ってそれらに参加している人

(2) 物の形を絵に書いてそれを文字にした象形文字，物の位置や数を字にした指事文字，象形文字と指事文字を合わせて作った会意文字，二つの文字を合わせて一つは意味を、もう一つは発音を表す形成文字

(3) 日本でインターンシップをした時，もっとも楽しく印象に残ったの，東京の郊外にある鈴木さんのお宅，毎晩家族みんなでご飯を食べたり、ゲームをしたりしたこと

(4) 電話を発明したの，彼が発明した電話，実際

に使えるようなもの，現在の電話に近いもの，「ハロー」という言葉，ついでに「ハロー」という言葉も発明したという話
(5) 桃太郎という話，桃から生まれた桃太郎，桃から生まれた桃太郎という若者，猿や犬や雉と一緒に鬼が島へ鬼を退治に行く話，一度や二度は話をしてもらうか、本を読んでもらったこと，人間以外のものから子供が生まれるという話

STEP 6

練習 1 (p. 53)

(1) 先週の土曜日の夜 10 時ごろ (2) ハイウエイ (3) 友だち (4) 車を運転していた (5) 交通事故にあった (6) 雪の降り始めで道がすべりやすくなっていたから (7)（隣を走っていた）車がぶつかってきた (8) しばらく車の運転はしたくない

練習 2 (p. 54)

(1) 米ジョージア州のマンション (2) 女性 (3)（携帯電話を拾おうとして）ダストシュートの中に落ちた (4) 怪我をしたが命は助かった

練習 3 (p. 54)

(1) 冬 (2) ロシア (3) サーカス団の 4 頭のクマ (4) トラックで移動中に冬眠をしてしまった (5) 寒い中の長い旅行に我慢できなかったから

練習 4 (p. 55)

(1) ある少女の誕生日 (2) ドイツのハンブルグ (3) 少女 (4) 16 歳の誕生日パーティへの招待状をフェイスブックに載せた (5) 1500 人以上の人々が少女の家に押しかけてきた (6) サイト登録をしている人はだれでも招待状を見られる状態になっていたから

練習 5 (p. 55)

(1) 2008 年 3 月 17 日ごろ (2) マヒア半島 (3) クジラの親子が浅瀬で動けなくなった (4) 一匹のイルカがクジラの親子を海まで導いた (5) クジラとイルカの間でなんらかのコミュニケーションがあったから

練習 6 (p. 56)

(1) ガリレオ (2) 四百年ほど前 (3) 地動説を支持した (4) 宗教裁判にかけられ、地動説の放棄を命じられた (5) 地動説を棄てること (6)「それでも地球はまわる」 (7) 目がまわったので、「ああ、まわる、まわる」と言った (8) まわる

STEP 7

練習 1 (p. 57)

6, 1, 4, 2, 8, 3, 5, 7, (9)

練習 2 (p. 57)

3, 1, 5, 2, 4, (6)

練習 3 (p. 58)

2, 4, 6, 1, (3), 5

練習 4 (p. 58)

(1), 4, 2, 5, 3, 7, 9, 6, 8

練習 5 (p. 59)

4, 1, (6), 2, 5, 3

練習 6 (p. 59)

4, 2, (1), 3, 5

練習 7 (p. 60)

5, 1, 3, 6, 4, 2, (7)

STEP 8

練習 1 (p. 61)

(1) × (2) ○ (3) × (4) ○

練習 2 (p. 62)

(1) ○ (2) × (3) × (4) ○

練習 3 (p. 62)

(1) × (2) ○ (3) × (4) ○ (5) ○ (6) × (7) ×

練習 4 (p. 63)

(1) ○ (2) × (3) ○ (4) × (5) ○ (6) ×

練習 5 (p. 63)

(1) ○ (2) × (3) × (4) × (5) ○

STEP 9

練習 1 (p. 64)

a, b, d, e, f, h, k

練習 2 (p. 65)

(1) a (2) b (3) a, c, e, h (4) c

練習 3 (p. 66)

(1) b (2) b (3) c (4) a

練習 4 (p. 67)

(1) b (2) c (3) a (4) a

STEP 10

練習 1 (p. 68)

(1) c (2) a (3) b (4) c (5) b (6) c (7) a

練習 2 (p. 70)

(1) b, c, c (2) a, b, c (3) c, c, a (4) a, b, a

練習 3 (p. 72)

(1) b, a, c, b (2) a, c, c (3) c, b, a

STEP 11

練習 1 (p. 74)

(1) d (2) a

練習 2 (p. 75)

(1) d (2) a (3) c

練習 3 (p. 76)

(1) b (2) c (3) a (4) c

練習 4 (p. 78)

(1) a (2) b (3) c

練習 5 (p. 79)

c

C. スキャニングとスキミングの技術を同時に使う

練習 1 (p. 80)

(1) 464 (2) 773 (3) 858 (4) 875 (5) 879 (6) 884 (7) 865 (8) 3

練習 2 (p. 81)

(1) 経験；実際に見たり、聞いたり、したりすること。また、そうして身につけたこと (2) 体験 (3) 新聞や雑誌などに、文章・絵・写真などをのせること (4) 傾向 (5) 物価は高くなる傾向がある。 (6) 警告

練習 3 (p. 82)

(1) a. V b. 75 c. IV d. 313 e. 329 f. 211 g. 399 (2) 7つ (3) 4種類 (4) 18

練習 4 (p. 83)

(1) アボカド，トマト，ツナ，(温泉卵) (2) 2人分 (3) 5種類 (4) 酢 ──大さじ1，醤油 ──少々 (5) 温泉卵 (6) 貝割れ(大根)

練習 5 (p. 84)

(1) a. ○ b. ○ c. × d. ○ e. × f. ○ g. ○ h. × (2)「ご購入・チャージ（入金）」 (3)「ご利用可能交通機関」 (4) Suica

練習 6 (p. 86)

(1) ② (2) ⑫ (3) ⑭ (4) ⑪ (5) ⑥ (6) ⑮ (7) ⑩ (8) ⑯

練習 7 (p. 88)

(1)『黒い雨』 (2)『金閣寺』 (3)『人間失格』 (4)『沈黙』 (5)『蜘蛛の糸・杜子春』 (6)『人間失格』 (7) 遠藤周作 (8)『人間失格』 (9)『金閣寺』 (10) 380円

練習 8 (p. 90)

(1) a. ○ b. × c. × d. × e. × (2) a. 叩き箸 b. 寄せ箸 c. 箸渡し d. 迷い箸

練習 9 (p. 92)

(1) 年末年始（12月29日～1月4日） (2) 大荒れ (3) 元旦の日の出（1月1日に昇る太陽のこと） (4) 太平洋側の平野部 (5) 晴れ一時・時々曇り (6) 降水確率（雨が降る確率） (7) マイナス1度 (8) 平年より厳しい冷え込みとなる

練習 10 (p. 93)

(1) 8本 (2) 感情線 (3) 太陽線 (4) 知能線 (5) 健康線 (6) 生命線 (7) 財運線 (8) 結婚線

第II部　実践編

問題 1 (p. 96)

(1) 3分 (2) 2つの小袋（ソース・ふりかけの袋） (3) 湯をすてるため (4) よく混ぜ合わせる (5) 熱湯によるやけど，フタのふちで手を切ること (6) 電子レンジ (7) 東京・大阪

問題 2 (p. 97)

(1) 4(位) (2) 6(メートル)90(センチ) (3) 6(メートル) 82（センチ） (4) 6（メートル）74（センチ） (5) 金メダル(と)賞金6万ドル (6) 着地の時にポニーテールが砂についてしまったから

問題 3 (p. 98)

(1) 8（時） (2) a. 1週間に2回 b. 2週間に1回 c. 1週間に1回 d. 1週間に1回 (3) 中身の見える袋、または、ふたつきの容器 (4) ボトル類，プラスチック製のキャップ，ペットボトルのラベル，弁当の容器，レジ袋，外袋，など (5) 軽くすすぐ (6) 裏面 (7) 紙などに包んで「キケン」と明記する (8) 一辺が30cm以上のもの (9) 家電リサイクル受付センター (10) 03-3644-6216

問題 4 (p. 100)

(1) 2008(年) (2) 3(位)，EU (3) 中国，韓国 (4) 欧州の財政･金融危機の影響 (5) 2万4090(人) (6) 面接，電話 (7) 読売新聞社

問題 5 (p. 101)

①改行と空白をうまく使う ②件名を具体的に書く ③送信前に読み返す ④箇条書きを多用する ⑥結論から書く ⑦大事な用件は送信後に電話する

問題 6 (p. 102) ※[特徴]は解答の中のいずれか2つ

A型：[特徴] 気遣いを忘れない，協調性重視，周囲と協調する，几帳面 [免疫力] 3 [祖先] 農耕民族

B型：[特徴] 気まま，自分の価値観を優先する，

オタク気質，自由奔放 ［免疫力］2 ［祖先］遊牧民族
O型：［特徴］開放的，チャレンジ精神に富む，自己主張が強い，積極的，ハンター気質 ［免疫力］1 ［祖先］狩猟民族
ＡＢ型：［特徴］人と距離をとる，一匹狼，他人に対して疑い深い，内向的 ［免疫力］4 ［祖先］農耕民族と遊牧民族の混血

問題 7 (p. 104)

(1) 3月26日（土） (2) ミシガン州ノバイ市民センター (3) 日本語スピーチコンテスト (4) 16回目 (5) 約50人 (6) 17人 (7) a. ケルシー・クール b.「変わった私」 c. トロイ高校 d. 一度も日本に行ったことがない (8) a. リュー・ランコセン b.「中国語を変えた日本語―和製漢語」 c. ミシガン大学 d. 物理と医療工学 e. 一度も日本に行ったことがない f. 魯迅《ろじん》 (9) a. ユリア・ハハレヴァ b.「故郷も国境も越える夢」 c. ミシガン大学 d. 精神科医 (10) 日米往復航空券

問題 8 (p. 106)

Ａ：(1) コンピレーション・アルバム (2) 同じ演奏者の別の曲を聞く (3) ジョン・コルトレーン，サックス (4) シーン別のCDアルバム (5) 本（名盤の紹介本やジャズの歴史、ミュージシャンなどについての専門書） (6) 米国の人種・宗教問題やレコードの発展の歴史 (7) 悲劇的で壮絶な人生を送った人
Ｂ：(1) ビル・エバンス，「ワルツ・フォー・デビー」 (2) スイングジャズ，デューク・エリントン，「A列車で行こう」 (3) セロニアス・モンク，ピアノ (4) トランペット (5) マイルス・デイビス，トランペット (6) モダンジャズ

問題 9 (p. 108)

a. × b. ○ c. × d. × e. ○

問題 10 (p. 109)

a. × b. × c. × d. ○ e. ○

問題 11 (p. 109)

a. ○ b. × c. × d. × e. ×

問題 12 (p. 110)

a. × b. ○ c. ○ d. × e. ×

問題 13 (p. 110)

a. ○ b. × c. × d. ○ e. ×

問題 14 (p. 111)

a. ○ b. × c. ○ d. × e. ○ f. ×

問題 15 (p. 112)

(1) b (2) b (3) c (4) a (5) b

問題 16 (p. 113)

(1) ２位：四次元ポケット（スペアポケット）
３位：タイムマシン (2) c (3) a (4) b (5) a

問題 17 (p. 114)

(1) b (2) c (3) a (4) b

問題 18 (p. 115)

(1) a (2) b (3) b (4) c (5) a, c, d, e, f, g

問題 19 (p. 116)

(1) c (2) c (3) b (4) b

問題 20 (p. 117)

(1) c (2) a, b, e (3) b

問題 21 (p. 118)

(1) Q1: d Q2: a Q3: e Q4: c Q5: f Q6: b
(2) ① c ② d ③ b ④ a

問題 22 (p. 120)

(1) ア－Ｄ イ－Ｂ ウ－Ｃ エ－Ａ オ－Ｅ
(2) a. 1100（人） b. 62（%） c. 48.5（%） (3) c

問題 23 (p. 121)

(1) a (2) b (3) a

問題 24 (p. 122)

(1) a. D b. K c. K d. D e. D f. K (2) b (3) c

問題 25 (p. 123)

(1) ① c ② a (2) d

問題 26 (p. 124)

(1) b (2) c (3) a (4) b (5) c

問題 27 (p. 125)

(1) b (2) a (3) a (4) c

問題 28 (p. 127)

(1) b (2) c (3) a

問題 29 (p. 128)

(1) b (2) a (3) c (4) b (5) c (6) b

問題 30 (p. 133)

(1) a. ⑤ b. ④ c. ① d. ③ e. ② f. ⑥
(2) ①赤字；Startups Hundreds of Millions of Yen in the Red (Some startups have been losing hundreds of millions of yen.)
②架け橋；Born in Africa, Studying in Japan: Becoming a Bridge Between Japan and the Homeland (African students in Japan are promoting international exchange between Japan and their homeland.)
③閉幕；Curtain Closes on Popular Anime Convention (An anime convention that was held ended in success.)
④連鎖；Suicide Bombings and the Never-Ending

Chain of Retribution (Suicide bombings lead to an endless cycle of violence.)
⑤ 核家族 ; Nuclear Families Contribute to Declining Birthrate (Nuclear families are one of the causes of the declining birthrate.)
⑥ 重い十字架 ; Late Compensation: A Heavy Cross to Bear for Nuclear Power (Many have yet to be compensated for the nuclear disaster, which has put a lot of pressure on the owner of the nuclear plant.)
(3) ①警鐘＝警告をする。悪いことを予告する。(南極の氷が溶け出して、地球温暖化の悪化に警告を発している。地球温暖化の悪化を予告している。)
②花開く＝盛んになる。人気が出る。(携帯電話で使用されている特殊な言葉が注目され、多くの人々の間で盛んに使用されるようになった。)
③壁＝障害。何かと何かの間に存在する問題。(違う言語を話すことによって生じるコミュニケーションの問題を、友情が取り除いた。)
④受験戦争＝入学試験に合格するためには、まるで戦争のように人と戦わなければならない。(戦争のように厳しく戦わなければならない入学試験を受けなくてもいいように、子供を幼稚園から私立に入れる。)
⑤荒波＝厳しい状況／苦戦＝一生懸命戦っているがなかなかうまくいかない (就職活動をしている大学生たちが、新卒採用が厳しい状況の中、苦しんでいる。)

問題 31

パート１　(p. 134)
(自由解答)

パート２　(p. 135)
① b　② a　③ b　④ a　⑤ a　⑥ a　⑦ b

パート３　(p. 136)
A－⑥　B－③　C－①　D－②　E－⑤　F－⑦　G－④

問題 32

パート１　(p. 140)
① a. 高校生　b. 女性　c. 三重県　d. やせられない
② a. 自営業　b. 30 代・男性　c. 群馬県　d. 占いに惑わされる
③ a. 大学生　b. 女性　c. 東日本大震災で津波が来たところ　d. 祖母を置いて逃げてしまったことに苦しんでいる
④ a. 自営業　b. 40 代・女性　c. 田舎　d. 息子が大学を休学して海外に行きたがっているが、行かせたくない。

パート２　(p. 142)
A－③　a. 心療内科医　b. c.（自由解答）
B－①　a. 精神科医　b. c.（自由解答）
C－④　a. ライター　b. c.（自由解答）
D－②　a. 精神科医　b. c.（自由解答）

問題 33　(p. 144)

(1) (2)（自由解答）(3) a. 2（人），日本語の美しさが表現できる／縦書きの文章の漢字と平仮名の作り出すハーモニーが美しい／流れるような文体に魅力を感じる，など　b. 2（人），読みやすく、速く書ける／数字やカタカナを書くのに適している／実用的で現代的，など　c. 8（人），場面や気分、相手に応じて使い分ける／横はカジュアル、縦はフォーマルなど　(4) a. 子供の時、指や紙が汚れるのが嫌だった／新聞記事を含め、長い文章を読む時は縦書きがいい。b. お知らせなどを読む時はすんなり頭に入る／記事を書く時は横書きがいい

問題 34　(p. 146)

(1) (2)（自由解答）(3) bitch, fuck, shit, fucking, son of a bitch　(4) アメリカでは音を消している。日本では何もしていない。　(5) 在日外国人の抗議行動　(6) 危険である。犯罪に巻き込まれる。(7) 現地の人に怒鳴られた／博物館への入場を拒否された　(8) 外国人旅行者の日本に対するイメージがダウンする　(9) 英語教師の研修の場でこの問題を取り上げている　(10) 英語教育のあり方に問題があるが、それは言い訳にならない。最低限の英語の知識は身につけてほしい。　(11)（自由解答）

問題 35　(p. 148)

(1) － (5)（自由解答）(6) 文字が鏡に映したように裏返しになる　(7) 外国語を理解するのは難しい　(8) 女の子に「神」にあたる日本語として「矢沢」の漢字を教えた人は、矢沢の熱狂的なファンだったので、このジョークを言ったのだろう。女の子はそれをまともに受け取ってタトゥに入れてしまったという、日本語や漢字を知らない人の失敗にまつわるおもしろい話。(9) (10)（自由解答）

第III部　挑戦編

1．ショートショート「誘拐」

（星新一著「誘拐」新潮文庫刊『ボッコちゃん』所収）

パート１　(p. 155)

(1) 誘拐犯　(2) 博士が雑誌を買うために車を離れていた間に。

パート２　(p. 156)

(3) 届けていない　(4) ロボットの設計図　(5) エストレラ博士

パート３　(p. 157)

(6) ロボットの設計図と子供を交換する。　(7) おとなしく寝ている。　(8) 耳を引っぱって、泣かせてくれと頼んだ。

パート４　(p. 158)

(9) ロボットが爆発する時に周囲を巻き込まないようにするため。　(10) ロボットだった。

2．ショートショート「ボッコちゃん」

（星新一著「ボッコちゃん」新潮文庫刊『ボッコちゃん』所収）

パート１　(p. 160)

(1) c　(2) b　(3) a　(4) b　(5) c

パート２　(p. 161)

(6) b　(7) c　(8) a　(9) a

パート３　(p. 162)

(10) b　(11) a　(12) c

パート４　(p. 163)

(13) a　(14) c　(15) c　(16)（自由解答）

3．ショートショート「愛用の時計」 (p. 164)

（星新一著「愛用の時計」新潮文庫刊『ボッコちゃん』所収）

(1) b　(2) c　(3) b　(4) a　(5) c

4．ショートショート「不眠症」

（星新一著「不眠症」新潮文庫刊『ボッコちゃん』所収）

パート１　(p. 168)

(1) 事故で頭をうったから。　(2) まったく眠れないが、少しも疲れない。　(3) 夜警として採用してもらうこと　(4) 居眠りをしないから。　(5) 昼は会社員、夜は夜警として働き、一日中仕事をしている。　(6) とてもよい。　(7) お金があっても、それを使うひまがないこと　(8) 眠りに対するあこがれの気持ち。どうしても眠りたいという気持ち。　(9) 新しく輸入された高価な眠れる薬を使うこと　(10) 薬を注射した。　(11) 頭がぼんやりとして、何かが逆転するような気分になった。

(12)（自由解答）

パート２　(p. 170)

(13) 事故以来、ずっと眠りつづけていた。そして、不眠症にかかっている夢を見ていた。　(14) 眠らずに昼夜ぶっ通しで働かなくてはならない。なぜなら、目覚めるための薬代がとても高かったから。

ご使用くださる先生方へ

ー速読の授業を始める前にー

本書をお使いになる先生方に、認識しておいていただきたい背景、知っておいていただくと便利なこと、速読の授業で得られた学生の反応や上達度、リサーチ結果、そして、実際の授業の進め方についてまとめました。速読の授業を始める前に、ご一読ください。

Ⅰ．速読指導の方法と本書を使う際の留意点

1．本書の目標について

本書を使って学ぶ意義として、テキストのp. 6に5つの最終目標を掲げました。これらについて補足しながら、本書で目指す「読み」指導のねらいを解説します。

目標①　必要な情報や知識だけ、素早くつかみ取れるようになる
目標②　普通の日本人の読み方に近い、自然な読解法を身につける

文章の読み方には二種類の方法があると考えられます。一つは**言語指向の読解**、すなわち初・中級の外国語学習に多く用いられている精読読解法で、新しい語彙や文法を学び、文構造を理解する目的で文を読む読み方。もう一つは母語話者の自然な読み方である**内容指向の読解**で、その中には速読と熟読があります。初・中級の外国語学習者が文を読む場合、精読で読み始めるのが一般的となっています。

上級に進むにしたがって、読みの目的が言語指向から内容指向へと自然に移行していくのが理想ですが、長く言語指向の精読を続けると、上級で幅広く多くのものを読まなければならない時期にきても、文法や語彙をいちいち分析確認しながらでないと次へ進めないという習性から抜け切れません。これは、新規導入した文法や語彙を定着させるために書かれた文章を構文中心で精読するという学習法がもたらした弊害と言えるでしょう。言語指向の精読は、初期の学習段階では不可欠なものですが、多くのものを読んで知識や情報を増やすには限界があり、またこの方法では「楽しんで読む」という域にはなかなか到達できません。

この言語指向の精読による弊害を取り除くには、「**スキャニング＝速く読んで必要な情報を得る**」と「**スキミング＝速く読んで大意を理解する**」の訓練が大変効果があります。速く読もうとすると、語彙や文法の分析をしている時間的余裕がなく、とりあえず必要な情報だけを得て、次に進まざるを得ないためです。

精読する時間はないが、書かれていることの
意味や内容は把握しなければならない

↓

スキーマ（その時に持っているあらゆる知識）を
総動員して、とにかく速く読んで理解する

↓

必要な情報を得る

このプロセスを効果的なタスクを使って実践することは、言語指向から内容指向の読みに移行する助けとなります。また、通常の日本人の生活の中では、熟読より速読をする機会の方が多いことを考えると、目標①と②は自然な読み方を習得する上での重要なポイントと言えます。

目標③　さまざまな分野のものを大量に読めるようになる

これまで多くの外国語習得研究によって、「多読」は言語習得に多大な効果があることが実証されています。特に周りに日本語環境の少ない外国では、いろいろなものを読むことは重要な言語接触の機会であり、日本を知る情報源です。速く読むことができるようになると、短時間で多くのものに目を通すことができ、インプットされる情報も増えます。解読に頼りすぎる原因の一つに言語・情報知識の不足があげられますが、多読によって日本語や日本に関する情報を増やすことは、解読から読解への移行を自然に促す助けとなります。

目標④　予測・推測の力をつけることで読解力を伸ばす

読解力は、次にどんな文や内容が続くかをいかに正確に予測できるかによって、大きく左右されます。多くの先行研究でも、読解力と予測力の相関関係が実証されており、読むという行為は視覚情報を受け取る消極的な受容作業ではなく、スキーマを最大限に活用し、積極的に仮説を立て、内容を予測・推測し、理解度を高めようとする能動的な活動であるとされています。

実際の授業においても、学生が最も難しいと感じ正解率の低いタスクは、予測・推測の作業でした。反対に日本人に同じリサーチをしたところ、最も正解率の高いタスクが予測・推測の作業という結果が出ました。この例からもわかるように、学習者が日本人のように先を予測できるようになることが、読解力向上へのカギと言えるでしょう。

速く読むという行為は、この予測・推測の力を伸ばすのに大変効果があります。なぜならば、速く読む時には、わからない箇所があっても辞書を引いている時間もなければ、すべての語彙・文法を把握している余裕もなく、わからない部分を前後から類推し、先を予測して素早く内容を理解しなければならないからです。

目標⑤　日本語で読むことを楽しめるようになる

初・中級では精読モードで読むことがほとんどで、内容だけを気軽に読んで楽しむというわけにはいきません。精読は精読で欠くべからざる練習ですが、日本語を読むのは面倒であまり楽しくないという気持ちを学習者に植え付けてしまうきらいもあります。読むという行為にはいろいろな目的がありますが、「楽しむために読む」というのも、読み本来の大切な目的の一つです。学習者が上級レベルに達した段階で、ただ単に楽しむためだけに読むという機会を与えることも加えたいものです。

2．本書の使用対象者と日本語のレベル

本書は、大人数、小人数クラスのどちらでも扱うことができ、また、学習者の自習・独習にも対応できるようになっています。使用対象者のレベルは、基本的には、

・ACTFL (American Council on the Teaching of Foreign Languages) の OPI レベル (the rating of Oral Proficiency Interview) が中級の中以上
・日本語能力試験のＮ３レベル以上
・海外の大学レベルの日本語教育を 300 時間以上受けた学習者

と設定しましたが、第Ⅰ部の基本技術編の中には、上記のレベルに達する前の学習者が練習できる問題もかなりあります。

また、読解力を高めるだけでなく、あわせて「話す・聞く・書く」の技能の上達も考慮に入れて作成した練習問題が多いので、クラス使用の場合には、ディスカッションから書く宿題まで、どのようにでも発展させることができます。

その他にも本書は、海外子女 (heritage learners) で読むことの訓練を受けていない学習者にも最適です。独習で本書を使用する場合は、学習者が自分のペースで練習を進めることができるので厳密なレベル設定はありませんが、本書を使用する前には精読できちんと文章を読み取ることができるようになっていることが望まれます。

本書をどの程度の期間で終了するかは、それぞれのクラスの時間数や他の教材との兼ね合いで限定することはできませんが、少なくとも１学期間、できれば１年を通して実施するのが望ましい使い方です。全体を２部構成とし、前半は基本技術編を順に練習し、後半は実践編と挑戦編の中から学習者の興味やニーズに合った問題を選んで練習するのが効果的です。

3．本書を使ってクラスで速読の授業をする際の留意点

(1) 速読の訓練として一度に長時間にわたる授業をしない。毎回のクラスで５分から 20 分以内で終了するように問題を選ぶ。用意したものが教室内で終了できなかった場合、タスクの説明とそのタスクを使った問題が１～２問終了していれば、残りは宿題として独習させてもよい。

(2) 授業の前のウォーミングアップとして、あるいはメインの授業を終えてまだ時間が残っている時、学習者の集中力が散漫になってきた時、次の授業内容に移る時のつなぎなどに、短時間で気軽に取り組ませるとよい。授業時間の大半をあてることは望ましいとは言えない。

(3) タスクに取り組む際は、精読する余裕を与えない。タイマーなどで時間を計り、基準所要時間内に読み終えてタスクも終了するように導く。基準所要時間は上級を対象に設定してあるので、中級や初級後半レベルの場合は時間を延ばす。

(4) スピードを重視し、進行は通常の授業よりテンポを速める。ゲーム感覚で学習者同士が時間と正解率を競ってみるのもおもしろい。

(5) テキスト中のどの部分の教材を使ってどのように授業を進めるかは、教師の裁量に任されるが、基本技術編の特にスキミングの技術は、順を追って練習していくと効果がある。

(6) これまでの精読中心の授業と異なるため、初めはとまどう学習者が見受けられる。教師は速読の目的と意義を学習者に明確に提示し、タスクの目的と方法もよく把握して、わかりやすく説明するように心がける。

(7) わからない箇所があっても学習者がそこに留まってしまわないように、細部にこだわらないで、わからない箇所があるということに慣れさせる。わからない箇所がある場合はスキーマを活用し「前後から類推する」「先を予測する」という方法でなんとか読了して意味を取るよう指導する。

(8) 終了した時点ですぐにペア、あるいはクラス全体で答え合わせを行う。簡単な解説は交えてもよいが、クラスの大半が不正解でない限りは、間違いの分析に時間を費やさない。不正解の場合は後で時間をかけて読んでみるように言い、授業では手当をしない。

(9) 読むものによっては読み始める前に前作業を行っておく。特に単語表のある記事は、先に内容を予測させるなどして、前作業の段階から予測・推測の訓練を行う。また、扱うトピックによっては事前に背景知識の確認や討論などを行い、読んでいる時に内容の予測が立てやすいように導く。

(10) 練習目標は「速く読んで必要な情報を正確に得る」であるが、記事によっては並行して四つの言語技能を伸ばしていけるようにクラスを導く。例えばペアやグループでその読み物に関連したことを話し合ったり、読んだ後に書く宿題を出したりすることで、他の言語機能との相乗効果が期待できる。

4．各練習問題の所要時間について

各練習の指示文の最後に〈～分〉と時間を示してあります。これは基準所要時間で、この時間内に問題を終了するのが望ましいという目安です。この数字は、実際に上級のクラスで各練習問題にかかった時間を測定して割り出したもので、絶対的な時間ではないので、本書を初・中級レベルで使用する場合は時間の調整をしてください。

5．漢字のルビについて

旧日本語能力試験の漢字基準に沿って設定しました。原則として旧２級以上の漢字にはルビがつけてありますが、語彙・漢字の難易度、同一語彙の頻出度によって調整してあります。また、基本技術編から実践編、挑戦編に進むに従ってルビを減らしています。

なお、ルビは下付きなので、上級レベルではなるべくルビを見ないように指導したり、ルビを隠しながら読んでいくという方法も勧めてみてください。

6．漢字圏と非漢字圏の学習者が同席する場合について

経験上、またリサーチ結果を見る限りでも、漢字圏の学生は有利ではありますが、漢字能力が必ずしも読解力の決定的要素になるとは言えません。漢字圏の学生は読むスピードは速いですが、正確な読解力は学生個人によって異なります。漢字を知っていることは、あくまで読むために有効な既得知識を多く持っているということであり、読解力の高さを決定するものではないようです。むしろ、なまじ知っているがゆえの弊害――文構造を無視して、漢字の持つ意味だけを表面的に追ってしまう――から、とんでもない勘違いをしてしまうことも往々にしてあります。

よって、日本語そのもののレベルが同程度であれば、漢字圏と非漢字圏の学生が同席しても速読の授業は十分に実施できます。漢字圏、非漢字圏の違いというより、むしろ学生間の日本語能力に差がある場合に問題が生じやすく、問題選択、基準所要時間の設定など、教師側の臨機応変な対応が望まれます。

7．速読のために独自の教材を作成する場合の留意点

本書の練習だけでは十分ではない、あるいは、もっと自分の学生のレベルや興味に合った教材を使ってみたいとお考えの先生は、以下のことを基本にして、ぜひ新しい教材を作ってみてください。

＜教材の選び方＞

(1) 様々な分野の生教材で、学習者にその話題のスキーマがあり、内容に興味が持てるもの、実際にその情報を必要とするもの、役に立つもの、読んでおもしろいものなどを取り上げる。

(2) スキャニングやスキミングの技術を伸ばせるような教材を選ぶ。スキャニング・スキミングの技術をそれぞれに伸ばすもの、両方の技術を同時に必要とするものなど、教材の性質をよく把握する。

◆ スキャニングの効果的な練習ができる生教材の例

辞書／索引／目次／メニュー／テレビ・ラジオ番組表／時刻表／料金表／電話帳・名簿・住所録／本のタイトル・筆者名／地図・路線図／新聞・雑誌・インターネット記事の見出し／映画・劇などのタイトル・場所・時間・出演者／標識・サイン／アパートなどを探す時の不動産の情報／テナント集合ビルの部屋番号案内／グラフ・図／各種リストなど

◆ スキミングの効果的な練習ができる生教材の例

映画・テレビの字幕／電光掲示板に流れる文字／辞書／各種パンフレット／宣伝・求人広告／本の帯カバーや背書き／映画・劇などの内容紹介／テレビ・ラジオ番組紹介／お知らせ・伝言／アンケート／新聞・本・雑誌・インターネット記事などの斜め読み・拾い読み／レシピなど

(3) 学習者のレベルに合った読み物かどうかを考慮する。語彙や構文がわかりすぎるものは精読的読み方に陥りやすく、逆に難しすぎるものは学習者の読む気をそいでしまう。また、扱う読み物の話題に対する学習者のスキーマの有無を考慮する。難しい語彙や漢字、構文がたくさんあれば難易度が高いと一概には言えない。すでに背景や語彙を知っているものであればかなり難しいものでも速く読めるし、反対にどんな簡単な文章でも知らないものを読むのは時間がかかる。

＜教材作成上のポイント＞

(1) 一つ一つの練習に明確なタスクを設定する。段階的に力をつけるため、同じタイプのタスクを内容や難易度を変えていくつか用意し、やさしいものから徐々にレベルを上げるようにする。

(2) 読み始めてからタスク終了までに時間がかからないようにする。一つの読みものが５分以内で終了するのが望ましい。長文の場合は、適当な長さに分けて練習を設定する。

(3) なるべく自然な言語環境を与えるため、生教材は文字の大きさやレイアウトも含め、できる限り手を加えない。難易度の高いものは、学習者のレベルに合わせてタスクの方をコントロールする。

(4) 練習目標は読解に置くが、できれば並行して四つの言語技能を伸ばしていけるようなタスクも設定するとよい。

(5) 読解力を向上させるには精読に速読が続くように授業を構成するのが効果的。精読で学んだ文法・語彙を、続く速読で内容理解に重点をおいて読み取る作業は、新しく導入したものを定着させる上でも有効である。

８．学生の反応、上達度、リサーチ結果など

リサーチの詳細は省きますが、速読の練習を始める前と後では、読む速度が格段に速くなり、また、練習を続けていくにつれて難易度が上がっていくにも関わらず、読む速度、正解率共に上昇していきました。日本語能力試験の受験準備にも役に立つようで、本書を使用することによりN1、N2の合格者の数が増加しました。

アンケート調査では、学生の反応は概ね好評で、感想・意見を紹介すると、「読解力向上に大変役に立つ」「いろいろな記事や文章がたくさん読めておもしろかった」「もっといろいろ読んでみたくなった」「わからないところがあっても挫折しなくなり、記事を読むのが億劫ではなくなった」「いちいち文法を考えないで読むことができるので、日本語で読むことが楽しくなった」「この教科書のおかげで日本語能力試験に合格できたと思う」などがありました。

問題点としては、「わからない部分がはっきりしないまま読んでいくので、たとえ問題の答えが正解でも本当に理解できているかどうか不安だ」「時間を計って急かされるので、落ちついて読めない」「速く読むことは好きではない」などがありましたが、これらは速読の授業の目的と意義をしっかりと把握させることで解決できるものです。

全体的に見て効果があったと思える点は、(1)読解の強化を目指したにもかかわらず、結果として「読む・書く・聞く・話す」の四技能を効率的に高めることができたこと、(2)できるだけ生教材を使って実際の状況に近いタスクを課したことで、熟達度 (proficiency) を目指す授業が実践できたこと、そして、(3)学習者が日本語で読むことを楽しむようになったことです。

Ⅱ．授業の具体的な手順

以下の解説で使用する記号は、それぞれ、〔S〕個人作業、〔P〕ペアワーク、〔G〕グループワークが効果的という意味です。

「第Ⅰ部 基本技術編」の使い方

基本技術編は、技術を段階的に積み重ねて読む速度を上昇させるように作成してありますので、なるべくページをとばさず、順を追って練習してください。

A. スキャニングの技術を使う

速読の授業への導入とステップ１～２ ＜初日の授業＞

初日は十分時間を取って、速読の目的と意義を理解させてください。

まず、速読の授業を行う前に、日本語の文章を速く正確に読むには、どんなことに注意してどんな読み方をしたらいいか、クラスで簡単に話し合ってみます。学生側からはかなり的確な答えが出てきますが、特に本冊 p. 6「本書について―学習者のみなさまへ―」の「6．このテキストを使う際の具体的な注意事項」の＜作業の進め方＞の (5) と＜読み方＞の (1) (2) に関連した答えが出てくるように学生を導いてください。この話し合いを通して、これまでの精読モードの読み方とは違う方法で読んでいくのだということを認識させます。

次に、速読練習の目標について、本冊 p. 6 の目標①～⑤を読みます。時間があれば、この内容について簡単に話し合ってもよいでしょう。続いて、p. 20 のステップ１のページに移ります。

ステップ１：速く目を動かす〔S〕の練習は、タイマーを持って「はい、スタート」でいっせいに数字探しを始め、30 秒で切ります。終わったら学習者にどこまで数字を追えたかを尋ね、多くの数字を見つけた者とあまり見つけられなかった者に、どのような方法でやったか違いを聞いてみます。このタスクは直接に速読と関係はありませんが、速く読むための目の動きを確認させる意図で行います。

この練習をした後に「スキャニングとスキミングの技術について」(pp. 16－17 ／英訳 pp. 18－19) を簡単に学習します。まずクラスで「スキャニング」「スキミング」とはどんな読み方か、どんなものを読む時にこのような読み方をするかについて話し合ってみてもいいでしょう。時間があれば p. 17 のボックスの中の例について、どちらの読み方をするかをペアやグループで話し合わせてください。

続いて、p. 21 のステップ１の練習２を行います。「スキャニング」「スキミング」は、自分の言語では日常的に使用している読み方で理論としては難しいものではなく、学生も要点はすぐ理解できるようなので、詳しくは日本文でも英文でも宿題で読んでくるようにしてかまいません。

次に、**ステップ２：トピック探し〔S〕**に進みます。ここでは主に単語レベルの類推の訓練をします。例えば練習１の (5) では「看護師・注射・手術」の意味がわからなくても答えは出せるはずですし、練習３の(2)も「湖・沼・池」という言葉を知らなくても、部首のサンズイ偏から水に関係のある言葉だと推測できます。このようにステップ２では、すべてがわからなくても、スキーマを活用して必要な情報を得るという訓練をします。なお、練習２の答えは、模範解答以外にもいくつかの正解がありますので、随時対応してください。

初日の授業はここまで一気に進めます。時間がなければ、ステップ２の各練習は授業内でそれぞれ(1)～(3)ぐらいを実施し、残りは宿題にしてもいいでしょう。段階的に力をつけるため、原則として初日を除いては一度にたくさんの練習をしないようにし、練習時間は毎回20分以内にとどめて、ステップを一つずつこなしていくようにしてください。また、各ステップの間にあまり期間を置かず練習したほうがいいでしょう。

ステップ３：内容推測〔Ｐ〕では、情報を得るための読み物は、全文を読まなくてもキーワードさえ押さえれば足りることを学びます。実際の生活の場でお知らせや広告記事などを読む場合、私たちはそれを見た瞬間にその情報が自分にとって必要なものかどうかをある程度判断し、必要とあれば読むという行為に移ります。そして、読む場合にも、文章全体を読まずにキーワードだけ把握して素早く情報を得ようとします。したがって、情報本位の文章を速く読むためには、何がキーワードかを素早く判断できるような訓練が必要です。キーワードは通常、漢字・カタカナ・数字で表されることが多いので、ひらがなで書かれる助詞・文末表現・接続部などは読まなくても十分です。以上のような観点から、ひらがなを抜いた文章を見て内容を推測するという問題を作成しました。

ただし、これはあくまで情報検索の場合の読み方で、文章を理解する読み方の場合には、逆に、ひらがなで書かれる肯定・否定・時制などが重要な要素となります。その技術の訓練は「B. スキミングの技術を使う」の項で練習しますが、ステップ３を終えた後は学習者に「この練習はあくまで内容を大まかに推測するための技術であって、ひらがな部分をおろそかにしていいと言っているわけではない」ということを付け加えてください。これは特に、漢字圏の学習者には必ず強調しておかなければならない事項です。

このタスクの練習法としては、まずクラス全体で各設問にざっと目を通し、どんなことが書かれている文章か素早く推測させます。次にペアで各設問の内容について考えさせます。クラスのレベルにもよりますが、この問題はあまり難しくないので、話し合いは基準所要時間で十分で、答え合わせも細部にわたってする必要はありません。ポイントがつかめたら終わりにして、次の作業に移ってください。

ステップ４：スキャニング（情報取り）〔Ｇ／Ｐ／Ｓ〕では、スキャニングの技術を使った情報検索を練習します。ステップ１～３をふまえたスキャニング練習のまとめとなる問題です。実際の生活で非常に必要とされる技術なので、問題もすべて生の資料を用いました。特に練習13～15（漢字辞典のタスク）は日本語習得に直結するので、実際に辞書を用いてさらに練習をしてみるのもいいでしょう。

なお、練習13はかなり時間がかかるので基準所要時間は入れてありません。学習者の漢字の知識に合わせて臨機応変に対応してください。また、答えが全部わからなくてもいいので、まずは各部首の問題を２、３個ずつ一通りやるように指示をしてください。学習者にとっては、復習を兼ねた楽しい作業のようで、時間を切らないといつまでも話し合っています。適当なところで終了し、残りは宿題にするといいでしょう。

スキャニング練習は、未習の語彙が多くて難しそうに見える教材でも、初級後半から練習可能なものもあります。学生が興味を持ちそうな、役に立つ問題を試してみられることをお勧めします。

B．スキミングの技術を使う

ステップ５：日本語の基本文型〔S〕・日本語の名詞修飾節〔S〕の練習は、精読モードに逆戻りするように見えるかもしれませんが、実は速く読むために有効な訓練です。文構造の正確な理解は読解力を決定する重要な要素で、この練習は速読の授業でも非常に大切なものです。ステップ５では簡単な例を使って素早く文構造を把握する練習をしますが、時間はあまり気にせずに学習者の理解度に合わせて進めてください。

学習者には、(1)一見難しそうに見える文章でも、基本文型にあてはめてみると実は単純な文構造の場合もあること、(2)修飾部と被修飾部が素早く把握できれば、わからなければいけない部分と無視してもいい部分の判断がつきやすく、語彙の難易度に左右されずに読み進めることができること、の２点を認識させてください。

ステップ６：キーワード探し〔P／S〕では、６つの要素（いつ、どこで、だれが／何が、何を、なぜ、どのように）のキーワードを素早く見つけ出す練習をします。内容は主に新聞やインターネットの記事から題材を取っています。語彙が未習で難しそうに見える記事もありますが、キーワードを探し出すことだけにタスクを限定すれば、それほど難しくはありません。この練習は、難しい文でもとりあえず概略はつかめたという自信を与えることができるので、学生の励みになる練習と言えるでしょう。

ステップ７：文・段落の並べ換え〔P／S〕では、キーワードを探し、かつ文と文とのつながりを考えながら先を予測して文を組み立てていく練習をします。この練習には読解力がかなり要求されますが、学生が楽しんで取り組む作業の一つで、練習６・練習７のような物語のあらすじを追う問題はもっと用意してもいいでしょう。ただし、あまり複雑で時間がかかりそうなものは避け、読む量は１ページ以内に抑えてください。

ステップ８：正誤問題〔S〕は、これまで行ってきたタスクと異なり、全部読み終わってから内容を判断する練習を行います。読む際は、文法、文のつながり、ひらがなで表される時制・肯定・否定など、キーワード以外の文の要素にも気をつけなければなりません。始める前に、学生にテキストの説明部分をよく理解させてください。特に、漢字圏学習者は、ひらがな部分をとばして読みがちなので、注意を促してください。

ステップ９：選択問題〔S〕は、紛らわしい選択肢を入れることで読解力をチェックするという、通常の試験でもよく見られる問題形式です。速読でこの形式に慣れておくと日本語能力試験の対策にもなります。

ステップ 10：内容の予測〔S〕では、3種類の問題形式を練習します。練習1は単文レベル、練習2は小段落レベルの予測で、文のつながりの部分の文法要素が正確につかめるかどうかを練習します。この2つの練習は文法の力を試す問題なので、文法がわかれば正解が得られ、それほど難しいものではありません。それに対し、練習3は段落レベルで文の一貫性（coherency）や統合性（cohesion）がどの程度理解・予測できるかを試す問題で、外国人にはかなり難しいタスクと言えます。なぜならば、この練習は「日本人なら次には当然こう考える」という日本人的な論理展開に基づく予測が必要で、かなり高度な言語能力が要求されるからです。学習者が正解をよく納得できないようであれば、教師が解説を加えて理解を補ってください。この形式は実践編の「5．次に続く内容を予測する」（問題26～29）でも繰り返します。

内容の予測を練習する時は、わからない箇所があってもそこにとどまらずに、とにかく先を予測してみること、また、言葉の表面的な意味に引きずられ、文構造を無視した勝手な類推や推測をしないことを、始める前によく注意してください。

先にも述べましたが、リサーチ結果では、内容予測は、非母語話者と母語話者の読解力の差が最も大きく表れるタスクでした。つまり、学習者が母語話者のように自然な読み方ができるようになるには、予測の力を伸ばすことが不可欠なのです。また、話す力はあるが読解力に問題のある学生は、他のタスクに比べて予測のタスクの正解率が低いという傾向が見られました。この理由には、話し相手と相互のやり取りのある会話と違い、一人で読む作業では、いったん読み間違えるとそのまま軌道修正できずに最後まで行ってしまうということが考えられます。正誤問題などは、全体を読んでから答えるので思い違いをしていたということに気づくチャンスがありますが、それまで読んだ部分を元にして先を予測するという作業は、文の一貫性を洞察することを要求され、真の意味での読解能力が問われるものと言えましょう。

ステップ 11：主題・大意・要点をつかむ〔S〕の練習も通常の試験でよく見られる問題形式ですが、まずテキストの解説部分をしっかりと説明してから始めてください。特に、文章の表面上に現われていないけれど日本人なら当然推察できることを、どの程度つかめるかは重要です。このステップは文章のレベルが高く問題がかなり難しいので、高い正解率は望めません。クラスでやった後に、宿題としてもう一度熟読してよく考えてくるようにしてもいいでしょう。

C．スキャニングとスキミングの技術を同時に使う〔G／P／S〕

このパートは基本技術編の総まとめです。スキャニングとスキミングの両方の技術を併用しますが、どちらかと言えばスキャニング（情報検索）の要素が高いと言えます。〔ステップ4：スキャニング（情報取り）〕同様、実際の生活で非常に必要とされる技術で、問題もすべて生の資料を用いました。未習の語彙が多くて難しそうに見えても、前作業としてタイトル・写真・単語表などを元に学習者のスキーマを活性化しておけば、読み取りは可能です。

なお、話題によっては、学生が大いに興味を示して内容についていろいろ質問をしてくることがあります。その場合、時間の余裕があれば、ぜひ答えてあげてください。ディスカッションに発展させてもかまいません。速読をしたことの内容で質問や話し合いができたとしたら、それは速読授業の大きな目的を一つ達成したことになります。このパートの教材は、基本のタスクを終了した後は教師の裁量でどのように料理していただいても結構です。大いにクラスを盛り上げてください。

「第Ⅱ部 実践編」の使い方

実践編では、基本技術編で学んだ技術を使って、生教材を読んでいきます。単語表がある場合には、初めに単語表を見てどんなことについて書かれたものか話し合ってみてください。この内容推測の前作業をすると、ある程度背景が把握できてからタスクに取りかかれるので、正確な読み取りが期待できますし、予測力を高める練習にもなります。

初めのページから順を追って練習していくのが望ましいですが、それぞれのタスクに必要な技術はすでに基本技術編で練習しているので、学習者が興味を覚えそうな練習問題をレベルに合わせて取り上げていってもいいでしょう。文章だけでなく、チラシ・写真・グラフ・表・図を見て答える質問もあり、内容は偏らず多岐にわたっていますが、政治・経済の話題は専門性と時事性が高いので、あまり取り上げませんでした。社会性の高い記事はかなり取り入れましたので、日本と学習者の国との比較をしてみるなど様々な話し合いに発展できます。随時対応してください。

「1. 必要な情報を取り出す」「2. 正誤問題」「3. 選択問題」「4. タイトル・トピック・主題・内容を考える」「5. 次に続く内容を予測する」の順に、基本技術編と同形式の問題を用意しました。新聞･雑誌･インターネットの記事、エッセイ、書籍の一部など、情報ソースは多彩です。縦書きと横書きの記事を織り交ぜて、生教材ならではの持ち味を生かしました。題材もできるだけ時代背景や社会環境に左右されないものを選んでおり、いずれの問題も速読の練習を終えた後にディスカッションに発展することもできます。

「6. 見出しを読む」は、記事の見出しを見て内容を推測する練習です。難しそうに見えますが、実際は基本技術編のステップ３（内容予測）を発展させたものです。昨今の情報過多の社会では、どの記事を読むべきかのよりどころとなる「見出し」の持つ役割はますます重要になっています。この練習は時間を気にせずに、ディスカッションを交えながら実施してください。また、**＜日本語の見出しの特徴＞**の確認と**＜見出しによく使われる比喩表現の練習＞**は、いずれも上級の言語習得では必須の課題ですので、必ず行ってください。

「7. 身の上相談の記事を読む」は、パート１でアドバイスについて話し合った後、学生が相談者とカウンセラーの役割を受け持って、ロールプレイをしてみるのもいいでしょう。その後、パート２に進んで、カウンセラーの回答を読みます。ロールプレイのアドバイスとどのように違うか、日本人と自分たちとの価値観や考え方の違いを比較する、あるいは、クラス内でも学生によってかなり意見が違うので、それについて話し合ってみるなど、様々な方向へと発展させることができます。最後に宿題として、自分の意見を簡単にまとめてくるようにしてもいいでしょう。

また、アドバイスに関する話し合いが活発でない場合には、パート２を終えてから、回答者の内容に沿ってロールプレイをしてみるのも一つの方法です。

「8. 記事を読んでディスカッションをする」の問題33～35は、どれも学生が興味を持つ記事で、前作業・後作業とも、話し合いを用意しました。ディベートなどをしてみるのもおもしろいですし、経験や意見を作文に書かせてもいいでしょう。様々に工夫できる問題で、上級レベルに最適と言えます。実践編の集大成ということで単語表はつけませんでしたが、身近な話題なので要点は理解できるようです。学生のレベルに合わせて教師がキーワードを拾い、前作業の中で意味について簡単に話し合いながら、ディスカッションに結びつけていくこともできます。言語の四技能を総合的に伸ばす練習として使ってください。

「第III部 挑戦編」の使い方

これまで育んできたすべての読みの技術の総合的な練習として、星新一のショートショート（掌編小説）を４編読みます。小説や物語は事実や意見を伝える情報記事と異なり、学習者が持っている知識や常識で理解を補ったり、背景を推測することが難しい読み物です。星新一の作品を取り上げた理由は、寓話的で地域・社会環境・時代に関係なく読めるように工夫されていること、そして、サスペンス的な要素が次に何が起こるだろうという興味をそそり、先を予測するタスクを無理なく取り入れることができるためです。また、SFやミステリーは純粋に楽しみだけのために読まれることが多く、学習者がこのジャンルに触れる機会が少ないこともあります。

挑戦編のタスクは、段落やページ単位で長い文章を読み、読んだ部分の内容質問に答えるものです。授業の際は、指示に従いページをとばさないで順番に進めていってください。以下に授業の仕方の一例を紹介しますが、詳しい手順は問題ごとにテキストに指示がありますので、必ず参照してください。

1. クラス全体、あるいはペアで、各パートごとの予測・推測の前作業を行う。（時間がない場合は、この部分は宿題に出しておいてもよい。）
2. タイマーを持った教師が「はじめ」と声をかけ、学習者は一斉に読み始める。
3. 指定された箇所まで読み終わった学習者は手を挙げて読み終わったことを知らせ、教師は所要時間を口頭で告げる。
4. クラスの３分の２以上の学習者が読み終わったところで「やめ」と声をかける。読み終わっていない者もそこで止める。
5. すぐに読み終わった部分について口頭で質疑応答をする。質問は、話の流れの確認や内容理解、次の段落の内容予測に関係したものにとどめ、枝葉末節の質問はしない。読み終わったけれど内容把握のよくできていない学習者や最後まで読み終わらなかった者は、この時点で他のクラスメートの答えから話のアウトラインをつかむ。教師はなるべく全員が答えられ、かつ話の流れが理解できるようにクラスを導く。
6. クラス全体、あるいはペアで、次に何が起こるかを予想する。
7. 次のパートに進む。
8. その日予定したところまで終了したら、内容質問の答えを書いてくる宿題を出す。

「誘拐」は全体を４つのパートに分け、内容質問形式としました。基準所要時間は読み終わって質問の答えがわかるところまでとし、答えを書く時間は含まれていません。比較的やさしい読み物で、学習者もアウトラインと話の落ちはよく理解できるようです。初めに単語表と全部の内容質問を読み、どんな物語かを予想してからパートごとに読み進んでいきます。用意された内容質問の答えだけを得るというタスクなら、ほとんどの学習者が一つのパートを３分から５分で読み終えます。答え合わせの時は、テキストにある質問以外にも、内容理解の助けになるような質問をしたり次にどんな話が続くかを予想するなどして、クラス全体が概略がつかめるように導いてください。

「ボッコちゃん」は全体を４つのパートに分け、選択問題形式としました。ここでは先に単語表だけをチェックして内容を予想してから、本文を読んでいきます。会話が多く一見やさしそうに見えますが、教師の助けを借りず、最後の落ちを即座に理解できる学習者は少ないようです。ストーリーのキーとなる状況：ボッコちゃんのいるバーのカウンターの構造、ボッコちゃんとマスターとお客の位置関係、マスターがボッコちゃんが飲んだお酒をどうしているのか、がしっかり把握できていないと話の展開が見えません。教師は各パートの答え合わせをするごとに、クラス全体が理解できるように絵を書くなどして説明を補ってください。選択問題形式ですが、答え合わせをする時には内容質問をしながら進めてください。

「愛用の時計」はパートに分けず、初めから終わりまで一気に読んでしまいます。また、これまでのように単語表や内容質問からあらかじめ内容を予想するということをしません。最低限に与えられた単語表だけを頼りに、初めて読んだものがどの程度理解できるかを試します。難しい読み物ではありませんが、何の前作業もせずにすぐ読んですぐ理解するということは、これまでの方法と比べるとワンステップ上の読み方です。選択問題形式ですが、答え合わせをする時には、内容を質問しながら進めてください。

「不眠症」は全体を２つのパートに分け、内容質問形式としました。基準所要時間は読み終わって質問の答えがわかるところまでとし、答えを書く時間は含まれていません。「愛用の時計」同様、前作業はせず、すぐに読み始めます。前の３点と比べるとかなり長い読み物ですが、説明部分が多く内容はわかりやすいようです。教師はテキストにある質問以外にも、内容理解の助けになるような質問をしたり、次にどんな話が続くかを予想するなどして、クラス全体が概略がつかめるように導いてください。

　星新一のショートショートは学習者に好評なので、時間があれば他の作品も教材として扱うことをお勧めします。また、「ボッコちゃん」をはじめ、代表作品の短編映像が数多くあるので、それらを授業で見るのもいいでしょう。読みと映像の相乗効果で日本語能力を向上させる最適の教材ですので、様々な工夫をしてみてください。

中・上級者のための速読の日本語［第2版］【別冊】

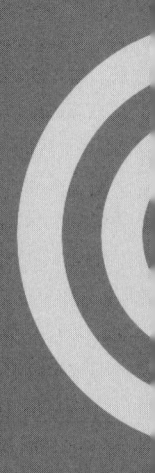